大学英语教学方法改革 与实践应用研究

周瑞红 ◎ 著

吉林出版集团股份有限公司

图书在版编目（CIP）数据

大学英语教学方法改革与实践应用研究 ／ 周瑞红著
. — 长春：吉林出版集团股份有限公司，2023.6
ISBN 978-7-5731-3525-4

Ⅰ．①大… Ⅱ．①周… Ⅲ．①英语－教学改革－研究
－高等学校 Ⅳ．①H319.1

中国国家版本馆CIP数据核字（2023）第112037号

大学英语教学方法改革与实践应用研究

DAXUE YINGYU JIAOXUE FANGFA GAIGE YU SHIJIAN YINGYONG YANJIU

著　　者　周瑞红

出版策划　崔文辉

责任编辑　刘　洋

助理编辑　邓晓溪

封面设计　文　一

出　　版　吉林出版集团股份有限公司

　　　　　（长春市福祉大路5788号，邮政编码：130118）

发　　行　吉林出版集团译文图书经营有限公司

　　　　　（http://shop34896900.taobao.com）

电　　话　总编办：0431-81629909　营销部：0431-81629880/81629900

印　　刷　廊坊市广阳区九洲印刷厂

开　　本　710mm×1000mm　　1/16

字　　数　289千字

印　　张　13.25

版　　次　2023年6月第1版

印　　次　2023年6月第1次印刷

书　　号　ISBN 978-7-5731-3525-4

定　　价　78.00元

如发现印装质量问题，影响阅读，请与印刷厂联系调换。电话：15901289808

前　言

我们所处的环境正在向经济全球化的方向推进，国家间相互合作和接触的机会相应增加了，同时也使得我国的国际地位在世界范围内得到进一步提升。汉语虽然是世界上使用人数最多的一种语言，但是普及范围最广的非英语莫属。英语已经成为国家间沟通的一种符号，并渗透到生活的各个方面。基于这种原因，我国也顺应时代的发展步伐，将培养符合时代发展的多功能复合型人才放到了重要位置，而且各高校也加大力度提高对英语教学的师资投入，以期在一定程度上促使我国的当代大学生具备时代发展所要求的英语综合能力水平。从这个层面来讲，大学英语教学的重点依然集中在如何改善目前的师资水平和提高学生英语水平方面。虽然目前市面上有关大学英语教学方面的书籍种类繁多、涉及内容广泛，但是总体来说，这些书大都停留在表面的理论说教上，其实用性和深度还需要进一步提升，理论与实际不相符，书本上的知识与学生的需求不完全一致。因此，大学英语教学所产生的效果也就与所要达到的期望值有一定差距。这是目前大学英语教学的现状，也是不得不去改善的事实。

本书对大学英语教学改革以及教学方法等相关内容进行了深入研究，希望能够对大学英语实践教学起到启示作用。

在本书写作过程中，笔者参阅了大量有关大学英语教学方法的相关文献与资料，同时为保证论述的准确与全面，还引用了许多专家与学者的相关研究成果与观点，在此表示诚挚的谢意。因笔者水平有限，书中不免有疏漏之处，恳请广大读者批评指正。

目 录

第一章 大学英语教学及其改革

纵观大学教育发展状况，英语教学在促进社会发展和培育综合性实用型人才方面发挥了不可磨灭的作用。但是语言并非一成不变的，而是随着社会的发展而不断变化和进步的。因此，针对这种情况，在大学英语教学中也要与时俱进，适时调整策略以符合和满足学生的实际需求。但是对我国来说，英语始终是一种外来语言，是与我国的语言使用习惯有所差异的。这就要求我国高校在开展英语教学改革的过程中要从实际出发，充分考虑我国的国情和当代大学生所具备的英语水平，以及教学大纲的要求等，以学生为中心。本章的内容主要包括英语教学的内涵及要素、英语教学的理论基础、英语教学所面临的现状和英语教学改革的历程及必要性，下面就一一进行分析。

第一节 英语教学的内涵及要素

英语教学所涉及的内容是非常广泛的，我们可以将其理解为一种融理论、方式、方法和改革为一体的综合性语言教学活动，这一节主要从内涵与要素方面入手，为后面的论述做好铺垫。

一、英语教学的内涵

（一）教学的定义

英语教学的内涵十分广泛，需要进行多方面的了解，首先要明白和清楚的是"教学"这一基础概念。由于"教学"是一个广义的概念，涉及方面很多，不同的学者所侧重的方面不同，因而导致对这一概念的定义出现一定的差异。

1999年，我国学者胡春洞将"教学"所涉及的内容概括为以下两个方面：首先，"教"与"学"是处于同等地位的一种并列关系，而不是谁需要依附谁的从属关系；其次，教学过程是一个传递学习内容和学习方法的过程，是使动关系。通过对以上两个方面的分析，我们可以将教学过程理解为是一种辩证关系和双向关系。教与学是两个不可分割的部分，学是教的前提和目标，一切应该以学为出发点。从某种角度来说，教与学的规律具有很大的一致性。

关于教学的定义和发展，可以从以下方面探知一二。

2002 年版的《英汉双解　现代汉语词典》对教学所做出的解释是：教师把知识、技能传授给学生的过程。只不过随着时代的发展，我们发现这一定义具有很大的局限性，只是将"教学"当成了一个术语来进行理解，并没有涉及深层次的含义。

另外，2003 年版的《朗文词典》将 Teaching 定义为：work，or profession of a teacher。翻译过来就可以将其理解为教书或教学的意思。另外，词典中专门对 teachings 进行了解释，经过翻译之后可以理解为"教义、教导、学说"的意思。从上面的解释中我们可以看出，teaching 与 teachings 所代表的意思是完全不同的。但是，比较遗憾的是，这两个定义虽然比以前的概念有所发展和突破，但是依然没有将"教学"所代表的全部实际意义表述出来。

总体来说，通过前面对教学定义的阐述，我们认为教学的含义需要包括三个方面的内容，即教学、"教"与"学"的区别、教给学生如何学习。这三个方面是处于同等重要的位置的，且缺一不可。

（二）英语教学的定义

对我国来说，英语是一种外来语言，人们在实际的使用过程中还是存在一定困难的。毕竟不是作为母语使用，因此使用范围还是受到限制的，适合语言学习的环境和对象都相对匮乏，这些都直接影响着我国英语教学水平的提升和大学生对英语的掌握。

英语教学体现的是教学的最本质的教育意义，这主要是相对教师和学生来说的。从教师的角度来说，教学是教师对学生的学习行为进行有效指引和帮助的过程；从学生的角度来说，教学则是跟从教师的指导而进行的活动。而检验教学效果是否达到预期目标的标准则是学生是否得到相应提升和发展。教学涉及的是教师和学生两个方面的内容，是教师教和学生学的双向行为。整体来说，有关英语教学的基本内涵可以从以下三个角度来进行理解。

（1）英语教学的过程可以归结为系统性和计划性的完美结合。系统性主要是指其制定者是教育部门、教研机构或者是学校的教学管理者等，不可以自己随意更改。而英语教学的计划性则指的是对英语基础知识的相关技能传授规划。

（2）英语教学存在一定的目的性。英语教学在我国的开展是分不同阶段的，而不同阶段所要达到的目标也是不同的。

（3）英语教学活动的开展需要恰当的教学方法的支持。英语教学在我国经历了长时间的发展，形成了一套自己的行之有效的教学方法。再加上如今的科技和教学设备的不断更新，为英语教学的发展提供了技术支持。

经过前面的阐述，我们对英语教学有了一个更全面的认识，因此将其内涵总结为：教师在特定的教学目标和教学目的的促使下，经过系统性计划，在相关技术和方法的基础上，对英语知识进行传授，从而形成一种有效的促进教师的教和学生的学的统一过程。

（三）英语教学的实质

英语教学所体现出来的意义远远超过了语言教学的范畴，其更重要的是侧重于文化教学。以下就分别从语言教学和文化教学两个方面来进行阐述和说明。

（1）英语教学属于语言教学范畴。英语属于语言种类，是一种交际手段，根据这样的论述，我们将对其进行的一切教和学的过程称为是语言教学也就不足为奇了。其实不难理解，语言教学都是以实现学生对语言的准确掌握和正确使用为最终目的的。英语对我们来说，是外来语种，是作为第二语言进行学习的，所以开展的教学活动也可以称为外语教学。纵观人类外语教育的发展史，任何一种外语在进行教育的过程中都与知识教育的开展有着密切联系，重视外语基础知识的培养对开展外语教学意义重大。从这个角度来说，以英语教育为基础的语言教育其目的就是要使学生具备运用英语的能力。

不过，我们需要认识到那些不是将语言进行使用而是以语言知识为基础进行的研究行为是不属于语言教学范畴的。特别是一些如今已经不再使用的语言形式，如对古汉语的研究，这种语言学习是和我们通常理解的语言教学是完全不同的概念，因此要将二者进行区分。

（2）英语教学属于文化教学范畴。自古以来，语言的产生和文化有着不可分割的关系，语言是以文化为基础产生的，同时又承载和反映着文化。在对大学生进行英语教学的过程中，不仅需要让他们对基础的语言知识有一个基本的掌握，同时还要注重对他们的英语思维能力的培养和锻炼，从而提高他们综合运用语言的能力。如果是从这个层面来对两者进行理解的话，英语教学和文化教学是一致的。

二、英语教学的要素

教学的组成要素是非常多的，构成了一个复杂的系统。实际中为了更好地进行区分，将众多英语教学要素划分为实体与非实体两部分。

（1）实体角度。从这个层面来划分的话，英语教学要素主要有教师、学生、教学媒介等方面。由于英语的外来性，所以就导致了英语教学活动的开展需要依附于英语教师这一媒介。学生在进行英语学习时需要英语教师的指引，因此英语教师对学生来说至关重要，并且直接影响着学生英语水平的发展程度。在这一教学过程中，学生是整个学习的主体，是构成教学系统最基本的要素。教学媒介的构成有教材、教具和其他一系列对英语教学有辅助性作用的工具，它们共同构成了影响教学质量的重要方面。

（2）非实体角度。从这个层面来划分的话，英语教学要素设计所涉及的内容是多方面的，主要有教学的内容、方法、目标、评价，教师的教学水平、学生的学习能力、学生的思想水平的发展状况以及学校的校风等。

不过，在对英语教学进行研究时，掌握和了解教学元素是一切活动开展的基础。我国传统教学模式由来已久，并且在一定程度上对英语教学的进程产生了阻碍，英语教师将主要的侧重点放在了对学生的基础知识的传授方面，却相对淡化了对学生综合英语水平的重视程度。学生在教学元素的构成中具有重要作用，如果可以认识到教学改革过程中学生的主体意义，这对整个的英语教学体制改革的进程是有利而无害的。

第二节　英语教学的理论基础

英语教学活动并不是凭空而来的，而是基于一定的理论知识建立起来的，因此具有相对的科学性。只是这些理论又分为不同的分支，各理论的研究者因为研究的方向不同，所以产生的理论也各有侧重点，这就导致了最终对英语教学结果的影响也有所差异。提高学生对英语基础知识的认识和了解可以在一定程度上促进英语教学向着更加科学和有效的方向发展。以下就列举一些常见的英语教学理论进行逐步阐述。

一、结构主义理论

在英语教学发展过程中，结构主义理论一直起着至关重要的作用。而且在19世纪到20世纪上半段一直都处于重要位置，下面就结合英、美两国的研究成果进行举例说明。

（一）美国的结构主义理论研究

美国的结构主义理论研究，是以对印第安人的口语研究为基础，然后经过不断发展所形成的相对成熟的基础理论。语言学家通过符号语言将印第安人的口头语完整地记录下来，然后从各个角度对这些被记录下来的样本展开研究，希望通过这种方式来找到语言之间相同的部分。最后，这些语言学家得出了结论——语言是一个意义语码化了的系统。

音位、词素、单词、结构和句型共同构成了结构成分，并且运用到了整个语言系统中。美国的研究结构主义理论的专家在经过一段时间的研究之后将有关印第安口语方面的研究方法应用到了其他有共同之处的语言分析中，但是结果却显示出口语与传统语法之间是存在一定区别的。

美国结构主义语言学家认为：某些观点指出的口头语因其不规范性而受到传统语法的排斥，被视为是错误的语法表达，这种观点是不够全面的。这些学者都认为口语的表达方式摆脱了传统语法规则的限制，具有更大的灵活性，因此如果要开始进行语言的学习就需要以口语为突破口，然后逐步深入。而这种口语学习主要指的是向那些以这种语言为母语的人来进行学习，而不是照搬语法课本上有关这方面内容的描写那样进行学习，还要顾及什么是不可以说的。此外，语言学家在对这一过程进行分析和研究的过程中发现了语言都有各自的特性，而且表现在词素、音位和句法这三个系统中也是有所差异的，并且会因为语言的不同而导致在这三个系统中的成分和结构不同。所以，大学生在学习英语的过程中还要特别留意这些语言之间的异质性。

美国结构主义语言的研究，在某个层面可以说是有关英语教学研究的先行者，并且研究的成果为后面开展的外语教学提供了重要的理论依据，其意义重大。

1961年，在第九届国际语言学家会议上，美国语言学家威廉·莫尔登对教学法在实施过程中应该遵循的主要原则进行了明确阐释和总结。其内容可以概括为："语言应该是一种口语形式，而不是标准的书面形式的语言……语言应该是一套行之有效的行为习惯……教师向学生教授的应该是语言，而不是传授有关的语言知识……语言指的是以该种语言为本族语的人的日常说话方式，而不是个别人想当然地认为他们可以自由发挥……各种语言都是有所差异的，不会完全一样……"

通过上面这一段有关语言的描述我们可以发现结构语言观的具体形式，这是学者对结构语言学最直观的表达和总结。另外，这些原则的叙述对听说法的建立和发展起到了直接的决定性作用，在此基础上形成了一种新的语言形式——听说法的语言观。

（二）英国的语言结构研究

相对于美国对结构主义理论研究做出的贡献，英国也不甘落后，并且成果显著。只不过英国语言学家对语言结构的研究更多的是将注意力放在了对句型结构的研究上。

其中具有代表性的人物要数英国语言学家帕尔默和霍恩比两个人了，他们和另外一些语言学家一起从 20 世纪初期就开始了对英语句型特点的分析和研究。并且他们还从句型对英语语法的影响的角度进行了总结，这一思想和理论在霍恩比所著的《英语句型和惯用法》一书中有深刻体现，以便让后面的学者进行学习和借鉴。

霍恩比在上述所著的书中，将研究重点放在了英语的动词和句型上，最后得出的结论是包括 3 种形容词句型和 6 种名词句型在内的总共 25 种句型。值得一提的是，这本书在对句型的意义进行说明和解释句型之间的转换性的过程中，运用了大量的语言实例来作为辅助材料。这在一定程度上增强了本书的可读性。

这一理论在如今依然适用，并且霍恩比等学者对英语句型的分类和描述在《牛津高级现代英汉辞典》中仍有体现，可见其划时代意义。前期这些英国语言学家所进行的有关语言和句型结构方面的研究都成了后期情景教学法的参考来源。

二、行为主义理论

行为主义诞生于 20 世纪 20 年代，其中以华生的研究最为突出，因此其成了早期行为主义理论的代表人物。华生对行为主义研究的重点放在了动物和人的心理这两个重要方面。他比较注重客观事实，于是主张直接观察到的行为也要用客观的方法来进行研究。华生认为人和动物行为在某些方面具有很大的一致性，那就是刺激和反应。心理学所研究的只是局限于表面的刺激如何引起和决定反应的发生，而产生这种行为的内部过程是怎样的就不再去深究了。华生认为动物和人一样，所有的复杂行为都是在一定的外部环境的作用下通过学习实现的。因此，他提出了著名的"刺激 - 反应"公式，也就是行为主义心理学的公式。

该理论主张学习是一个人外在的可见的行为表现，学习行为的产生依赖于一定的外界刺激，学习者对这些外界刺激做出相应的反应，这些反应我们就称为学习行为。后来行为主义学习理论得到了人们的普遍认可，被广泛应用于教育实践当中。该理论要求教师引导学生的学习行为并矫正学生的不当行为，要努力为学生创设适于学习的环境。教师也要看到学生的闪光之处，要最大限度地鼓励和强化学生好的学习行为，相对削弱其不好的学习行为。但是，行为主义学习理论也存在一定的弊端，该理论将教师的位置和作用看得过于重要，教师在教学中占据着主导地位，而学生是教师灌输知识的对象；教师的职责就是向学生传授知识，而学生只要根据教师的教导消化和吸收所学的知识即可。该理论并不注重学生学习的主动性和创造性，在很大程度上抑制了学生的创造天赋。

早期的行为主义还不够成熟，对语言和言语行为的研究还没有通过科学的实验方法进行有效验证，不过"刺激 - 反应"公式对后续结构主义语言学的产生起到了重要作用。其中值得一提的就是结构主义大师布龙菲尔德的代表作《语言论》的产生就与"刺激 - 反应"公式的作用密不可分，并且在书中该公式理论清楚可见。他在书中采用了杰克让吉尔摘苹果的例子来对"刺激 - 反应"的语言行为模式展开进一步的说明。在具体的论述过程中，他特别注重作为声音"刺激 - 反应"言语行为的研究，他认为"刺激 - 反应"是物理的声波，并将其引用到实际的语言教学过程中。简单来说，就是在语言教学过程中，首先由教师对学生进行声音刺激，然后学生再根据声音刺激做出相应反应。

同样，对华生的行为主义进行了相应的继承和发展的还有美国学者斯金纳。1957 年，他发表了《言语行为》一书，他认为言语都不是主动生成的，而是在外界的某种刺激的作用下而来的。这里所说的"某种刺激"并不是一个特定指向，而是既有外部的因素也有自身的内部因素。同时，言语行为不断得到强化的过程也正是学生获得适合的语言形式的过程。我们可以理解为，如果没有强化作用的存在，也就无法获得相应的语言知识。

行为主义和听说法在一定程度上存在着内在一致性。从某个角度来说，听说法的建立与行为主义中的语言学习理论的支持是分不开的。语言的学习和掌握是一个复杂的过程，即刺激—反应—强化，而且不是一蹴而就的。反映到实际的教学过程中就是学生需要根据教师的讲授过程做出自己的反应，以表示这个过程是有效的。而此时教师的责任就是对学生的这一反应过程进行进一步的加强，然后再根据学生的反应进行分析和判断，最后选出正确的并使其反复应用。还有需要注意的就是，教师在教学过程中要特别注意培养学生好的学习行为，而对那些错误的行为进行及时指正。

三、二语习得理论

二语习得理论构成了英语教学的重要组成部分，其研究主要包括国内和国外两个方面，下面就从这两个角度分别进行讨论。

（一）国外二语习得的研究

在对一些资料进行学习和研究的基础上，以各阶段的发展顺序为主线，将整个的二语习得研究分为五个阶段进行论述。

1.20 世纪 50 年代以前

20 世纪 50 年代以前，人们还是以行为主义理论认识为基础来对母语与第二外国语言进行区别和划分。在这一时期，语言学家进行了很多研究并发表了一些相关作品。只不过，此时也出现了一些与这些行为观点和理论相反的言论，甚至是强烈反对的，为首的就是诺姆·乔姆斯基。只不过这些反对言论并没有引起社会和大众的足够重视，依然还是以行为主义论为主。这一时期的二语习得理论还处于发展和研究阶段，离发展成为一种独立学科还有一定的差距。

2.20 世纪 60 年代

20 世纪 60 年代早期，人们开始关注和研究第一语言习得理论中的儿童内在语法，这些研究都对后来的二语习得理论的研究起到了一定的辅助作用。

这一时期的主导性理论是乔姆斯基的理论。后来，二语习得理论的研究和发展迅速得到提升。从这个角度来说，二语习得理论的研究进入高潮阶段。这一时期，研究者们关注的是语言教学法和教学质量提升的方法，最重要的还是研究人们通过什么样的方式来进行第二种语言的学习。

3.20 世纪 70 年代

到了这一时期，对二语习得理论研究的重点转移到了学生身上。这一阶段产生的中介语理论可以说在全世界范围内引起了强烈反响，甚至有人形象地将其比喻为学术界的第二次革命。

4.20 世纪 80 年代

到了这一时期，对二语习得理论研究的重点又转向解释第二外国语习得和理论的测试方面，并有相关的作品诞生。

这一阶段，得到突出发展的是普遍语法和第二外国语习得理论这两种理论。人们对二语习得理论的研究热情越来越高涨，并且很多人为此花费了很大的精力。很多研究者更是倾注心血致力于二语习得和语言教学之间的内在联系，并取得了相应成果。

5.20 世纪 90 年代以后

20 世纪 90 年代以后，很多研究者将研究的重点转向了研究学习者通过什么样的方式可以获得相应的第二语言上。这一时期二语习得理论得到了空前发展和繁荣，各学者的观点和研究层出不穷，出现了百花齐放的局面。

进入 21 世纪，研究者们的研究重点又发生了变化，这一时期人们重点研究的是对学习产生影响的各种外界的社会文化因素的层面，同时也有相应的理论著作诞生。这一时期具有代表性的理论要数社会文化理论和认知理论，有关这两方面的研究也是层出不穷。

（二）国内二语习得的研究

我国关于二语习得理论的研究相对于国际上其他国家来说，开始算是比较晚的，这也就造成了研究成果与其他先起步的国家相比有很大差距，其实这与我国的发展阶段是有一定关系的。在相关理论的支持下，我们将二语习得理论的相关研究分为以下三个阶段：

1.1984—1993 年

这一时期，人们对二语习得理论的研究还处于初级阶段，关注的主要是介绍、探讨和初步应用方面。对我国来说，开始真正意义上的二语习得理论的研究是到了 20 世纪末才开始萌芽的。1984 年，当时北京外国语大学的胡文仲教授的一篇题为《语言习得与外语教学——评价克拉申关于外语教学的原则和设想》的文章得以在《外国语》的第一期上发表，这在当时引起了极大的轰动，可以说是我国研究二语习得理论的第一人。这标志着我国开始正式进入了二语习得理论的研究阶段。

从这以后，我国有关二语习得理论的研究文章出现在国内的各大期刊中，迅速传播开来。这一时期的研究内容主要包括中介语研究二语学习者的相关因素等方面。

2.1994—2004 年

这一时期是我国的二语习得理论研究平稳发展和趋于完善的阶段。到了这一时期，我国的二语习得研究已经取得了相应进步，可以说已经比较完善了，研究内容主要涉及以下四个方面：

（1）研究类别向外进行扩张，主要包括理论和实际应用两个方面。

（2）研究方法多样，包括思辨式、经验型文献研究、逻辑式和更具科学化的实用性研究。

（3）研究层面提升，我国有关二语习得的相关研究开始的时候只是停留在语素、语音、语法这三个层面，到了这一时期逐步向话语和应用的方向靠拢。

（4）研究对象得以发展，并且有关的学术研讨会还专门成立相关的二语习得研究专题进行讨论。

这一时期，有关二语习得理论的相关文章相继得到发表，而且高校内还专门设立了相关的专业供大家学习。这使得我国有关二语习得理论的研究又上了一个新台阶。

3.2004 年至今

2004 年发展至今，我国有关二语习得的研究也在不断进步和发展，不再是过去单纯地存在于认知方面了，而是逐渐向认知与社会文化相结合的研究方向进行转移。

社会文化理论的发展同时为二语习得理论的研究提供了帮助。

　　通过我国对二语习得理论的相关研究和取得的成果，我们发现我国学者的相关理论对国际上关于二语习得研究的发展也做出了一定贡献。只不过我们需要认识到的是，该领域的很多问题还没有得到根本解决，而且将来一定还会遇到更多的困难，因此需要我们更加不懈努力地进行探索和研究。

四、对比和错误分析理论

　　对比和错误分析理论一直也是我国英语教学发展进程中一个不可忽视的理论基础，以下就对其进行详细分析。

（一）对比分析与迁移

　　对比分析是一种应用性对比分析研究的理论，它的产生与行为主义心理学中的联想理论和刺激反应理论有着密切关系。以对比分析为基础可以帮助解决外语教学过程中所遇到的一些问题，还可以分析出存在的原因，以此来促使语言学习行为的形成。

　　20 世纪 60 年代以前有关对比分析理论的呼声就有了，而且将语言学习定义为是一种语言习惯从母语向外语进行迁移的过程。如果教师在进行外语教学以前就对所学语言和母语之间的区别进行了研究的话，那么就会很容易地发现其中的异同点，也能提前做出预防措施。当时的人们对这一方法很是认同，他们认为只要知道了母语和外语之间的差异，就可以对可能出现的问题进行一定程度的预测，即使是错误已经产生了，也可以在对比分析的作用下得到相应解决。

　　其中关于这一理论的阐述有很多，比较具有代表性的要数美国语言学家拉多在 1957 出版的一本名为《跨文化语言学》的作品了。书中，拉多将在二语习得过程中所遇到的问题与难题归结于是受母语的干扰，甚至从更深层次来说是母语与外语结构上的差异所造成的。由此我们得出，在实际的二语习得教学过程中应该致力于对语言结构差异问题的解决。通常来说，语言之间的差异越大，那么在学习过程中遇到的难点也就会相应增加。根据这一结论，拉多认为在实际的二语习得教学过程中有关的考试方向的确定、教学内容的选择和大纲设计的内容都要从对比分析理论的层面进行考虑。由于不同国家所使用的母语是不同的，在进行教材的选择时也应该将这一因素考虑进去从而选择不同的教材。另外，拉多在他的书中还使用了举例子的方式来对对比分析进行解释和说明。例如，学生所使用母语的方言因素也会在一定程度上影响英语学习的效果。

（二）错误分析

根据前面对比分析理论的解释，主要涉及的是母语和英语由于语言结构上的不同而导致的在学习过程中出现问题，并且两种语言之间的差异越大，母语对学生在学习中产生的影响也就越突出。如果教师可以掌握其中的规律，就可以了解对学生二语习得造成障碍的重要方面。只不过随着时间的推移，人们逐渐认识到母语并不是影响学生二语习得进程的唯一原因，甚至对对比分析预测出现的问题提出了质疑。基于这方面的原因，有些语言学家就开始致力于对外语学习者所产生错误的研究，并对这些错误的类型进行归纳和分类，然后分析出是什么原因导致出现这些问题。

学习者的错误可以分为两种，即"行为错误"和"系统错误"。例如下面两个错误：

The thought of those poor children were really…was really…bothering me.

想到那些穷孩子就使我烦恼。

She teached me English.

她教我英语。

第一句话中出现的错误是使用者在使用语言时的"行为错误"，这种错误是比较容易发现的，大多都只存在于表面上。其实在这一过程中使用者是知道所使用的语言项目的正确用法和所用场景的。

第二句话中有关语言使用不恰当的错误我们又将其解释为心理语言学研究中的"系统错误"，另一种说法是"能力错误"。这种错误指的是学习者并没有意识到自身哪里出现了问题，从这个角度来说，这一错误就与学习者自身对语言的掌握能力有关了，而并不是使用层面的问题，所以也就有了"系统错误"一说。

学习理论不同，对所呈现出来的错误的看法也是不一致的。在行为主义心理学看来，人们对于语言的学习过程是刺激与反应的发生，第二语言的学习也不过是一套美好习惯的形成罢了。持这一观点的人们认为学生在使用外语的过程中所产生的错误在很大程度上与自身还不完美的习惯有关，因此教学所要达到的目标就是想尽一切办法避免这种错误的发生，比较有效的方法就是教师在课堂上使用合乎规律的句型进行演练。

（三）对英语教学实践的启示

"语言迁移"，从字面的意思进行解释就是在母语的习得环境中学习的知识逐渐向外语进行迁移的现象。在我国，大部分语言学习者都是在掌握了母语使用规范以后才开始学习外语的，所以在学习过程中母语的适应习惯就会时时刻刻影响外语的学习，这一过程可以理解为"语言迁移"的副作用。从这个层面来说，迁移就有了正负两方面的影响。当外语与母语存在很大相似性时发生的是正迁移。当外语与母语之间既有所谓的相似性又有本质上的不同的时候，就相应增加了负迁移的发生概率。

正迁移是指向着对学习语言习惯有利的方向进行转移的过程，当母语与外语的形式相同时就会发生正迁移，正迁移对学习者学习外语很有帮助。

负迁移对语言学习的作用在很大程度上是可以和"干扰"画等号的，是指按照母语的使用习惯和表达方式来描述外语的用法而带来的负面影响，负迁移会阻碍外语的学习。在实际学习过程中母语负迁移的情况时有发生。其中在成年学习者的身上表现得比较明显。此时他们已经完全掌握了母语的表达方式和习惯，因此在外语的学习过程中就会不自觉地引入母语的概念，这时候出现的错误就可以理解为母语对英语学习的负迁移作用。这种情况发生比较多的是学习者刚开始接触英语学习的时候，这时候英语对他们来说是完全陌生的语言，所以一切都会从母语出发，而且大部分的"中式英语"都是在这一阶段产生的。

行为心理学的研究结果显示，学生在英语学习过程中产生错误的原因归根结底还是其自身英语习惯的缺乏。因此，学生在学习过程中对出现的语言错误必须做出及时纠正，教师则要起到相应的监督和指导作用，发现错误苗头就要及时消灭。因为错误无论大小，对于正确的语言行为是极为不利的。但是在实际情况中并非如此，拒绝一切错误并不是明智的选择，并不是所有的错误都会对学习产生严重影响，有的产生的影响甚至是不明显的。从这个角度来说，教师要允许学生在学习过程中发生一定的错误，然后根据错误出现的类型进行有针对性的教学。例如，如果教师想要对学生重点进行句型方面的训练，那么教师就应该将精力放在对整体错误的识别上，做出有针对性的训练计划，而不是去搜集局部错误浪费时间。

五、中介语理论

"interlanguage"，我们将其翻译为中介语，甚至可以将其理解为"过渡语"。中介语通常将自身所具备的母语作为起点，而第二语言的最终获得是终点，而中间的那部分内容都可以概括为中介语。中介语概念最早是由英国的语言学家塞林格提出的，这主要源于他在 1969 年发表了一篇名为《语言迁移》的文章，文中他首次使用了中介语这一概念。接着在 3 年之后他又趁着热度发表了一篇名为《中介语》的论文，其中更是进一步对中介语的概念展开了全面剖析，确立了中介语理论在二语习得研究过程中的中心地位，让人们对中介语有了更深层次的认识，将中介语的理论研究推向了高潮。不过在此之前，也有学者也曾使用过"近似语言系统""过渡能力"和"特殊的语言"等这些近似的术语对这一理论进行过阐述，不过影响范围较为深远的还要数"interlanguage"这一说法。

中介语理论的产生与外语学习过程分不开。但是其既与学习者的母语不同，又与外语不一致的特性，决定了其只是在学习过程中随着发展进程的推进而发生动态变化的形式，这种动态性变化指的是不断向目的语进行靠拢。而这种靠拢实际上就是母语向目的语的逐渐过渡，所以也就有了"过渡语"这一说法。说到要对中介语展开研究的目的，还要从探究第二语言的学习本质谈起——寻找到其中的规律性，从而为二语习得提供可靠的科学依据。

国内外有关中介语的研究一直没有间断过，始终处于发展阶段，但是所涉及的方面主要还是停留在母语与第二语言的对比分析和学习者学习过程中的错误分析这两个方面。中介语的存在作用是帮助学习者在进行第二语言的学习过程中学会使用中介语进行母语向目的语的过渡，以实现最终可以熟练运用的目的。从这个层面来说，中介语对进行第二语言学习的学习者来说就是不可逾越的一个步骤，甚至可以说是一个动态的连续体。

主要体现出来三种不同的连续体，在此基础上我们可以总结出三种不同的观点，具体描述如下：

（1）首先我们可以看出来的是：学习者不管是进行何种语言的学习，都和自己所持的母语是分不开的，都是以母语作为起点的。

（2）我们可以认识到连续体都是以普遍语法作为开端的。

（3）可以看到都是以学习者的母语和普遍语法的混合体为开端的。

根据上面所阐述的理论，我们可以得出这样的结论，那就是影响中介语的因素并不是单一方面的，它主要受母语和第二语言的双方面影响，在这个连续体里我们可以将三者之间的关系进行描述。

其实对中介语理论展开分析的过程实际上也是一个不断发现的过程，通过对中介语的分析，我们发现如果以学生在第二语言学习过程中所产生的错误为出发点可以有效反映出中介语的发展状况。这就要求教师在实际教学过程中不应该对学生的语言学习错误进行过多指责，而是要分情况进行宏观指导，如果教师此时一味指责会对学生学习语言的积极性造成一定影响。而作为学习者的学生则可以通过这一学习过程对自身的一些错误进行认识和改正。

有研究显示，过渡语在错误产生的背后发挥着持续的作用，而且不断变化着，在此基础上构成了一个所谓的中介语连续体，并且一直存在于二语习得的整个过程之中。不过需要注意的是，在二语习得的过程之中我们允许一些错误的存在，然后对其的产生进行分析，以此促使学习者的中介语向更加完美的外语靠拢。

六、输出理论

输出理论也是影响语言学习的一个重要理论，并且发挥着重要作用，主要表现在以下方面。

（一）斯温纳输出假设

斯温纳提出了输出对于二语习得过程的重要作用，这一假设的提出主要是以她的"浸泡式"教学实验为前提的。斯温纳对她的浸泡式教学提出了基本的原则，其主要要求是她认为二语习得应该是进行一些其他学科学习的工具，而获得语言的过程就是学科内容的一种"附属品"。为了验证浸泡理论的正确性，斯温纳专门在加拿大进行了有关这一理论的实验，研究证明使用浸泡理论的学生对第二语言的输出能力有了一定提升，但是如果与自身的母语相比还是存在一定差距的。斯温纳在对这一现象进行研究之后，得出结论：产生这样的结果并不是因为学习者在语言输出方面的能力不足，而是因为可以向他们提供支持语言输出能力的活动非常有限。她认为她没有尽可能多地为她的学生在课堂上创造充足的进行二语习得的机会。还有就是学生没有受到语言输出活动的影响而变得积极。她认为语言输出对学习者来说作用是非常多的，具体主要包括以下三方面：

第一，其作用主要表现在向学习者提供可以进行自我假设检验的机会。

第二，在一定程度上帮助学习者尽可能多地关注一下语言形式的内容。

第三，向学习者提供有意识反思的机会。

斯温纳后续的工作就是对上面所说的三个重要作用展开实际论证。在她看来，只要学习者着手进行与语言有关的活动就意味着与此相关的语言方面的障碍同时产生了，而且这个障碍会在一定程度上不断指引他们将注意力偏向那些他们不是特别熟悉掌握的方面。这样做对学习者来说，好处就是让他们尽可能地理解和掌握他们的真实表达意图与借助语言形式所表达出来的意思两者之间是有明显差异的。这种方式可以帮助学习者获得一定的语言学习方式，因为这种注意会在一定程度上对他们的认知活动产生一定的刺激，并使其活跃起来，而这种认知活动对学习者来说有温故和求新的作用。

语言输出活动说到底就是一种学习者以交际作为前提而进行的新的有关语言形式和结构上的重新规划。在这里学习者可以借助语言形式来检验这种新的形式是否合乎规范。如果没有这一相关理论存在的话，对学习者来说就缺乏足够的支持来对所提假设进行验证。

根据斯温纳的理论，她指出语言的输出功能可以对学习者有意识反思活动的形成起到辅助作用。当我们头脑中形成输出可以对语言形式进行检验的理论的时候，其实已经在心里认定两者是有内在联系的了。从这个角度来理解的话，语言输出所表现出来的就是语言形式对某一种有意义的行为的猜想过程。我们并不知道他们的内心假设到底是怎样的，我们能做得到的就是通过他们所表现出来的语言输出来推理和猜测假设的真实含义。还有一种情况就是学习者除了将自己的假设进行了完全表达以外，还借助语言输出的形式对假设进行了进一步的反思检验，这种形式就相对增强了学习者对语言的把控能力。

（二）输出假设对外语教学的影响

语言输出的突出作用主要还要从帮助学习者提高语言的使用熟练度和让学习者认识到自身在学习过程中所存在的一些缺憾等方面体现出来。此外，学习活动的存在还可以从另一个角度刺激学习者对所提出的假设进行进一步检验的形成，这也是翻译活动所必须经历的一个步骤。总之，语言输出的假设理论对外语教学来说意义还是比较重大的，具体可以通过以下方面来进行分析。

首先，如果单从认知的层面来说，语言输出是二语习得的保障。在进行外语教学的过程中，如果可以提前展开对语言输出活动的安排，就可以在一定程度上迅速提升学习者对语言形式的掌握程度和学习效率。不管怎样，这种层次丰富的语言输出活动对教学过程的影响以及对学生语言能力的提升都很有帮助。

其次，在相应的教材编写过程中设计相应的角色扮演和小组讨论的练习活动方式，帮助大家理解输出的作用。

最后，当大家都认识到语言输出活动在语言学习过程中所起到的重要作用以后，很多教师都在教学过程中加大了教学实践的比重。

（三）输入假设对英语教学实践的启示

输入假设在英语教学实践过程中所起到的作用也是大家都真实看到的，具体内容我们可以通过以下五点略知一二。

1. 强调学生的主体地位

普遍语法的作用只是对语言一定的研究，虽然它有可能在语言学习领域中占有一定位置，但它本身是与外语教学和外语学习不产生直接的内在联系的。但不可否认的是，普遍语法对外语习得的研究产生的效果显著。由此乔姆斯基对当前的传统教育观念进行了颠覆，提出了学习是语言的形成过程的理论，并且需要依靠结构训练和句型练习的共同支撑。在这个过程中，从学习者的角度来说，可以说是对语言学习的认识又提升到了一个全新的高度，充分认识到这一过程的形成与实现与有效的认识是有着密切联系的。

普遍语法理论的产生在一定程度上促进了以此为根本的外语学习理论的出现。虽然最开始的时候对于普遍语法的初始研究和实际的语言教学没有什么紧密的联系，但是后来随着发展，有关这方面的研究者和其研究却对语言教学有了深刻和长远的影响。另外，乔姆斯基也主张在外语教学过程中强调学生的主体作用，一切从学生出发，重视学生对学习的接受程度并且时刻关注学生的学习效果，从而对学生展开与创造性相关的自主型学习的激励。另外，需要对学生特别注意的方面就是合理的学习机制的习得。

2. 确定听、说、读、写的顺序

克拉申提出的输入假设理论特别重视学生的输入活动的体现，更进一步理解就是注重学生的"先听后说，先读后写"能力的培养，而且这也正好与我国现阶段要求的或者是国内开展英语学习的现状产生了高度融合，具体表现可从以下内容分析得知。

（1）首先明确我国高校目前开展英语教学或者是学生进行英语学习的目的依然不是提升在实际交际过程中的口语能力，还停留在为了应对考试而需要训练听说和阅读能力，因为我国目前的有关英语的考试还是主要以阅读和听力为主，有关口语交际能力方面的测试还是很少的。基于这种现状，我国的英语教学就将精力主要集中在听、说、读、写上面，而且先以听说为主，其次是读、写。在这种情况下，"说"的功能对外语学习者来说只是放在了次要的位置，而不作为重点学习和考试对象对待。

（2）在实际的英语教学过程中，因为班级学生数目会很多，针对这种情况，只重视听读能力的培养对教学活动的顺利开展起到了促进作用，同时也会相应增加对学生知识输入的强度。

（3）语言输入想要达到的目的就是获得听和读的能力，因为在英语教学中听和读本身就是一种能力。所以从这个角度来说，这一教学过程中的听和读既是手段，同时又是学生应该掌握的能力。

（4）这四种能力中阅读相对于其他能力来说可行性和可操作性更大一些，只要有充足的时间和书本就可以实现。

总体来说，如果将英语学习中的这四种能力按照由易到难进行划分的话，其顺序应该是读、听、写、说，由此我们可以看出"说"这种能力在英语教中是最难实现或达到的目标。

不过就我国目前的教育现状来说，大力倡导英语学习过程中的阅读能力的培养还是不能松懈的，因为我国现在的大学生的整体读书能力与国际上的发达国家相比，还存在着一定的差距。因此，在我国强调"读"的重要性不论什么时间都是必要的。但是如果只将学生的阅读能力局限于现有的课本上的内容，这是远远不够的，需要用好的课外读物来丰富和扩展大学生的阅读量。只不过我们在重视阅读的时候还要同时提高对听的重视程度，因为一个人如果无法听懂别人的言语，那么接下来的口语交流就不可以顺利展开，说到底这也是对学生语言输入能力的阻碍。大学生只要具备了相应足够的听读能力，对自身的说和写能力的提升也是很有帮助的。

虽然传统的"语法翻译法"在一定程度上可以向学生提供足够的知识输入，但是这种方法带有很强的个人情感因素，而且有很多环节的监督作用，这就对语言的学习过程造成了一定的影响。但是"听说法"对于语言的输入能力相对来说就稍微逊色一些了，而且其中关于句型训练就占据了很多的时间，因此也对语言习得的最终效果带来了一定的负面影响。面对前面所说的这两种情况，教师在实施实际的英语教学时，为了尽可能多地向学生提供语言输入，不仅在课堂上要求学生阅读和听足够量的材料内容，还将其他一些适用的学习方法引入到了日常的英语课堂教学中，使学生的综合能力得到提升。

但是事情都是有两面的，克拉申的"输入假设"理论对我国的英语教学而言，同样有不适合的消极成分，如有些老师在教学时刻意追求输入能力（听读）的培养，而不在意语言输出能力（说写）的培养，这就导致了学生个人能力发展不平衡的情况。根据克拉申的观点，语言输出并不能完全实现语言的习得，只有时刻关注对语言输入方面的理解，才会使语言输出一蹴而就。但是通过实践的检验，我们发现语言习得实际上是输出和输入一致作用的结果，而语言的输出对学习者来说其实就是一种有关对输入理解的深刻检验。虽然语言习得过程中起到主要作用的是听和读的输入能力，但是，不可否认的是说和写的输入能力对语言习得的整个过程所产生的侧面影响也是需要引起关注的。

3.重视课堂教学质量的提升

克拉申还强调了对刚开始学习英语的人来说，就算是外部条件比较适宜，但如果接收到的输入是大量自己无法理解的输入，那么对学习者来说不仅是浪费时间，还会对他们学习语言的积极性造成一定的打击。从前面所提出的理论我们可以总结出课堂教学对教学过程所起的重要作用，这主要归结为一个理想状态的输入需要以下两个条件的支撑才可以实现：

（1）可理解性。可理解性就是学生对于所输入的语言的接受程度，这就要求英语教师在日常的教学活动中注意发音的准确性和清楚性，同时还要控制好自己的语速，以便学生利用有限的课堂时间进行理解。同时还要注意语言的规范性，尽量使用学生常见的词语和简单的句型来为学生讲解适合目前学习阶段的材料内容。

（2）输入内容应该是学生感兴趣的。教师的日常讲话和对材料内容的讲解过程应该遵循循序渐进的原则，先由浅显和容易的开始，然后随着学生掌握能力和理解能力的提升而逐步向相对深层和有难度的内容过渡。如果一开始教师就讲解对学生来说稍微有难度的材料，就会使学生的学习进入一种误区，即学生会采用汉语的学习方式来对英语进行理解，并以此来分析词义和句义，而并非采用英语的学习方式进行思考，这样一来，学生的学习兴趣就会相应降低。如果材料中出现的生词过于密集的话，更会导致学生阅读起来难度增大，在无法推测句义的情况下只有多次采用查询字典的方式来解决，这样不仅会降低阅读的流畅度甚至还会引起学生的反感。而这正好与克拉申所提出的"i+1"理论达到了某种契合。克拉申认为，当教学所用的教材与学生当前所具备的学习能力相适应的时候，学生才有可能会对学习提起一定的兴致然后自觉地去理解英语的内涵。

4. 恰当发挥母语的作用

关于母语在二语习得过程中所发挥出的作用，我们可以通过克拉申的"自然习得语法顺序的假设"理论略有所知。一般来说，学生在外语的学习过程中，母语和外语的语法学习顺序几乎是一致的。在这里他对母语对于外语学习过程中的干扰作用进行了重新的论证，并对那些过于偏差的理论进行了指正。对我国来说，学习者在进行外语的学习时大多都已经形成了汉语的规则和习惯，因此如果盲目将汉语看成是外语学习过程中的绊脚石，而拒绝使用任何汉语来开展外语教学，这样的结果只会对学习者最终的输入和输出工作造成严重影响。

克拉申的这一理论同时也是在提醒我们，外语的学习并不是要我们完全放弃母语在其中的作用，而在一定程度上还会给外语学习提供相应帮助。换句话说就是，教师可以通过在英语教学过程中恰当发挥母语的作用和效果，可以在一定程度上帮助学生加强对英语的理解。

5. 实现习得和学习的结合

根据克拉申的相关理论观点，我们知道要想熟练运用和掌握英语的使用并非懂得其中的语言规则就万事大吉了，其中还需要相关输入环境的进一步融合作用。

我们需要注意的是，学习者在进行外语学习时，应该将习得放在重要的位置，而学习只要放在次要的位置就可以了。从目前我国的外语教学现状来看，学生想要处于一个完全的外语环境来进行外语学习还不现实，所以时间有限的课堂形式的授课还是主流。从这个角度来说，习得和学习对学生来说都变得重要了。不过，虽然我国现状是这样的，但是外语教师还是要尽可能多地创造外语环境来开展教学，这样就会使习得和学习实现进一步互融。可以实施的活动是教师要多鼓励学生参加一些英语角的活动，或者是结交外国朋友来增加自己运用外语的机会，从而提升对外语的运用能力。

第三节　英语教学的现状分析

英语对我国来说毕竟是一种外来语言，而且大部分人开始英语学习时已经对母语的使用习惯心领神会了，这就会导致学生展开第二语言的学习过程中难免受到传统汉语教学方法的影响和干扰，从而使得二语习得的历程倍感艰辛。从这个角度来考虑的话，可以将我国大学生目前在英语学习过程中所遇到的难点和存在的问题进行以下划分，我们只有认识和了解之后才可以采取更加科学和有效的方式来进行改革。

一、教学模式形式简单

我国地域辽阔，各地区也会因为地域条件的限制而表现出不同的英语教学水平，再加上各地师资力量和重视程度上的差异，各地的英语教学水平参差不齐，还有些地方的教学问题在于所采用的教学模式的形式过于单一化了。基于这种环境建立起来的英语教学模式通常以应试教育为主。虽然随着信息技术的发展，新兴起来的多媒体技术的不断发展使得这一模式得到相应改善，教学活动得到相应提升，但是其根本还是没有任何动摇，依然是一方讲，另一方听的单向传输模式。这一模式的最根本问题其实就是忽略了学生在学习过程中的主体地位和应该发挥的核心作用。

之所以会出现这种情况，是与我国的历史发展分不开的。我国在历史的发展进程中一直提倡儒家思想，要求我们要尊师重道。这就导致了教师在进行英语教学的过程中由于根深蒂固的传统教学观念的束缚，限制了学生的自主能动性的发挥。在这一教学模式中，学生的主动权是受到一定限制的，他们大多是在被动地接受知识，也没有充分地提供想象的空间，而且应试教育目的明显。这一切似乎都在表明在课堂教学中教师的主体地位是不可以动摇的，且权威是不容置疑的。但是，这样长久发展下去的后果只能是师生之间无法形成良好的互动，学习成绩也不会得到有效的提升。

二、教材的选用不合理

一般来说，大学英语教材的编写和选用都不是随意就可以做到的，是在既定的教学大纲和教学目标的基础上编写的，内容也大多是向考试方向靠拢。大学英语教材的编写是不可以脱离教学大纲而独立存在的，它们是一个整体，存在着一种不可分割的关系。目前，从整体来看我国大学阶段的英语教材并不能完全满足学生的学习要求，甚至从某种程度上限制了学生学习能力的发展和教师的授课效果。

英语教材是英语教师进行教学的前提，是不可以缺少的"一只手"，除了可以对教师的教学质量产生一定的影响外，还在一定程度上与学生语言能力的习得有着很大关系。

教材的编写通常需要以教学大纲为基础进行编写，不可脱离大纲随意进行，这样就造成了教材编写过程中的一些局限性。还有就是高校阶段的教学大纲中要求学生掌握的单词与中学阶段的单词在很大程度上具有重复性，这就会使学生产生一种怠慢感或者是消极情绪，认为这些知识在中学阶段已经学习过了，没有必要再花费力气重新学习了。

另外，目前的大学阶段英语教材的内容在选择上大多倾向于文学或者是政论的方向，这些对学生来说实际应用到的机会很少，所以实用性稍微欠缺一些。还有就是教材的更新不能做到完全与时代同步，很多都是好几年前就开始使用了。而如今是一个发展日新月异的时代，很多改变都是短时间之内的事情，所以教材内容滞后是大家最容易察觉到的事情。此外，我国高校开展的英语教学有关口语训练的环节一直属于薄弱环节，缺乏相应的口语锻炼机会。虽然随着时代的进步这一过程得到相应改善，一些与时代发展和教学大纲要求逐渐接轨的新兴教材开始进入大家的视野，但是这些新出现的教材通常在内容上都不够深入，对学生来说又缺乏相应的难度，所以对学生英语水平的提升依然没有起到应有的作用。更甚者是对教材的编写一味盲目地按照要求进行改革，大量增加有关口语训练的内容，使得与前一阶段所学内容严重不连贯，这些都在一定程度上严重阻碍了教师教学成果和学生学习效果的提升。

三、能力培养不平衡

众所周知，语言的外在表现意义是通过表达功能和表达形式这两个方面来进行集中体现的。只是我国当前的英语教学现状是将教学的核心内容放在了对语言表达形式方面的培养上，而相对减弱了对语言功能方面的训练。虽然我国现行的高校《英语教学大纲》的教学要求和目标是培养学生具有一定的听、说、读、写、译能力，使其均衡得到发挥，但是，由于各方面因素的影响并没有使这一目标得以实现，大部分学生在实际工作和学习中使用英语的机会并不是很多，这些大学生应该具备的英语基础能力依然处于很低的水平，"哑巴英语"的现象依然存在。

由此，大学英语教学所呈现出来的就是一种费力不讨好的状态，而且这还是我国目前高校的一种常态。在我国的高校教育阶段，大学英语依然只是作为一种公共课来进行教学，而且只出现在大学阶段的前两年课堂中，只维持两年的时间。有关数据显示，很多学生在学校中的前两年都将大部分的时间用在了英语的学习上，但是最终所收到的效果却不尽如人意。经过多方面的分析，我们总结出了产生这种现象的原因，具体包括以下三方面：

（1）受大学英语四、六级考试因素的影响比较严重。大学阶段的英语四、六级考试是一种单纯的具有分析性质的考试，而这样的后果就是学生陷入一种只会考试不会说的状态之中无法自拔，进而影响到了英语综合能力的提升。

（2）受记忆式学习方式的影响。在我国大学阶段的英语教学过程中，一直将学生对于基础知识的积累放在重要位置，而忽略的是对学生利用所学知识进行日常交际和交流的训练和培养。

（3）社会环境的影响。英语对我们来说只是一种外来语言，日常的生活中大家都还是使用汉语进行交流，因此所学到的英语知识并没有很好的实际应用的舞台使其得以充分发挥。

总之，我国目前的大学阶段的英语教学还是没有将对学生语言表达方面的训练和培养放在首要位置，所以表现出来的大学生语言能力发展不平衡的现象还是比较明显的。需要注意的是，我们目前正处于一个信息社会之中，英语作为一种语言工具来帮助人们获得相应的信息。而且随着国家之间交流的日益频繁，英语的使用场合更多，应引起重视。而大学生是一个国家的储备人才，其英语的掌握能力更是一个国家综合素质的体现。

四、师资力量匮乏

我们可以简单地来算一笔账：一名普通的高校教师每周的教课时长一般都超过了 12 课时，另外他们还需要做一些备课、批改作业、设计教学任务以及其他一些需要承担的责任和义务等，这些几乎占去了他们的大部分时间，从而导致他们没有足够的时间花在自我进修上，无法提高自己的授课水平。这对英语教师是非常不利的。

另外，当高校出现英语教师力量不足的情况时，就会相应地降低对英语教师所具备的知识能力和素质的要求，一些高校甚至只能去聘请那些学历较低的人来进行英语的授课活动。这就使得英语教师的教学成果显现出不同层次的水平。

五、文化意识不同步

一般来说，目前我国大学在实施英语教学的过程中，看中的还是学生的成绩，因此基本上还是以教师的口头教学方式为主，因此其中有关文化方面的教学内容涉及得很少。如果对引起这一情况的原因进行挖掘和总结的话，可以概括为以下三个方面：

（1）因为教师一直所接受的教育方式就是传统的，这种方式对他们来说已经习以为常了，所以现在应用到实际中他们大部分还是会按照当初所学来向学生进行知识的传输。在课堂教学中，很多英语教师只是将重点放在了学生是否掌握了正确的语言形式，而不是去关注对英语知识的介绍和通过怎样的方式来正确使用语言。课堂时间少而宝贵，而文化教学是一种花费精力和对学生的学习过程产生压力的一种形式，很多教师基于这方面因素的考虑就认为不应该将有限的课堂教学时间用在这些繁重的文化教学方面，甚至还有极少数的英语教师对英语教学的理解比较狭隘，他们甚至觉得只要学生掌握住了单词的使用和对语法知识的运用就等于学好了英语，而文化知识的学习就没有必要了。

（2）本身英语对教师来说也是一种外来语言，很少有高校英语教师是以英语为母语的，因此英语教师拥有的开展英语学习的机会和环境也是相对有限的，他们所掌握的英语知识也是比较零散和琐碎的，并不能完全满足学生的学习要求。

（3）作为高校英语教师，他们自身的教学任务也是比较多的，本来就分身乏术了，如果再让他们去进一步开展有关文化方面的教学研究，对他们来说无疑是雪上加霜。

六、主体地位倒置

我国自开展教育活动以来，一直是将教师放在了主要位置，而忽视的是学生作为中心的主体作用。现在很多的课堂授课模式依然采用的还是教师的"讲"和学生的"听"的教学模式，并且教师的讲授过程占用了大部分的时间，学生几乎没有时间参与其中并对所学内容提出问题，这些只能等到课下时间来解决。课堂中学生扮演的就是一个被动的听众的角色，只能消极地对教师传授的知识进行接受。这从根本上来说是与我国对教学方式所要求的教学初衷不一致的，教学应该集中精力发展学生的"学"，而不是将重点本末倒置地放在教师的"教学"上。学生应该掌握学习的主动权，积极主动地去学习。

英语课程的实践性相对来说还是比较强的，需要通过实际的交际来提升相应的英语水平。学生最终教学效果的评定还要依赖于平时教学效果的综合水平，而学习效果的获得与学生主观能动性的发挥和参与其中的多少都有一定的关系。关于这方面的理解，有关理论学的观点曾做出了相关解释，虽然英语学习是一种有别于母语的学习方式，但是学习过程却是万变不离其宗，都是从理论的输入到实践的输出的过程，因此不管是什么样的语言形式，学生都应该是学习的主体，学生的学习能力都将是影响学习效果的主要因素。

七、忽视对学生学习兴趣的培养

自我国开始实施英语教学，教师普遍存在一个盲区，那就是很少有教师去关注对学生学习语言兴趣的培养。传统的应试教育已经让大部分学生对英语学习产生了厌倦心理，每天几乎都是陷入记忆单词、学习语法规则和背诵课文中无法自拔，长此以往仅有的一点兴致也会被消磨殆尽。学生长期处于英语教师的"填鸭式"教学方法中而苦不堪言，再加上繁重的作业任务，使得他们一提到英语学习就觉得害怕甚至是恐惧。这样的学习语言的环境，对语言学习者来说是有百害而无一利的。

八、严重偏离教学目标

我国对大学英语教学目标的要求，虽然没有将其与英语考级直接联系起来，各高校只需要进行自主选择即可，然后对学校教师的教学成果进行评定，但是由于社会上一些用人单位将是否持有英语四、六级证书作为应聘条件之一，就使得全国范围内的高校将英语四、六级考试放到了重要的位置，并且将最后的考试通过率看成是英语教学效果的评价标准之一。这在一定程度上又使英语教学的目标偏离了原来的方向，应试教育的味道越来越明显了。同时这也成了衡量英语教师教学水平的一个重要维度，从更深层次来说甚至还影响了大学英语教师的教学进程。

英语教师为了使自己的学生提高考试的通过率，不得不在课堂上花费大量的时间进行词汇和语法的讲授，而学生则是陷入大量的题海中进行知识的巩固。如此一来，对学生来说就会只求答案，而不是独立进行思考找到答案的根源，忽略了课堂讨论的重要性。这样的结果就是学生的应试能力比较强，而只要让其开口说就成了问题。当真正需要与人用英语进行交流时就会显得慌乱无比，这可以说是真正的"哑巴英语"。

总体来说，我国目前的英语教学现状与所要达到的目标还有一段距离，而且所存在的问题也是层出不穷。教学过程中教师与学生地位本末倒置的现象依然明显，学生主体地位的提升有待加强，否则学习的积极性和主动性都将会降低。而课堂上花费大量的时间对知识进行讲解的过程也会导致学生学习兴致的降低，他们所接受的知识已经逐渐趋于饱和状态了，教师就算再进行讲解，他们也是听不进去的，所以教学效率并不是很高。可以说当前我国的有关英语教学的现状与时代所要求的培育综合型人才的目标之间还是存在很大差距的。面对这样的形势，英语教学实施改革是时代所需，也是大势所趋。

第四节　英语教学改革的历程及必要性

为了进一步提高我国英语教学的实际应用能力，并希望培养出的人才所具备的综合能力与社会要求相匹配，基于这些方面因素的考虑，我国着手开展英语教学方面的改革也是意料之中的事，这主要涉及以下两个重要方面。

一、英语教学改革的历史进程

（一）大学英语发展的前两个阶段

大学英语在我国的发展先后经历了不同的阶段，其中习惯上将中华人民共和国成立后至 1978 年间的这一时期称为大学英语教学的初级阶段，这时候的大学英语还没有作为一种专用语言出现在大学课堂，相反只是担任着公共英语的角色。而第二阶段是从 1978 年至 1984 年，这一时期成为大学英语飞速发展的时期，而且范围向全国不断扩大并逐渐趋于正规化。不仅加大了对英语教师队伍的培训力度，还专门成立了相关的教材编写委员会来实现教学大纲和教材的正规化发展。这些都为大学英语的发展奠定了良好的基础。

（二）大学英语发展的第三阶段

大学英语发展的第三个阶段是指 1985—2001 年。这一阶段的英语教育事业发展变化可喜，具体体现在以下两个方面。

起初，理工科和文科所使用的英语教学大纲是有所区别的，其大纲分别是原国家教委在 1985 年和 1986 年先后公布的，这两个大纲虽然所涉及的方面是截然不同的，但是两者对作为公共课的英语提出了相同的要求，从此以后公共外语便有了一个新的名称——大学英语。此后大学英语便进入了一个蓬勃发展时期。

第三阶段的要求是专业阅读（必修）部分最好以 100 ~ 120 学时为宜。在这一阶段，各高校可以根据自身的实际情况开设相应的选修课程，只不过专业阅读仍然处于中心位置。此外，大纲还对那些没有满足大纲要求的学生做出了进一步规定，这一过程主要由大学英语预备一级和预备二级两部分构成，简称"CESB1-2"。CESB1 是最初级的一种形式，要求相对来说也是最低的，只需要学生掌握基础的语法知识和 700 个单词即可，而 CESB2 则将需要掌握的单词量上升到了 1100 个。此外，大纲还做出了特殊要求，指出重点院校的学生即使是在预备阶段也要达到 CESB4 的要求，而其他院校可以由学校根据实际的教学情况自主抉择。

（三）大学英语发展的第四阶段

大学英语发展的第四阶段是从 2002 年开始的，一直延续到今天。这一时期可以说是英语教育发展的蓬勃时期。但随着新的时代的建设要求，同时也对大学英语教学提出了新的挑战。在这之前的教学大纲存在一些不完备之处，针对这一问题，教育部在 2003 年开始着手新一轮的大学英语教学改革工作，并在 2004 年 1 月颁发了《大学英语课程教学要求（试行）》，以此来全面代替 1999 年实行的《大学英语教学大纲（修订本）》，从此大学英语翻开了新篇章。

21 世纪是一个新纪元，大学英语也随着时代的发展而出现新气象。此外，随着《大学英语课程教学要求》的实施也逐渐表明大学英语教学大纲正在落地执行，而不是只是停留在理论阶段的泛泛而谈。这一时期的大学英语具有了更鲜明的时代特色，而不是单纯作为一种语言形式来学习了，更多的是与需求相对接，实用性更突出。此次的《大学英语课程教学要求》与原来的教学大纲的一个明显不同在于具有了更大的弹性，弱化了原来的大纲中的硬性指标与要求。

二、英语教学改革的必要性

如今，大学生的英语水平已经成为衡量其综合素质的一个重要方面，而且受到各界的广泛关注与支持。虽然在教学过程中取得了一些成就，但是由于一些客观因素的存在，我国目前的大学英语教学过程中依然存在很多不是很完美的地方。我们现在要做的就是认清目前社会所需要的英语人才所应具备的综合能力的现状，对英语教学进行改革已是必然而且是大势所趋。所以我们需要对所存在的不足之处进行客观分析，然后结合现实找到有针对性的应对措施，以此促进我国大学英语的教学质量实现质的飞跃。以下内容就从英语教学改革可能相关的方面说起。

（一）英语课程设置改革的必要性

目前，应时代的需求，高等学校教育应该逐步实现与国际的接轨，这就对大学英语教学提出了更高的要求，将逐渐向应用型教学模式靠拢，以使学生可以学有所成，甚至学以致用，在国际大舞台上大放异彩。综合这些方面的新的要求，本节提出了科学性的课程设置目标，使各高校实现有效改革。

西方有关外语教学的一个观点是在 20 世纪 80 年代的时候提出的，该观点认为实施外语教学的目的在于明确教学目标，而教学目标需要学术内容的支撑。基于这种课程理念，外语学习在很长一段时间内是作为一种教学工具来使用的，学生可以通过使用这种工具来获得学习外语的能力。

（二）教学内容改革的必要性

教学内容的改革势在必行，应以如下八个原则为前提着手展开。

（1）学习负担：课程的作用是帮助学生温故而知新。

（2）可教性：语言教学效果的因素包括语言课程的安排和学习者的学习时间等方面。

（3）不断推进：语言的教学过程应该是不断推陈出新和与时俱进的，要坚持吸收新形式的语言策略。

（4）语言体系：课程的语言必须以可推广化为前提。

（5）策略和自主：语言学习的最终目的在于使学生通过对学习策略的掌握实现自主性学习。

（6）间断性的复习：在语言学习过程中，学生应该有平等的不断复习所学知识的机会。

（7）干扰：并列学习的语言要提前意识到彼此之间是否会相互影响，如果答案是肯定的，那么这种影响要是正向的。

（8）频率：语言课程要尽可能多地包含语言的使用方法，如此便可以确保学生从学习中获得回报。

（三）教学形式改革的必要性

定期对学生的学习成果进行测试是英语教学过程中的一项必要手段。听、说、读、写、译是一种使用英语的能力，也是学习英语的能力。以下就其中的一两个方面进行举例说明。

从目前的教学课程来看，英语作为一项主要课程是放在了和语文、数学同等的地位上的，因此可以看出对其的重视程度。一般来讲，学生是从小学开始就已经慢慢接触英语了，随着求学程度的不断深入，对英语的掌握水平及要求也是呈上升趋势的。这个学习过程是漫长的。虽然我国学生在英语学习的道路上投入了大量的时间和精力，但是仍然有很大一部分同学无法学以致用。究其原因：一方面，我国整体的英语教学环境的应试教育趋势明显，教师仍然作为课堂主体以传统模式进行授课。另一方面，学生自身没有兴趣学习，没有意识到自主学习的重要性。这样的结果只能是我国大学阶段的英语教学一直未能获得突破性进展。

在我国，高校中对大学生英语水平进行选拔测试的方式以英语四、六级最为突出，其作为一种基础的考试形式，目的在于检验大学生对英语的掌握能力。虽然在一定程度上来说，英语四、六级考的设置对我国的大学英语教学起到了一定的促进作用，但是由于其本质还是应试教育的一部分，依然侧重于对理论知识的考查，并没有对英语教学起到彻底的改革效果，因此外界对其评价是褒贬不一的。甚至有的人认为正是由于英语四、六级的存在，才使得英语应试教育有了可支撑的依据。

（四）大学英语教学模式改革的必要性

1. 模块教学模式改革

模块教学模式是一种新型的教学方式。实施这一教学模式的前提是将英语教学看成一个系统，然后从知识、技能、拓展的角度对其进行划分，在此基础上就形成了一种具有系统性的教学模式。高校中采用这种教学模式并不是一成不变的，而是根据不同的学期采用差异化教学，其最终目的都是实现大学生英语水平的综合提升。

（1）模块教学模式的一般含义。所谓模块教学主要是通过教法和学法两方面来实现的。"教"是基于教师的角度，强调教师可以做到知能一体，而"学"相对就是从学生的角度来体现了，要求学生达到知行一致。模块教学模式的目标是提高大学生的英语综合水平，力图在教学过程中以理论知识为基础，以实践应用为结果。

大学英语实施模块教学可以在一定程度上使英语课程得到内容上的扩展，增强一定的趣味性。这对学生来说可以极大提高他们的学习主动性，从而收到满意的学习效果。随着时代的发展和社会对新型人才需求的改变，传统的大学英语教学模式的教学效果已经无法满足学生的要求。因此，探索一种适合当代大学生需求的英语教学模式就显得尤为重要。

（2）模块教学模式的实施。我们如果对《大学英语课程教学要求》进行仔细研究就可以发现，其从不同的角度对大学生需要掌握的英语水平进行了划分，形成了各种层次。这种情况的出现使得大学英语教学的困难又加深了一步，因为目前的教学方式很难满足《大学英语课程教学要求》中的所有层次，教学中也很难培养出综合能力都很优秀的人才。针对这种情况，英语模块教学模式给出的解决方式是理清头绪，分阶段有针对性地开展教学，而不是眉毛胡子一把抓。这一主张可以说和目前的教学要求不谋而合。

2. 网络教学模式改革

如今是一个科技和互联网飞速发展的大时代，基于这种大环境网络教学模式可以有很好的根植的土壤。网络教学模式的提出也并不是凭空想象的，而是经过了反复的实验不断总结出的经验，这些都为大学英语教学的顺利开展提供了有力支持，为实现有效实践提供了思路。

第二章 大学英语教学改革的方向与趋势

第一节 大学英语教学核心要素的特征及教学模式的转变

以教师为中心的知识传授教学转向以学生为中心的综合应用能力教学模式，既是"本真"的大学英语教学应有的承诺，也是信息技术飞速发展的必然结果。经过近些年的快速发展，中国互联网已形成规模，应用走向多元化，人们在工作、学习和生活中越来越多地使用互联网。中国互联网络信息中心统计报告显示，网民规模跃居世界第一位。互联网已经凸显出重要作用，改变了人们获取知识的手段，以其不受时空限制的显著特征，对学校教育产生着十分巨大的影响。

网络工具庞大的信息资源和可接近性使信息流更直接地指向学生，3000多年以来的学校教育中教师与学生的依存关系正在经受严峻挑战，也必将发生根本性的改变。新技术网络工具的介入，使学习者不再像过去那样通过他人的视野和引导获得知识，学习可以是24/7，即一周7天、每天24小时的学习，超越了时空限制，学习无时无刻、无所不在。计算机技术日新月异的进步使其功能有了跨越式的发展，在外语教学方面，已远远超出了其辅助功能，逐步走向主导。大学英语教学的教材、时间、空间、媒介、学习者、教师等教学中的关键变量都将呈现出全新的特征，预示着大学英语课程教学网络环境的形成。由于网络语言中英语独特的地位和英语学习者得天独厚的语言便利，大学英语课程教学受到显著影响。大学英语课程教学中的学习者、教师、学习内容等核心要素被赋予了新的内涵，学习者正在形成一种新的心理空间和认知空间。

同时，教师与学生角色的根本性变化对大学英语教师的课程教学与研究也提出了新的更高的要求，首要的任务是"实现教学理念的转变，即实现从以教师为中心、单纯传授语言知识和技能的教学模式，向以学生为中心、既传授一般的语言知识与技能，更加注重培养语言运用能力和自主学习能力的教学模式的转变"。本节对以教师为中心转向以学生为中心的"中心转向"主要变量内涵进行分析，探讨在网络环境下大学英语课程教学研究中的若干基本原则。

一、教师为中心大学英语教学模式的局限性

大学英语教学是高等教育的一个有机组成部分。传统上，大学英语课程计划和教学在特定的时期、在一定的循环内部发生、发展，大学英语课堂教学任务的设计和实施以及教学评价的手段和目的旨在确认教学任务的达标情况；学生未取得主体地位，在学校这个特定的空间被动地接受英语教育，且有一定的修业年限；大学英语课程内容在覆盖范围和编设程序等方面都有硬性规定；评价形式单一，教材、软件、教学辅助设备等教学媒介基本上是线性的和预先决定了的；教师是大学英语教学的主体和中心，是学生学习、获得英语相关知识最主要的渠道，在引导学生学习。以教师为中心的大学英语教学模式中的教师、学生和教学媒介呈现的相互关系是从教师到学生、从教材到教师与从教学媒体到教师的强交互，而从学生到教师、从教材到学生、从教学媒体到学生则是弱交互。教师除严格按教学要求完成施教的任务外，不能决定教学目的和教学计划设计。教师在课堂的施教、知识传授主要体现在泰勒模式的六步循环之中，即确定自己的课堂教学任务，使学生能力达到教学目标要求，设计课堂教学过程，按教案授课，根据反馈信息重新分析课程和教学方法，以及调整教学方法等。在网络多媒体环境下，这些传统的教学模式、教学内容以及教学方法等都不能适应新的大学英语教学情境要求。因此，分析网络环境下大学英语教学主要组成要素的特征，构建新的大学英语教学模式成为当下大学英语课程教学改革研究的必然。

二、大学英语教学核心要素的主要特征

网络环境下，大学英语课程发展和教学出现了新的特征，在很大程度上不同于传统的大学英语教学模式。计算机网络与外语课程的整合至少取得了外语教学打破教材为知识唯一来源、创设理想的外语学习环境和改变传统的教学结构三大突破，课程不再是绝对规定性的，教师也不再是学生获得知识的唯一连接点。网络信息量极其丰富，但是零乱无序，不具备传统意义上课程在内容范

围和程序编设方面的确定性和良好结构。网络信息直接指向学生，学生成为学习的中心，他们可以"控制"学习媒介和"课程"的程序，可以自主选择学习的时间、地点和内容。学习是非线性的和无连续性的。在网络环境下，大学英语课程教学中的学习内容、教师、学生等主要方面都被赋予了新的内涵。

1. 学习内容的极大丰富

网络环境下，大学英语学习者接触、学习的内容极其丰富繁杂，远远超出《课程要求》所规定的必修课程和选修课程的教材内容体系，而延伸到与学生当下学习主题相关的影像资料以及从网络上获取的各种信息资源。网络信息和世界知识更直接地指向学习者，不再需要中间环节，学习者可以完全依据自己的兴趣、爱好和对自己未来设计的需要自主、自由地选择、重组、再加工。网络所提供的超媒体、超文本信息，以及跨学科、跨时空和面向真实世界的链接，构建起了使学习者走出大学英语课堂、融入社会实际英语使用情境的内容体系，有助于实现学习内容与学生之间的双向强交互。因此，更好地体现了大学英语课程兼具的工具性和人文性。从而在结合大学英语课堂教学巩固语言基础的同时，也成为学生拓宽知识领域、了解世界文化的素质教育课程。从构建课程的角度看，为学生的研究性学习、创造性学习和问题解决提供了更为便捷有效的认知工具和认知空间。

2. 主体地位的淡化

随着学习内容的改变，大学英语教师的角色也相应地发生显著变化。与过去直接的语言知识传授、严格监控的教学活动模式相比，教师更应该去强调通过设计重大语言学习任务或问题引导学生学习和支撑学生学习的积极性，隐藏或淡出自己的中心地位，帮助学生成为学习的主体，并设计真实、复杂和开放性的语言学习环境与问题情景，诱发、驱动并支撑学习者探索、思考与解决问题的活动。

教师的"中心转向"及其责任之一就是放弃教学过程中的绝对主导者角色，转向为学生自主学习、自我思考、自我发现的促进者、组织者和指导者，帮助学生理解不断变化的环境和自己，最大限度地发展他们的潜能。以学生为中心，强调用真诚、信任和理解的根本原则，强调学习方法。因此，教师要充分信任学生，对学生的任何具有独立性思想与感情都应予以认可，相信他们能够充分发挥自己的潜能。尊重和理解学生的内心世界，使学生获得安全感和自信心，获得真实的自我意识。

教师中心地位的隐藏或淡化并不意味着教师中心地位的丧失。相反，在传统教学模式向网络背景下大学英语课程教学转型开始发生时期，借助网络操作简单、功能强大的搜索引擎，教师有了成为学校课程发展领导者的机会。随着越来越多的大学英语教师和大学英语学习者走向"键盘"，大学英语教师有了更为广阔的调用网络资源的发展空间，进而发挥新的教学指导作用：超越时空地以超文本的形式与学生在线直接交流，随时随地帮助解决学生学习中遇到的各种问题。

根据特定目标和特定学生设计不同的网络课程任务，对学生进行有针对性的"因材施教"。依据问题、兴趣、需要等，整合不同的主题，建立跨学科的联系。引导学生在网上"电子畅游"世界，开阔眼界，以亲身的探索经历构建坚实的图式基础。引导学生通过网络培养阅读、听说、写作等技能，强化批判性和创造性等高级思维能力。将娱乐性、参与性强的网站引入教学内容之中，激励和刺激学生"人机互动"，寓教于乐。在现实的语言体验中内化语言知识，形成并不断提高综合语言应用能力。

3.学习者主体地位的凸显与学习者意义的建构

中外学者历来都十分重视学生的学习，认为学生的学习对于掌握知识、形成技能、发展智力、培养能力、养成品德、塑造人性具有积极的意义。中国古代关于学习过程最为典型的理论有五阶段论，即"博学之，审问之，慎思之，明辨之，笃行之"（《礼记·中庸》）。现代西方学者侧重突出学习者心理在学习中的地位。行为主义的学习理论强调学习刺激与反应的联结，主张通过强化模仿来形成与改变学习者的行为。认知主义的学习理论强调学习是认知结构建立与组织的过程，重视整体性与发现式的学习。人本主义的学习理论（以罗杰斯"以学习者为中心"的学说为代表）强调学习是发挥人的潜能、实现人的价值的过程，要求学生愉快地、创造性地学习。当代的多元智力（MI）理论所倡导的是一种积极的学习观，认为人的智力是由分析性、创造性和实践性三个相对独立的能力方面组成的，绝大多数人在这三方面的表现不均衡，个体智力上的差异主要表现在这三个方面的不同组合上。每个学生都有自己的优势智力领域、有自己的学习类型和方法。建构主义学习观认为，每个学生都不应当等待知识的传授，而应基于自己与世界相互作用的独特经验去建构自己的知识并赋予经验以意义。强调学习的积极性、建构性、积累性、目标指引性、诊断性与反思性、探究性、情景性、社会性以及问题定型学习、基于案例的学习和内在驱动的学习等。学习是个体建构自己的知识的过程,以现有的知识经验为基础对新信息进行编码,建构自己的理解,"生长"出新的知识经验,并在信息积累的过程中,不断对新、旧知识经验的冲突引发的观念转变进行结构重组。由于经验背景的差异,学生对问题的理解常常各异,在学生共同体之中,这些差异本身便构成了一种宝贵的学习资源。学习者所需要的更多是可以增进他们之间合作的机会,整合不同的观点,进而促进学习的有效进行。

在网络环境下,大学英语学习者所担纲的不再是某一种单一的角色,而可以说是上述各种角色的综合。学习者在人格上获得了与教师平等的主体地位,成为能"充分发挥作用的人",他们的学习是主动的,不再是被动的刺激接受者,而成为教与学的主体,是信息加工与知识的主动建构者,通过网络媒体创造的学习环境,按照自己的需要调节内容呈现的形式和进度。通过网络工具,他们可以有效控制自己的学习过程,在寻求理解的过程中进一步产生新的学习动机,自己决定信息的关联及其程度,要求课文只给出"大观点"的结构,期望情景性的评价机制。随着学习者大学英语学习过程中独立性、自主性和创造性主体地位的提升,在现实语言的交往中自身的语言知识经验得以有效"生长",学习者意义也同时得到合理的建构。

三、大学英语教学模式转变的基本原则

网络环境下大学英语课程教学内容、教师和学生的变化,尤其是由以教师为中心向以学生为中心的转变,必然要求对教学方法也应予以重新审视和反思。从源于古希腊苏格拉底和柏拉图的哲学取向的教学理论,到 19 世纪初赫尔巴特现代意义上的教学理论在哲学取向或心理取向的分野,在教学方法上的主张一直是以讲授法占主导地位。讲授法是教师通过口头语言向学生系统地传授知识的方法,包括讲述、讲解、讲演三种基本方式。这种基于知识和以教师为中心的教学方法曾在历史上发挥了重要作用,产生了巨大影响,即使在今天的大学英语课程教学中,仍然在部分地沿用。

当代教学理论在教学方法上对讲授法加以改造,注重学习的心理因素。行为主义的教学方法把刺激—反应作为行为的基本单位,认为教学的艺术在于如何安排强化,程序性教学方法设计严格遵循逻辑程序,目的是保证学生在学习中把错误率减少到最低。认知主义倡导发现法,强调学习过程、直觉思维、内

在动机和信息的加工和提取。人本主义重视教师的促进作用，帮助学生构建意义学习，鼓励学生全人参与、自我发起、自我评价。建构主义要求把所有的学习任务抛锚在较大的任务或问题中，重视学习者发展对整个问题或任务的自主权。建构主义教学方法首先是设计支持并激发学习者思维的学习环境，鼓励学习者根据可替代的观点和背景去检验自己的观点，提供机会并支持学习者对所学内容与学习过程的反思。

上述教学方法都是基于知识传授的方法。随着网络时代的到来，大学英语教学范式的设计需要考虑出现的一系列新的变化：以教师为中心向以学生为中心的转变、单一意义刺激向多意义的转变、单一路径向多路径的转变、单一媒体向多媒体的转变、个人学习向合作学习的转变、知识传授向信息交流的转变、被动学习向互动和主动参与学习的转变、事实记忆向研究型和探究型学习的转变以及孤立、人为语境向真实世界语境的转变等。

对这一社会变革力量我们不能采取"等等看"的态度。这不是一个网络"是否"会改变大学英语课程教学的问题，而是"如何"和"何时"改变的问题。"何时"即"现在"。构建大学英语课程教学新的范式势在必行。基于上述分析，大学英语教学"中心转向"几个基本的原则是：学生和教师都将同时成为学习者。大学英语课程教与学的过程将会是互动的和多向的交流形式，而不是单向的知识传递。教学手段是多媒体的。网络将得到更为广泛的应用，学习资源以多媒体的形式呈现，教学手段趋向多媒。学生自己决定学什么和怎么学去构建自己的知识，不再是被动接受性学习。

教师的主要角色将是引导者（guider）、指导者（mentor）和辅导者（tutor），教师应是反思的，而不仅仅是经验型的。学习需要一套基本的学习技能，包括对新技术的应用能力和认知以及元认知技能等。学习环境必须彻底重新构建。大部分学习经历将指向现在或将来，而不再指向过去。学习者考虑更多的将是自己未来的设计，知识的学习和技能的培养与未来有更为密切的关系，并在学习中得到充分体现。对学生的评价应是连续的和发展的，而非一次性和完全标准化的。

为此，大学英语课程教学也应予以重新设计。在网络环境下，以计算机为核心的现代教育技术、教学内容、教师、学生应构成一个生态化的大学英语教学环境，使教师与学生在整合的教学情境中相互作用、相互补充、相互转换，充分发挥教师和学生在教学中的积极作用。当前比较理想的有效教学整合可以设计为下述八种依次由简单到复杂的方法之一或几种方法的组合运用：以事实、表征形式、规则、实践等活动实现知识习得、操作、模型目的的"基于内容的教学方法"。以故事、未知内容作为活动形式实现语言意识、语言兴趣的"基于技能的教学"。以"大观点"、熟悉度、文本组织为教学活动内容实现文本理解、信息联结的"探究教学法"。通过合作活动、小组活动等师生间、生生间互动发展社会技能的"基于概念的学习法"。围绕当前事件设计教学活动内容，达到在不同学科间共享决策目的的"学科间渗透教学法"。针对未来事件拟定教学内容和课堂内外教学活动提高学生分析问题、解决问题能力的"合作学习"。导引学生在接触学习内容时充分自由想象，逐步形成对新知识和表征形式的建构的"批判性/创造性思维教学"。

大学英语教学模式的转变，目的是促进大学英语学习者个性化学习方法的形成及其自主学习能力的发展。网络环境对大学英语课程教学的内容、教师、学习者和教学方法等都产生深刻的影响，网络信息更直接地指向学习者，不再需要中间环节，使学习者可以完全依据自己的兴趣、爱好和对自己未来设计的需要自主、自由地选择。实现从以教师为中心，单纯传授语言知识和技能的教学模式向以学生为中心，既传授知识与技能，更注重语言实际应用能力和自主学习能力的培养，大学英语教师更应该去强调通过设计重大任务或问题引导学生学习和支撑学生学习的积极性，隐藏或淡出自己的中心地位，帮助学生成为学习的主体，并设计真实、复杂和开放性的学习环境与问题情景，诱发、驱动并支撑学习者探索、思考与解决问题的活动。大学英语学习者主体地位的获得，使其由被动的刺激接受者走向更加主动的有效学习，去生成自我语言知识，建构自我意义，成为教学的中心。以学生为中心大学英语教学模式的转变是学习者主体得以显现和持续的保障。

第二节　大学英语教学改革存在的问题及其对策

2003 年，教育部开始实施"高等学校教学质量和教学改革工程"，大学英语教学改革是其中重要的组成部分。教育部选取 100 所高校作为大学英语教学改革试点，先行先试。2007 年，教育部正式颁布实施《大学英语课程教学要求》（以下简称《要求》）。自此，大学英语教学改革实践在全国各高等学校展开。

《要求》指出大学英语课程是大学生必修的基础课程，不仅明确了大学英语课程的地位，而且从教学性质与目标、教学要求、课程设置、教学模式、教学评估、教学管理六个方面对大学英语教学实践提出了具体要求。综观近年来的大学英语教学改革，虽然取得了一定的成效，但也存在诸多争议。本节分析大学英语教学改革存在的问题及其内在原因，并在此基础上提出进一步深化大学英语教学改革的对策，力图为大学英语教学改革的未来发展指明方向。

一、大学英语教学改革存在的问题及其原因分析

《要求》是各高校开展大学英语教学改革的纲领性文件。各高校要在此基础上根据自身办学特色，制订与之相适应的英语课程体系、课程内容等具体的教学改革实践方案。从各校教学改革实施的方式与效果看，大学英语教学改革存在以下三个主要问题：

（一）大学英语教学改革的方向迷失

当前，大学英语四、六级考试已成为许多高校开展英语教学改革的指挥棒。各大高校从四、六级考试题型和内容中捕捉大学英语教学改革的方向，使大学英语教学沦为应试工具。自1987年我国推行大学英语四级全国统一考试以来，四、六级考试的题型进行了多次调整，这种变革与大学英语教学改革是相呼应的，但四、六级考试仍无法全面反映大学英语的教学要求。在四、六级的100分制阶段，考试题型侧重语言本身，较少涉及英语应用能力的测试，后期逐步加大英语听说能力测试内容的比重。在710分制阶段，不划分及格线，不颁发证书，只发成绩单，突出对听说能力的考查。听力分值由原来的20%上升到35%，阅读部分维持在35%的比重，但考查的内容与形式越来越偏向实际应用。四、六级考试只是用于评价学生英语学习效果，衡量学生是否达到大学英语教学目标的能力要求的一种方式，而不应该作为唯一的教学目标。

部分高校出台了"达到四、六级考试及格线的学生可申请免修大学英语课程"的规定。部分中学英语基础扎实的学生进入大学后，只要通过入学后的第一次四级考试就能"免修"大学英语课程，这与《要求》的指导思想背道而驰。《要求》不仅指出大学英语是必修的基础课程，而且建议"学校的学分制体系要体现学生大学英语课程的成绩，保证大学英语的学分占本科总学分的10%"。为了督促通过四级考试的学生继续修读大学英语课程，有些高校推出六级、雅思、

托福英语考试等各种培训班。雅思、托福考试比四、六级考试更注重考查学生语言之外的信息，要求考生不但要有扎实的语言基础知识，还要有灵活的语言实际应用能力。不可否认，雅思、托福考试已成为评价我国学生英语能力的一种辅助手段，但仍然不能作为大学英语教学的目标。

大学英语教学沦为应试教育的主要原因包括：大学英语教学目标不明确，将培养学生达到四、六级考试的及格线作为大学英语教与学的目标，忽视了学生英语综合应用能力的培养；大学英语教学评估体系单一、不科学，尤其缺乏对学生自主学习、英语实际应用能力的评价，将四、六级考试达到及格线或托福、雅思成绩作为衡量学生英语能力的主要标准。

（二）大学英语自主学习流于形式

《要求》建议变革传统英语课堂教学的"教"与"学"关系，建立以"学"为主、以"教"为辅的新模式，培养学生的英语自主学习能力，并在此基础上，构建个性化的大学英语教学模式。这就要求在英语课堂教学中渗透自主学习模式，通过"自主"的教学方式，逐步提高学生的自主学习能力。显然，这种教学模式的成功需要"教"与"学"两方面的协同作用。一方面，高校必须统筹各方资源，包括英语教师、计算机技术人员与管理人员，搭建基于校园网的英语自主学习平台，为学生提供丰富的线上学习资源；另一方面，学生要充分利用课外时间，开展在线英语自主学习。严梦娜对福建农林大学非英语专业学生的课外学习情况进行问卷调查，发现63.7%的农科学生和50.8%的工科学生将课外时间用于休闲或上网，其中上网获取资料用于学习的学生分别占21.8%和27.8%。王林海和赵虹对燕山大学学生使用网络进行学习的情况进行调查，发现大部分学生上网是为了休闲娱乐，只有部分学生利用网络自主学习或获取有用信息。蒋宇红和周红对嘉兴学院1000名二年级学生的自主学习状况进行问卷调查，发现65.0%的学生没有养成自主学习的习惯，网络学习只是走马观花，应付老师的检查。

上述调查数据表明，强调自主学习的教学模式并没有充分调动学生自主学习的积极性，未能达到预期的教学目标。究其原因，主要有以下几方面：一是自主学习平台建设滞后，有些高校甚至尚未建立英语自主学习的网络平台。二是自主学习的线上资源有限，主要内容仍是四、六级模拟考试题或雅思、托福考试题，缺乏与英语综合应用能力培养相对应的学习资料。三是学生自主学习的自觉性欠缺，缺乏有效的监控措施和评价手段，单纯依靠学生自觉进行课外网络自主学习难以取得理想效果。因此，构建和利用在线资源，促进学生开展自主学习，以提高英语学习效率是推进大学英语教学改革的难点之一。

（三）英语应用能力培养的措施不到位

《要求》提出大学英语的教学目标是"培养学生的英语综合应用能力"。王才仁调查发现，82.3%的受访者认为提高学生的英语综合应用能力最重要。严梦娜的问卷调查也得出相同结论，89.3%的农科学生和91.6%的工科学生认为英语学习的主要目的是提高英语应用能力。但遗憾的是，大部分英语教师无法准确描述出到底什么是英语综合应用能力，更不用说采取具体的应用能力培养措施。《要求》中也没有对综合应用能力做出明确定义。有学者认为《要求》对"综合应用能力"概念缺乏明确界定，使各高校对英语综合应用能力的培养无所适从，甚至走入误区。

据严梦娜调查，许多高校还没有将《要求》落实到可操作层面，只是在传统课堂教学的基础上，增加了一些自主听说的学习课程。这些自主听说课程由于资源不足与学生自觉性不强，难以取得预期效果，这导致英语综合应用能力的培养流于形式。英语综合应用能力包括哪些内容，如何培养学生的英语综合应用能力，直接牵涉到大学英语课程体系、课程设置等问题。课程体系和课程设置对教学具有引领作用。课程设置不当，英语教学有可能走弯路、走错路，英语应用能力的培养自然成为空谈。

二、深化大学英语教学改革的对策

（一）明确大学英语教学的目标与任务

不明确大学英语教学的目标，容易迷失大学英语教学改革的方向。《要求》指出，大学英语教学的目标是培养学生的英语综合应用能力、发展学生的自主学习能力与提高学生的文化素养。其中，最重要的是培养学生的英语综合应用能力。大学英语教学要培养包含听说能力在内的综合应用能力，以改变传统"聋哑"英语的被动局面，提高学生的英语交际能力。

虽然强调听说能力的培养，但也不能削弱英语其他应用技能的培养。英语综合应用能力包括听、说、读、写、译等多方面内容，除了要重视听说能力的培养，英语阅读能力、翻译能力和写作能力也不可忽视。阅读能力是听、说、写、译等各种能力的前提和基础，是语言知识和文化信息输入的主渠道。在英语听说环境受限的情况下，阅读是人们接触英语最方便快捷的途径。

（二）构建各具特色的大学英语课程体系

大学英语课程体系的设计要立足于学校及学科人才培养的需求，从学校的办学与人才培养目标出发，构建具有各高校特色的大学英语课程体系。在构建大学英语教学课程体系时，要充分考虑学校部分学科发展的需要，采取大学英语教学"四年不断线"的方式，培养高素质、具有国际视野的学科人才。一、二年级主要为学生开设综合英语课程（读写课和听说课），三、四年级主要开设以专业英语或学术英语为主的特殊用途英语课程。特殊用途英语课程是英语基础课程与专业双语课程之间的桥梁。通过特殊用途英语课程及其后续专业双语课程的教学，使学生顺利地从大学综合英语的学习过渡到英语的专业应用类课程的学习。

不同高校通过构建各具特色的大学英语课程体系，设计"四年不断线"的课程，引领正确的教学改革方向。英语教师要相对固定于一个专业的英语教学，了解相关专业学科背景，积累相关的专业英语资料，向一、二年级学生推荐与专业基础知识相关的英语听力或阅读材料，使学生在双语课程、专业英文学术报告的熏陶下，潜移默化地接受英语应用能力的培养。

（三）深化听说教学改革

《要求》提出"培养学生的英语综合应用能力，特别是听说能力，使他们在今后学习、工作和社会交往中能用英语有效地进行交际"。因此，在教学实践中，要始终按照课程教学的要求，着力提高学生的听说能力。

当前许多高校首选的应对策略是适当增加听力课的课时，有些高校英语读写课与听力课的课时比例达到 1∶1。除此之外，各高校应深化听说课程教学的改革。一要贯彻"以说带听、以听促说、听说并举"的课内教学原则。不但要在听力课中强化听说，还要在读写课教学中重视听说训练，实现各种教学场合的听说并举，达到提高学生听说能力的目的。二要合理规划在课外时间实施英语听力的教学。除课内教学外，教师要指导学生在课外时间开展听力训练。实行英语四级考试及格后大学英语免修制度的高校，可组织免修学生开展自主听力学习。一方面教师要为学生提供课外听力材料；另一方面要进一步完善英语网络自主学习平台，为学生的课外听力训练创造条件。

（四）培养学生自主课外阅读的习惯

阅读优秀的英语文学作品，可以提高学生的英语实际运用能力。美国著名外语教学专家威斯特·布莱姆贝克说："采取只知语言不懂其文化的教法，是培养流利大傻瓜的最好办法。"严梦娜对大学生课外英语文学阅读情况进行调查，发现 48.5% 的非英语专业本科生课外没有阅读过英语文学作品。因此，在非英语专业学生中开展课外阅读英语文学作品的训练，充实学生英语阅读的"内容图式"，将对学生英语综合应用能力的培养发挥基础性作用。

国内部分高校利用网络自主学习平台，开展学生的英语课外阅读教学实践，但效果不甚理想。课外英语文学作品阅读教学应重视过程性评价。一要以学生为主体，在学生理解作品内容的基础上，教师阶段性利用读写课的教学时间进行互动交流。师生互动、平等参与的生动情景和各种有趣的竞赛活动能提高学生的阅读兴趣，让学生认真品味和欣赏英语文学作品，避免学生对英语文学作品阅读产生抵触情绪。二要制订合理的英语文学作品阅读分级教学目标。教师要根据英语文学作品的难易程度，分配相应的阅读分值，引导学生根据自己的英语基础选择不同分值的文学作品进行阅读。教师要分阶段对一、二年级学生的英语文学作品阅读进行评估，要求学生每个学期完成一定量的文学作品阅读任务；对三、四年级学生实行英语文学作品阅读奖励制度，每学期根据学生的阅读分值进行奖励，逐步培养学生自主阅读英语文学作品的习惯。

综上所述，高校英语教师要以《要求》为纲领，以学校的办学定位和学科建设为服务对象，精心设计大学英语课程体系，构建合理的课程设置，引领正确的教学方向。同时要分析当前英语教学改革面临的问题，主动求变，采用"四年不断线"的做法，在强化听说训练的基础上，将大学英语的教学延伸到学生的专业学习，促使学生顺利地从普通英语学习向专业英语课程、专业双语课程学习过渡，逐步提高学生的英语综合应用能力。

第三节　大学英语教学改革的方向

2003 年教育部启动的大学英语教学改革已走过 20 个年头。在这期间，大学英语的教学目标从"培养学生较强的阅读能力和一定的听、说、写、译能力"转向"培养学生的英语综合应用能力，特别是听说能力"；教学模式"从单一的教师讲授"转向"基于计算机网络的多媒体教学"。这一改革对提高学生的听说能力、培养学生的英语综合应用能力起到了积极的作用。但是，随着大学新生入学英语水平的提高以及高等教育国际化的普及，大学英语教学内容的改革成为人们关注的焦点。一些学者纷纷呼吁 ESP（专门用途英语）应该成为我国新一轮大学英语教学改革的方向。他们的论点明确、论述充分、令人信服。但是，其中也出现了范畴不一、术语混乱等问题。这些问题如果不厘清，有可能影响 ESP 教学与研究在国内的发展，给大学英语教学带来负面的影响。鉴于此，本节试图对 ESP 与大学英语教学的关系做进一步的探讨，对 ESP 能否成为大学英语教学的方向做进一步的论证。

一、ESP 的概念、特征和目的

ESP 是 English For Specific/Special Purposes（专门用途英语）的缩写。中外学者对于 ESP 的概念有不同的表述。

最早提出 ESP 概念的英国学者韩礼德认为："ESP 是公务员的英语、警察的英语、法官的英语、药剂师和护士的英语、农业专家、工程师以及装配工的英语。"英国学者马凯认为："ESP 是指有明确实用目的的英语教学，这种目的和职业要求紧密相连。"英国学者汤姆和艾伦认为："ESP 作为一种语言学习方法，其教学内容和教学手段都取决于学习者的目的。"英国的 ESP 研究专家汤姆·哈钦森和艾伦·沃特斯认为："ESP 是指与某种特定职业或学科相关的英语，是根据学习者的特定目的和特定需要而开设的英语课程。"国内著名 ESP 教学专家卢思源认为："ESP 是应用语言学的一个分支，它是指专为科技人员和商贸工作者的某些特殊需求而设计的英语教学方法和教材。"冯建中认为："ESP 指与某种特定职业或学科相关的英语，例如，警察英语、护士英语、科技英语、商务英语、医学英语、法律英语等。"学者任荣政和丁年青认为："ESP 指与特定职业或学科相关的英语，如法律英语、医学英语等。"

尽管以上学者对 ESP 概念的表述不完全相同，但是我们可以从中归纳出两个共同特征：（1）ESP 和某种职业或学科紧密相连；（2）ESP 的学习者有明确的目的。

1985 年 4 月，ESP 教学专家彼得·斯特勒文思在斯里兰卡 ESP 国际研讨会上曾指出：ESP 有四个根本特征（absolute characteristics）和两个可变特征

（variable characteristics）。ESP 四个根本特征是：（1）需求上，课程设置必须满足学习者的特定需求；（2）内容上，与特定学科或职业相联系；（3）语言上，重点应放在适合相关专业或职业的句法、词汇和语篇上；（4）与通用英语（EGP）形成对照。ESP 的两个可变特征是：（1）可以只限于某一种语言技能的培养（如阅读技能或口语交际技能）；（2）可以根据任何一种教学法进行教学。

纵观国内外学者有关 ESP 的概念，不难看出 ESP 是一种行之有效的教学途径，它以应用语言学的理论为依据，以学生的特殊需求为出发点制定教学目标、教学内容和教学方法。其目的是培养和提高学生在所学专业领域用英语进行学习和交流的能力，在所从事的行业里用英语从事工作和沟通的能力。说得直白一些，就是培养学生用英语完成任务的能力，突出英语的工具性。

二、ESP 的分类

根据不同的标准，ESP 有不同的分类法。目前国际上比较著名的是乔丹根据使用目的所做的两分法（图 2-1）和汤姆·哈钦森、艾伦·沃特斯依据学科门类所做的三分法（图 2-2）。

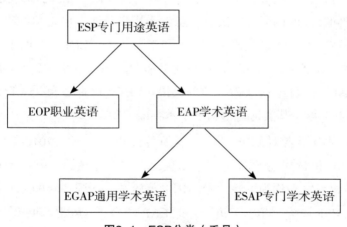

图2-1 ESP分类（乔丹）

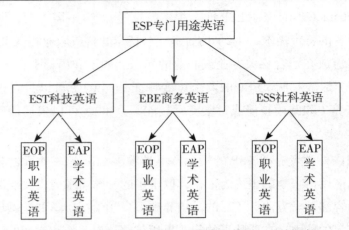

图2-2 ESP分类（汤姆·哈钦森和艾伦·沃特斯）

从上图可以看出，乔丹按照使用目的把ESP分为以满足职业需求为目的的职业英语（EOP）和以学术研究为目的的学术英语（EAP）。学术英语又进一步分为通用学术英语（EGAP）和专用学术英语（ESAP）。而汤姆·哈钦森和艾伦·沃特斯则是按照学科门类把ESP分为科技英语（EST）、商务英语（EBE）和社科英语（ESS）三大类。它们又分为职业英语（EOP）和学术英语（EAP）。很显然，乔丹的二分法较三分法更为简洁。

国内学者在ESP的分类上分歧很大，有的甚至截然相反。蔡基刚、冯建中、李建平都赞同乔丹的两分法。文秋芳虽然采用三分法，但是她的三个分类是：职业英语（EOP）、学术英语（EAP）和学科英语（EDP）。而王丽娟的分类则截然相反，她认为，通用英语（EGP）和专门用途英语（ESP）都归属于学术英语（EAP）；夏纪梅认为，商务英语（EBP）、职业英语（EOP）、科技英语（EST））等，其实这些都属于学术英语（EAP）。

此外，国内学者对ESP一些术语的翻译也不一致。2010年，蔡基刚把EGAP、ESAP和EOP分别译为"学术英语""专业英语"和"行业英语"，并把这三门课程之和称为ESP"专门用途英语"。在同一年的另一篇文章中，蔡基刚又把ESP译为"学术英语"，把EAP译为"一般学术英语"。2012年，蔡基刚把ESAP译为"特殊学术用途英语"。2014年，蔡基刚把EAP译为"学术英语"，把EGAP和ESAP分别译为"通用学术英语"和"专门学术英语"。夏纪梅把EGAP译为"通用性学术英语"，把ESAP译为"专业性学术英语"。文秋芳把ESP译为"专用英语"，而且提出了一个"学科英语"的概念，并解释说"学科英语"更适合由专业课教师负责。例如，生物英语、计算机英语、化学英语等。中国战略研究中心的沈骑则把 EAP 译为"学业英语"。由此看来，国内学者在 ESP 的分类和术语的翻译上还存在着很大分歧和混乱。这些分歧和混乱必然会影响 ESP 教学与研究在中国的发展，影响大学英语教学目标的实现。

那么到底应该怎样翻译这些术语？按照什么标准对 ESP 进行分类？笔者认为学术界应该在这些术语的翻译上达成共识，统一名称。翻译的原则应该是：保留原有约定俗成的译名，新出现术语的翻译在简洁、达意的前提下以多数学者认可的译名为准。我们的译文如下：

EGP（English for General Purposes）：通用英语

ESP（English for Specific/Special Purposes）：专门用途英语

EOP（English for Occupational Purposes）：职业英语

EAP（English for Academic Purposes）：学术英语

EGAP（English for General Academic Purposes）：通用学术英语

ESAP（English for Specific Academic Purposes）：专用学术英语

从文秋芳对"学科英语"的解释来看，她提出的"学科英语"就是传统的"专业英语"，我们译为 SBE（Subject-based English）。

如前所述，不同的标准导致 ESP 的不同分类。如果从纯学术研究的角度对 ESP 进行分类，分类越细越好，因为只有这样才能把不同语体、不同类别英语的特点研究透彻，辨别清楚。但是从大学英语教学的角度来看，笔者认为不宜分得过细，应该按照目的性、简洁性、可操作性三个标准对 ESP 进行分类。目的性是指分类要有利于大学英语教学目的的实现；简洁性是指分类要简洁明了，清楚易懂；可操作性是指分类要切实可行，易于操作。所以，我们的 ESP 分类如下（图 2-3）：

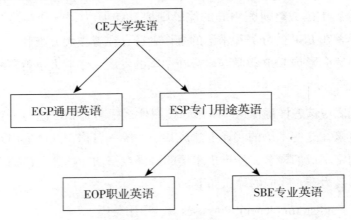

图2-3 ESP分类

我们这样分类的依据是1999年制定的《大学英语教学大纲》（以下简称《教学大纲》）。《教学大纲》虽然没有明确提出 ESP 这一概念，但却在教学要求中体现了 ESP 教学的内容，规定学生在高年级必须修读"专业英语"，即 ESP 课程。职业英语（EOP）本节暂不做讨论。我们没有把 ESP 中的"学术英语"再细分为"通用学术英语"和"专用学术英语"的理由如下：

1. 理论上缺乏依据

国内学者把学术英语（EAP）分为通用学术英语（EGAP）和专用学术英语（ESAP）。其根据是国际上颇有争议的"ESP 语言共核理论"。该理论的倡导者认为"在不同学科中使用的语言具有共同的推理和解释过程，存在一种既有科学性但又不属于任何专门学科的语言共核"。他们主张打破专业界限，以 ESP 交际的一般规则和通用技巧为主要授课内容。反对"ESP 语言共核理论"的学者则强调，即使是报告、讲座等常见体裁在不同学科环境下也具有显著的表达差异，因此提倡更有专业性、针对性的 ESP 教学。而学者海兰德利用语料库数据最终证明后一种观点是正确的。各个专业都有自己独特的知识体系和专业术语。即使一个"共核词汇"，在不同的专业中，其词义也大不相同。所以笔者认为，各学科共有的"ESP 语言共核"实际上是不存在的。如果存在，它和"通用英语"的分界线又在哪里？"通用英语"和"专门用途英语"之间的分界线都难以把握，"通用学术英语"和"专用学术英语"之间的分界线就更难辨析了。

"通用学术英语"侧重各学科英语中共性的东西，即培养学生在专业学习和研究中所需要的学术英语口语交流能力和学术英语书面交流能力；"专用学术英语"侧重特定学科（如医学、法律、工程等学科）的词汇语法、语篇体裁以及工作场所英语交流策略和技能的培养。根据"通用学术英语"和"专用学术英语"的定义并着眼于大学英语教学，笔者认为：把"通用学术英语"归属于"通用英语"，因为"通用英语"已经包括了"通用学术英语"的内容；把"专用学术英语"归属于"专业英语"，因为任何一门专业英语课程都是从易到难、从简单到复杂、从初级到高级循序渐进的。而且，一般的专业英语教材也会介绍本专业英语的词汇、语法、语篇等特点。

2. 实践上难以操作

即使"学术英语"分为"通用学术英语"和"专用学术英语"在理论上是存在的，在实际教学中也是难以操作的。有些学者明确表示，大学里的 ESP 教学主要是"学术英语 EAP"。而"学术英语"教学主要指"通用学术英语 EGAP"，即培养学生学术英语交流能力，如用英语听讲座和记笔记的能力，搜索和阅读文献的能力，撰写文献综述、摘要和小论文的能力，以及表达信息的陈述演示能力等。由此推理，大学英语教学的主要内容是"通用学术英语"，而不是"专用学术英语"。那么，是不是学习了"通用学术英语"之后，学生就可以阅读专业英语了？如果不行，我们是否还要给学生开设"专用学术英语"？在课程设置上搞两个学术英语：学术英语 1（通用学术英语）和学术英语 2（专用学术英语）？显然这是很难操作的。即使著名英语教育专家文秋芳也回避了这个问题，她在《大学英语中通用英语与专用英语之争：问题与对策》一文中提出：本节中所用"学术英语"等于《上海参考框架》中的"通用学术英语"，不包括"专用学术英语"。上文谈到，文秋芳对 ESP 的分类只到"学术英语"这一级，没有再细分为"通用学术英语"与"专用学术英语"。从大学英语教学的角度看，她这样做肯定是有其道理的。实际上，通用学术英语的教学内容完全可以融入通用英语教学。通用学术英语的"阅读学术文献能力"可以通过通用英语的阅读课来培养，通用学术英语的"撰写论文能力"可以通过通用英语的实用写作课来培养。

其实，在教学实践中是教授"通用学术英语"还是"专用学术英语"，是各国 EAP 实践者们长期争论不休的问题。乔丹本人 1984 年曾试图用经济学专业英语教材教授学生，但以失败告终。因为他发现这些 ESP 学员的专业知识虽然达到了一定的水平，但他们的英语水平却仍不高，从而影响了 EAP 教学。此外，

EAP 课堂的学生通常来自不同的专业,任何一门专业的教材都很难适合所有学生的要求。

三、ESP 教学能否成为大学英语教学改革的方向

要回答 ESP 教学能否成为大学英语教学改革的方向这一问题,首先要明白 ESP 教学能否帮助我们实现大学英语的教学目标。那么,大学英语的教学目标是什么?

1999 年颁布的《教学大纲》指出:大学英语教学的目的是:培养学生具有较强的阅读能力和一定的听、说、写、译能力,使他们能用英语交流信息。大学英语教学应帮助学生打下扎实的语言基础,掌握良好的语言学习方法,提高文化修养,以适应社会发展和经济建设的需要。

2007 年颁布的《大学英语课程要求》指出:大学英语的教学目标是培养学生的英语综合应用能力,特别是听说能力,使他们在今后学习、工作和社会交往中能用英语有效地进行交际,同时增强其自主学习能力,提高综合文化素养,以适应我国社会发展和国际交流的需要。

大学英语课程不仅是一门语言基础课程,也是拓宽知识、了解世界文化的素质教育课程,兼有工具性和人文性。工具性要求与专业相结合,培养学生专业英语的综合运用能力。人文性帮助学生了解西方文化,开阔视野,扩大知识面,加深对世界的了解,借鉴和吸收外国文化精华,提高文化素养。由此看来,大学英语教学有两大目标:(1)帮助学生打下扎实的语言基础,提高文化素养;(2)培养学生的英语综合应用能力,为社会发展和国际交流服务。第一个目标的实现有赖于通用英语教学,而第二个目标的实现有赖于专门用途英语教学。所以,笔者认为大学英语教学改革的方向既不是通用英语,也不是专门用途英语,而是通用英语 + 专门用途英语。理由如下:

1. 专家们的意见

很多外语教育专家都认为,通用英语和专门用途英语是相辅相成、相得益彰,共同构成大学英语教学的内容。EGP 教学是基础,ESP 教学是提高。只要打好了坚实的 EGP 基础,ESP 的学习效率就会大大提高;反之,如果通用英语的基本功不过硬,只熟悉了一些专业术语,专门用途英语也很难学好。

章振邦认为:"专业外语必须建立在普通外语的基础上,否则就会成为无

源之水，无本之木。学好普通英语是掌握专业英语的必要条件。"熊德輗说：
"学习英语没有任何捷径可走，老想找捷径的人是永远学不好的，要想学好必
须定下心来打一场持久战。不要忙于对口（学专业英语），如果基础没有打好，
甚至还没有入门想学好专业英语是绝对不可能的。"戚雨村指出："随着科技
创新的深入开展和国际交流的日益频繁，科技人员参加国际学术会议，用英语
撰写和宣读论文，到国外听课、讲课以及合作进行科学研究的机会不断增加，
公共英语结合专业英语的势头是不可阻挡的。"卢思源说："ESP/EST 是一种
应用英语，应该与'通用英语'享有同等的地位，并与之一起构成我国外语教
学与研究的主流。"文秋芳说："笔者主张每所高校向学生提供包括通用英语
与专用英语两个板块的大学英语教学体系。"

2. 有利于培养既懂专业又通外语的社会主义建设人才

EGP 教学是以教授一般语言技能为目的的课程。其目的是培养学生扎实的
语言基本功，掌握英语的"语言共核"为专业英语学习做准备，提升学生的人
文素养，扩大学生的知识面，帮助学生树立正确的人生观和价值观。而 ESP 教
学则是使学习者在某一专业或职业上使英语知识和技能实现专门化的应用性课
程。将专业知识学习与语言技能训练融为一体，具有较强的针对性和实用性，
有助于培养学生的英语综合应用能力，尤其是在自己的专业领域用英语进行交
际的能力。ESP 与 EGP 并非相对立的两个部分，而是紧密相连的，ESP 培养
学生的学术素养，EGP 培养学生的人文素养。在整个英语教育体系中它们是为
同一个教学目标而构建的两个层面，是一个语言连续体的两端。事实上，两者
都具有词汇、句法、语篇等层次上的语言共核部分。两者在时间上有先后，在
内容上却相互融合。所以，大学外语教学只有把 ESP 教学和 EGP 教学有机地
结合起来，才能培养出大批既懂专业又通外语的社会主义建设人才。

3. 有利于纠正大学生人文素质下降的趋势

当今科学技术的发展越来越迅速，专业分工越来越细，尤其是进入网络时
代，知识和资讯爆炸性增长，客观上要求人才要从"广而泛"转向"专而精"。
从国家和社会发展层面看，中国作为一个后发新兴经济体，建设与发展任务十
分艰巨，亟须大批各行各业的专业人才，以服务于富国强民的国家战略。所以，
我国高校自 1999 年实行扩招，希望培养更多的人才为国家的经济建设服务。
此后，高等教育逐渐从原来的"精英教育"转变为今天的"大众教育"。"大
众教育"需要紧密结合社会实践和市场需求。所以很多高校都是以市场为导

向培养学生，只注重专业性学习，希望学生在较短的时间内习得具有胜任力的专业知识，忽视通识教育，导致学生的人文素质下降。正如钱理群在北京大学110周年民间纪念会上所言：现在的大学生，独立自主能力差，缺乏团队精神，不善于和他人合作，知识面狭窄，独立思考和创新能力不足。我们的教育正在培养出一批"绝对的、精致的利己主义者"。很多学生的世界观、人生观、价值观出了问题。北京外国语大学胡文仲所做的一次社会调查也证明了这一点。他说："出乎我们意料的是，用人单位对学生的思想道德和素质有比较多的批评，他们最看重的是毕业生的思想道德，其次，才是外语掌握程度和知识、能力等。他们呼吁应该加强学生的思想品德教育。"要纠正大学生人文素质下降的趋势，作为高等教育重要组成部分的大学英语教育必须融合 EGP 教学和 ESP 教学。两者在培养人才方面发挥着不同的、不可替代的作用。

上文指出，ESP 课程注重培养学生的工具性。而 EGP 课程注重培养学生的人文性。EGP 教育本身不是一个实用性、专业性、职业性的教育。从功利主义的角度看，EGP 教育除了考试，似乎一无用处。然而，EGP 教育却恰恰体现了罗素"从无用的知识与无私的爱的结合中更能生出智慧"的论断。EGP 教育不仅是一种培养学生英语语言基本功的教育，正如上海交通大学徐飞所言："它更是一种人本教育，它会使人活得更明白、更高贵、更有尊严，强调培养的是全人而不是工具人、手段人，旨在引导学生形成正确的世界观、人生观、价值观。"所以，EGP 教学有利于纠正大学生人文素质下降这一趋势。

新一轮大学英语教学改革在培养学生的口语交际能力方面取得了一定的成就，但同时也忽视了对学生在专业领域里英语应用能力的培养。正如蔡基刚所言："2004 年和 2007 年的《大学英语课程教学要求》简直是大倒退，专业英语几乎没有位置。"所以，这场改革受到不少学者的批评。这些学者倡导用 ESP 教学代替大学英语教学。但矫枉不能过正，本节在分析、研究、总结学者们相关研究成果的基础上，进一步探讨了 ESP 教学与大学英语教学的关系，论证了我国大学英语教学改革的方向。本节认为，用 ESP 教学完全代替大学英语教学是不合适的。我国大学英语教学改革的方向应该是通用英语（EGP）+专门用途英语（ESP）。

第四节　大学英语教学改革的趋势

最近，关于大学英语教学的走向，似乎有一种山雨欲来风满楼的感觉，到底是继续通用英语的教学还是进行所称的学术英语教学？两种观点激烈碰撞，甚至出现了某种教学"必然消亡"，或者将某种教学比喻成为"大学英语掘墓人"等现象，让广大大学英语教师深感不安，不知所措。那么，大学英语究竟怎么了？始于 2003 年，作为教育部"高等学校教学质量和教学改革工程"重要组成部分，已为期整整 20 年的大学英语教学改革究竟走到了何处？现在又将怎么继续下去？

大学英语教学的现状需要辩证地看待。黄源深等著名教授在各种场合不止一次说道："高考恢复以来的大学英语教学取得的成绩是辉煌的，我国四十几年改革开放成功的背后实际上还站着无数辛勤耕耘在各类高校的大学英语教师！"

当然，在成绩面前，也应看到目前大学英语确有许多不尽如人意的地方，也正是为了大学英语教学的可持续发展，我们需要改变这些地方。归纳而言，目前对于大学英语教学，存在着所谓的"五不满意"说。

其一，学生不满意。曾报道过这样一位学生：他拿着一本厚厚的英语练习题册来问其中的一道选择题。告诉他答案应该是 A，他答道：不对啊，老师，书后答案是 B，仔细看题应该是 A。那学生第二天过来说：答案应该是 A，是他故意说 B。问其原因，原来是他对现在一味地应试做题的大学英语教学很失望，他故意这样来考验老师，想说明光靠做题学英语是没用的，在这个过程中，他也碰到有教师真的改口说："噢，我看错了，答案是 B。"看得出，这位学生对大学英语教学很不满，且有一定代表性。

其二，领导不满意。在所有高校课程中，大学英语是学分最多、时间最长的课程之一，但英语学习效率却较低。

其三，用人单位不满意。不少都是近十年或二十年在高校学习过英语的大学生，他们一边参加培训，一边在感叹当年没有学好英语，空有了一张四、六级证书。许多公司也在伤脑筋，要出高价给他们员工补习英语，感到很无奈。可见，一线用人单位对大学英语教学也不满意。

其四，大学英语教师自己不满意。

其五，学生家长不满意，他们把孩子送到港澳地区，或者送出国门的一个重要原因，是想让孩子在学习专业的同时，可以学习英语。这不能不说是大学英语教学的失败。

有此五不满意，大学英语教学真是到了非改革不可的地步了！

一、教育信息化趋势下的大学英语教学改革

经过近十余年来的发展，教育信息化已在国内高等教育界掀起了教育变革的浪潮，并必将使教育教学理念、教学方式方法、教学资源配置、教学管理体制等方面产生剧烈的变革，推动高等教育的重塑。席卷全球的"慕课"、国家精品开放课程、"微课"等，都是对传统高等教育的冲击和挑战。基于网络平台的优质学术资源可方便地传播和共享，促进了教育公平及教育均衡发展，降低了教育时代的"马太效应"。

那么，如何把握教育信息化趋势下的大学英语教学改革，是我们亟待思考的问题。

（一）信息化趋势下的大学英语教学改革

随着信息化在全球范围内的迅速扩展，以及信息技术在教育领域的广泛应用，教育信息化已经成为教育发展过程中的一场深刻变革。

从教育教学过程来看，教育信息化在高等教育方面主要推动了以下方面的变革：

一是信息技术的支撑。信息技术在教学过程中的融入，让教学的方式方法发生了深刻的变革，如多媒体教学、网络教学、数字化教学等多样化的教学方式的出现，使信息化成为高等教育育人过程的基本条件。

二是教育理念的创新。信息化推动了教学模式和方式方法的改革，对整体的教育教学过程都产生了深刻的影响，如课程组织、管理方式、评价体制、激励机制等方面都需要重新架构。

三是实现教育的个性化。信息技术在教育领域的介入和信息化教学平台的应用，使传统的难以实现的教学管理组织和要求成为现实。面对知识水平参差不齐的学习对象，大学可以通过信息化手段实现学生学习层次的分类，进而开

展个性化、模块化教学。

高等教育教学信息化是教育信息化工作的核心，是关系到高等学校教育教学改革的关键环节，促进高校信息技术与教育教学的深度融合已成为现阶段教学改革的主要趋势。

这一趋势下的主要工作就是围绕应用信息技术手段创新人才培养模式和课程教学模式，研究建立信息化教学中针对学生的学习评价机制和针对教师的教学评价与激励机制，以及推动高校基于信息技术的"跨校选课、学分互认"、课程共享机制建设和激励优质课程资源共享等。从外部环境来看，经济社会发展对大学的人才培养需求和学生的个性化学习要求，使高等院校必须在新常态下着力把握教育信息化趋势下的大学英语教学改革，顺势而动，大胆探索，从基于信息化环境的校内公共课程内容建设、教学模式建设、评价机制建设等方面入手，结合教学实际打造适合自身的信息化教学新模式。

（二）教育信息化趋势下大学英语教学模式发展及现状分析

1. 大学英语教学模式发展

在教育信息化的推动下，大学英语教学改革也进行了努力创新与尝试，基本的教学模式主要经历了计算机辅助大学英语教学、网络架构的大学英语自主学习平台、信息技术与大学英语课程深度融合三个发展阶段。

（1）计算机辅助大学英语教学模式

现代信息技术的发展为大学英语的教学改革提供了良好的契机。如今几乎所有的高校都基本实现了计算机辅助教学，计算机辅助教学强调计算机是教学的"辅助工具"，虽然能将课堂内容通过多样化的方式展示出来，但学生仍被认为是知识的灌输对象，是被动的接受者，教学内容也往往不离教材。这种教学模式将多媒体教学引入到英语课堂，改变了过去教师加黑板的传统单一的课堂教学模式。从本质上讲，该教学模式在大学英语教学方面并未能发挥显著的作用，也和以往的教学模式大同小异，并且单一的"填鸭式"教学模式已经完全不能满足现代教育及社会的需求。

（2）网络架构的大学英语自主学习平台

近年来，许多学者强调将建构主义理论运用于高等教育，建构主义理论认为知识不是通过教师或外界传授而得到的，而是在一定的情境下，借助其他人（教师或学习伙伴）的帮助，利用学习资料，由学习者自己完成对知识的构建。

它认为教师和学习者同等重要，同时肯定教师的主导作用和学习者的主体地位。

基于建构主义理论，网络架构的自主学习平台逐渐成熟并走进高校。此类平台要有一定的硬件作为基础由资源库、学习平台、学习工具、考试测评、讨论区等模块组成。这种学习模式似乎颠覆了传统的教学模式，突出了学生的主体地位，学生由被动的"接受者"变成了学习旅程的"驾驭者"。

但同时也不能忽视教师在学生自主学习过程中的引导和监督作用。首先，平台有一定的课程设置，学生必须在完成基础学习并通过测评后才能进入更高一阶的学习；其次，平台有一定的自动监控设置，如学习满4分钟才能开始测试，5分钟没有学习状态计时会停止等防止学生刷课的现象；同时，学生可组成不受地理位置限制的小组共同讨论并完成学习任务；最重要的是教师可进入教师平台，掌握学生的学习情况，并根据每个学生的不同情况，下达下一部分的学习任务，处理学生在学习过程中出现的问题，并可公开辅导、解答共性问题。同时还可统计评估整个年级学生的学习数据，作为进一步深入学习的依据。

这种自主学习模式通过构建特定的学习环境，学生根据自己的特点和学习兴趣主动地选择学习时间、学习方法，组织学习过程，提高英语听说及运用能力，这种自主学习方式是以"快乐学习、终身学习"为最终目标的。

（3）信息技术与大学英语课程教学深度融合

在如今信息量巨大、新技术不断涌现、日新月异的社会变迁中，大学英语教学也在不断改革中完善并步入了信息技术与课程深度融合的阶段。基于互联网和校园网的多媒体教学模式强调个性化教学与自主学习，学生可根据教师的指导及自己的特点、水平、时间、学习方法等，通过自主学习室的学习软件和校园网大学英语教学平台中的"英语资源库系统"和"教学/学习管理系统"，实现非定时多地点的学习，即学生可以选择适合自己水平的学习内容、选择适合自己的学习时间，并根据自己的学习方法，在校内自主学习室、电子阅览室、图书馆或寝室随时随地进行学习，并能及时了解自己的学习进步情况，得到相关信息反馈，调整继续学习策略，达到最佳学习效果。在教学应用方面，部分课程真正利用网络教学辅助平台，构建了网上学习、课堂讨论、社会实践三位一体的信息技术与教学深度融合模式。

2.大学英语教学改革现状

英语语言素质是人才培养国际化的必然要求。近年来，国内大学按照教育部最新的《大学英语教学基本要求》开展了不同程度的改革，亦初步取得了一些改革成效。但是随着高等教育办学的日益开放、人才素质要求的提升以及互"联网+"对传统教育形态的颠覆，大学英语已有的教学模式尚存在一些深层次的矛盾，如分级分类教学的改革深度不够、四级后教学模式的钝化、个性化教学的缺乏等。

从国内大多数高等院校大学英语改革现状来看，分级分类教学在传统教学模式中占有主导地位。然而分级分类的缺陷是改革的深度还不够，这种教学组织方式只是按高考分数高低和专业差别进行粗略划分和开展教学。如西北大学作为一所地方综合性大学，学科门类齐全，生源遍布全国各地。为了改革试点成果具有代表性、客观性、有效性及可行性，便于将来在全校全面推广实施，经过论证后的实施方案是在不同层次（普通本科、基地班）、不同学科（文、理、工）、四个院系（法学院、信息学院、化学材料与科学学院和地质系）进行改革试点，学生共约 300 人，从 2004 级大学一年级开始试点。从实验结果来看，传统教学模式下的分级分类教学依然不能调动教师教学与学生学习两方面的主动性，而且不同专业的差别较大。

四级后教学问题也是当前大学英语教学长期困惑的改革瓶颈，是现有教学模式所解决不了的。大学英语第四学期（"四级"后）教学存在的问题是：通过四级考试的学生学习动力不足，学生到课情况较差，由于未能建立相应的考核机制，教师对学生缺乏教学过程的约束力。这个问题影响了正常的教学秩序，同时也是长期困扰大学英语任课教师的问题，在一定程度上挫伤了教师的教学热情和积极性。同时，面临大学生出国留学、学习深造、创新创业等方面的迫切需求，现阶段的大学英语教学没有从根本上实现个性化教学，课堂教学依然是以大班教学为主、以教师为中心并没有实现学生学习的个性化定制。

基于现有教学模式和教学过程中的这些深层次问题，需要考虑如何把握信息化趋势和"互联网+"的改革态势，做好面向大学生的大学英语教学改革，即如何把学生分层次，设计灵活的学习机制，实现学生的个性化学习需求等。

（三）基于信息化的分层次教学模式改革

1.大学英语分层次教学模式构建

大学英语分层次教学在国内高等教育领域已有一定的理论与实践基础，如今已成为大学英语教学改革的主要趋势。分层次教学是被很多大学实践的新大学英语教学模式，只是各个高校的分层模型不尽相同。最初采用的是按照学生入学成绩分层，并且大多采用流动层级的教学模式，即入学成绩高的采用高阶教学，其余则次之，同时根据本阶段的考核结果决定下一学习阶段的学习层次。这样的分层教学模式给学生造成了一定的负面心理影响，尤其是被分到"条件较差"班级的学生会产生一定的抵触情绪，不利于教学的进行和人才的培养。

近年来，随着高等教育的快速发展和大学英语分层次教学模式改革的日益深入，单纯以高考入学成绩分层的教学模式已经不能满足社会需求和学生自主学习要求，大学英语教学逐步考虑从多方面、多角度因素对大学英语进行分层。主要有以下几个方面：一是不同学科专业对英语的要求程度不同；二是不同专业学生将来就业后所从事的行业对英语的需求不同；三是学生基于自身兴趣对英语的爱好程度不同。现有研究与实践证明考虑以上诸多因素的英语分层次教学能有效减少英语教学的盲目性，提高教学效率，节约教学资源，调动师生的教学积极性，对培养国际化的高素质创新人才具有与时俱进的重要作用。

根据教育部《大学英语课程教学要求》，大学阶段的英语教学分为一般要求、较高要求和更高要求三个层次。分层次教学就是根据学生的英语基础、学习能力、兴趣特点、专业方向以及将来有可能从事的行业要求等因素，设计不同的教学目标、制定教学方法，有针对性地对不同层次学生进行相应的学习指导，使每个学生在英语学习方面都能达到最佳效果。在我国古代，就是所谓的"因材施教"，而今则是在"因材施教"的基础上，同时关注社会对人才的个性化需求。

2. 信息化与分层次教学改革实践

在教育信息技术推动的变革浪潮下，以及结合我国大学英语重要转型的契机，应试教育应向多样化应用型教育转化，基础英语教学将向专门用途英语（ESP）转移，为更好地拓展专业知识做好准备。大学英语分层次教学模式改革具备了深度蜕变的改革要素。针对学生的个性化培养和个性化需求，如何建立信息化平台的大学英语分层模型标准变得尤为重要。西北大学结合已有的教学改革经验，围绕"模型构建—平台搭建—兴趣驱动"的改革理念，逐步推进大学英语分层次教学模式改革。

为适应社会经济发展对人才培养工作的要求，逐步建立与研究型大学相适应的本科人才培养体系，培养具有国际视野的高素质创新人才，学校出台了《西北大学关于修订本科人才培养方案和指导性教学计划的意见》。新方案提出了《大学英语分层次改革方案》，着眼于在新时期内有所创新和突破，使大学英语课程具有更大的灵活性、选择性和开放性。大学英语教学在注重打好学生语言基础、培养学生英语综合应用能力的基础上，提高学生的综合素质，使其成为具有国际视野的高素质创新型本科人才。现阶段，西北大学新的本科人才培养方案已于 2014 年全面施行。大学英语教学主要在通修课程的基础上，强化应用性课程，同时结合网络自主学习，将课程分为通修课程、高阶课程、特色课程三种类型，推动大学英语教学和学生学习的个性化发展。学校将大学英语分为四个层次，其中层次一、二为全校必修课，层次三、四是各专业根据需要任选模块，分为高阶课程和应用课程，包括报刊选读、影视欣赏、演讲与辩论、英美政治文化、TOFEL、IELTS 等，可在全校范围内选修。

为更好地支撑大学英语分层次教学改革，学校注重资源共享，着力搭建"教学资源平台"。通过有效整合各类电子图书资源、名师教学视频、教师备课资源等搭建了包括视频课程、电子书、学术视频、文档资料等内容的教学资源共享平台。一方面，依托平台有力支持课程的网站建设、在线课程教学、过程分析统计、研究性教学、碎片化学习等，推进了课程信息化教学改革；另一方面，通过技术开发，实现了平台与校园网门户教务管理系统的无缝对接，为师生即时登录开展自主学习提供了便利。同时，学校正在加快筹建人文社科 MOOC（慕课）中心，通过坚持"全面统筹、集中建设、订单开发"的原则，建成符合学校人文社科类课程教学需求和满足学生多元化学习的课程资源平台，解决课程资源共享和多样化人才培养的要求。下一步将加大投入力度，引导与推动不同层次课程与教学团队加快 MOOC 课程开发与建设，用于课程教学实践。这些课程将遵循"以生为主、以师为导"的新型教学理念，要求教师变"教学"为"导学"，引导学生变"听学"为"研学"。加快从"以教为中心向以学为中心""知识传授为主向能力培养为主""课堂学习为主向多种学习方式"的转变，着力培养学生的学习主动性、能动性、独立性，提高学生的创新素质与创造潜能。结合传统大学英语课堂教学的优势，促进师生之间的学习互动，实现教育教学过程线上线下的有机互补。

在全球化趋势下，各国都十分重视信息技术在高等教育领域的应用。教育信息化的发展，已在教育理念、教学方式方法等方面产生了深刻影响，实现并重构着高等教育的开放式发展。大学英语教学改革经过了 21 世纪以来的不断创新，已经为各学科专业人才素质的整体提升和实际应用做出了巨大的努力，并且朝着更加科学化系统化的方向发展。但从高等教育国际化需求和互联网发展趋势来看，我国的大学英语教学改革和教育信息化发展程度仍有较大的融合空间，还有一些关键环节亟待解决。如优质师资的有限性和高校其他办学条件滞后于培养规模的扩张；基于网络的大学英语学习平台需要一定的软硬件环境，如何合理配置计算机、学生、教师、实验人员等，使有限的资源得到充分利用，需要在实践中不断调整创新。

同时，师生的计算机技术培训也必不可少。现如今网络覆盖日趋扩大，尤其是智能手机终端的海量增加已经基本实现了"泛在学习"环境，把握新形势下大学英语教学改革，刻不容缓。

二、从需求角度看大学英语教学改革的趋势

需求可分为社会需求和个人需求，前者主要指社会和用人单位对有关人员外语能力的需求，后者指学生目前的实际水平与希望达到的水平之间的差距。在外语教学领域，需求分析是语言课程设计和实施不可或缺的启动步骤，至少有四大重要作用：①为制定外语教育政策和设置外语课程提供依据；②为外语课程的内容、设计和实施提供依据；③为外语教学目的和教学方法的确定提供依据；④为现有外语课程的检查和评估提供参考。因此，从需求角度进行大学英语教学改革是必要的。

（一）需求现状

改革开放以来，我国的大学英语教学在几代人的努力下取得了巨大的成就，培养了大批有专业技能且懂外语的复合型人才，促进了我国改革开放和对外交流。但随着我国改革开放的深入和世界经济大融合的进一步推进，我国大学英语教学与需求之间的差距进一步加大。

1. 社会需求

（1）高端外语人才严重缺乏

目前，我国约有3亿人在学英语，其中大、中、小学学习英语的人数超过1亿。有专家预测：再过几年我国学英语的人数将超过以英语为母语的国家的总人数。尽管我国有数亿人学英语，但同声传译和书面翻译等高端外语人才仍然严重缺乏。全国各地人才市场频频告急，即使是北京、上海这些高级人才较为集中的地区也难以幸免。

（2）懂专业又能熟练使用外语的"双料"人才走俏

外语作为一种交流工具，显然比其他专业具有更广泛的适用范围。但由于长期以来受重文史、轻科技的外语教育的影响，外语人才难以满足当前经济科技等各项事业迅猛发展的需求。现在，我国懂外语的人很多，但由于英语专业人才缺乏相应专业知识或技能背景难以胜任大量工作。机械、化学、工艺、软件等专业的技术工程师本身就十分紧缺，懂外语的就更稀有了。因此，想找到符合企业要求的、既具备专业知识又能熟练使用外语的工程技术人才是很难的。

2. 个人需求

据调查，在语言学习方面，当前学生渴望形式多样的语言输入，渴望真实、实用、有时代感的学习内容。他们期望提高英语学习能力和用英语交流的实际能力，希望英语学习能满足自己提高文化素养和专业水平的需要。但实际教学中，为了完成教学任务，教师的教学常常拘泥于教材内容，有的教师以教材、教学课件作为教学内容，在课堂上"照本宣科"，导致教学只是教教材。

据一项全国的英语教学满意度调查：学生认为自己进入大学后英语水平没有提高和有所下降的占到62%（其中有些下降的竟然占到36.5%），对大学英语教学勉强满意和不满意的要占到54%，认为需要学的东西没学到的占到50.7%。再次调查时，在回答"比较四年前刚入校时现在的英语水平如何"的问题时，认为有提高和有些提高的占到55.7%，基本没有提高和有些下降的为44.4%（其中有些下降的占到21.1%），回答对大学英语教学基本满意和比较满意的占47.4%，而勉强满意和不满意的占到52.6%。

以上数据虽然令人震惊，但它说明了当前我国大学英语教学的现状：教学脱离了社会发展的需要，甚至不能满足学生自身学习的要求。

（二）原因分析

引起我国大学英语教学"滞后"的原因是复杂的，主要有以下几点：

1. 大学英语基础教育的定位在某种程度上使教学脱离了社会的需要

现代社会对外语人才的要求是既懂专业又能熟练使用外语，但受大学英语教学语言基础定位的影响（1985—1986年和1999年的两份《大学英语教学大纲》分别规定了我国大学英语教学的重点和目标是语言基础），长期以来，我们的大学英语和中、小学英语教学一样，一直在打基础而迟迟不能与专业挂钩，导致有的大学生毕业时连最基本的专业术语都不会说，这样的学生毕业后怎能胜任需要专业英语的工作岗位呢？由此可见，"只注重普通英语教学而忽视专业英语教学在某种程度上制约了我国大学英语的发展"。

2. 应试教育违背了语言习得和学习规律

目前，我们国家的教学模式基本上还是应试性的，外语教学也不例外。小学教学是为了考中学，中学教学是为了考大学，但大学英语教学应该为什么呢？很遗憾，在考试指挥棒的作用下，我国的英语教学不是为了学以致用，而是围绕考试进行，导致学生的英语学习仅仅是为学校考试及四、六级考试甚至是为雅思、托福出国等考试而置社会需要和专业需要于不顾。

由于应试教育不能提供足够的言语输入，也不利于激发学生的学习动力，所以不能有效提高学生的语言运用能力。目前中国中学和大学普遍存在的应试性英语教学模式可以说是违背语言习得和学习规律，而不能有效提高学生的语言运用能力，因此，必然也必须进行改革。

（三）改革的趋势

在我国，英语教学是基础教育，基础教育必须满足国家和个人争取发展的实际需要。因此，大学英语必然要继续改革。2007正式颁布的《大学英语课程教学要求》（以下简称《课程要求》）提出培养学生的英语综合应用能力并明确要求各高等学校"应参照《课程要求》并根据本校的实际情况，制定科学、系统、个性化的大学英语教学大纲，指导本校的大学英语教学方式"。这为各高校在进行改革时发挥主观能动性提供了空间。

目前，全国各高等院校正在轰轰烈烈地开展大学英语教学的改革，要设计出基于本校的科学的、系统的和个性化的大学英语教学大纲和实施方案，首要任务是了解学习者、教师、社会等各方面对大学英语教学的需求。

因此，为了适应各方面的需求，大学英语教学改革的趋势是：

1. 逐步下移大学英语基础教育重心，整体考虑我国英语教学体系

我国的大学英语教学是以基础英语为导向的，虽经前后三次的改革，但都在能力培养的层次或次序上进行变化和调整，也就是说始终没有在英语使用上有新的突破。由于高中英语和大学英语在培养目标、课程设置和教学要求诸方面都基本接近甚至雷同，所以随着高中新课标的贯彻和中小学英语教学质量的提高，大学英语和高中英语的界限也在逐渐模糊。

据统计，到 2009 年全国已有 20 个省实施高中英语新课改，"新英语教材的词汇量都有了大幅增加，学生在高中毕业时掌握的单词必须达到 3500 个，直逼大学四级英语水平"。显然，在未来的几年里，《课程要求》所规定的大学生必须达到的一般要求的学习任务将有望在高中里大部分完成或全部完成。这样，"从小学到高中，通过 12 年的英语教学，学生在高中毕业时打下较为扎实和全面的英语基础，尤其是在听、说等基本技能方面要有重大突破。进入大学的学生不必再花两年甚至更多的时间学习'基础英语'，可以直接过渡到专业英语的学习"，或只需"对他们稍加训练，即可转入同时提高外语应用技能和实际国际交流能力的学习和训练"。大学英语教学的基本框架将有实质变化，从而为决策者实现从整体上考虑我国英语教学体系的目标奠定基础。

2. 英语教学同专业结合，走专业化发展道路

目前，我国的大学英语处于高中英语和英语专业的双重夹击这一种尴尬的境地。一方面，现阶段大学英语学科发展的空间受到局限；另一方面，社会对专业人才英语水平的需求不断高涨。在这种形势下，大学英语同专业结合、走专业化发展道路不仅满足了社会需求，同时也为自己找到了新的、顺应社会发展的时代方向。

中学培养基本外语能力、高校结合专业进行提高，是我国未来大学英语教学改革的方向。事实上，大学英语教学把重点转移到专业英语上并不妨碍打基础，相反还会从应用的角度巩固和完善基础，真正体现"用中学"。

3. 淡化应试教育，建设多元化、多层次的大学英语课程体系

我国幅员辽阔，各地区、各高校之间情况差异较大，大学英语教学应贯彻分类指导、因材施教的原则，以适应个性化教学的实际需要。但现行的大学英语课程设置难以贯彻因材施教的原则，难以调动学生的积极性。虽然有的高校采取了分级教学，但仍然没有从根本上摆脱大学英语课程"综合性"的桎梏。因此，在新的形势下，开展个性化和多元化的教学模式，贯彻分类指导的教学原则已成为当前我国大学英语教学改革的新方向。

三、科学的大学英语教学改革观

教育部最近提出：坚持科学的大学英语教学改革观。王才仁在最近上海外语教育出版社组织的一次大学英语研讨会上传达了这一观点。

那么，什么才是"科学的"的大学英语教学观？可以从四个方面来认识：认清大学英语课程的性质，明确大学英语教学的真实需求，加强师资队伍建设，建立科学的大学英语教学评估体系。重点是前两点，尤其在于第二点。

（一）认清大学英语课程的性质

科学的大学英语教学观，首先要认清大学英语课程的性质。

教育部颁发的《大学英语课程教学要求》是目前官方对大学英语课程最全面、最权威的文件，2004 年首次公布，2007 年修改。对大学英语课程的性质，2007 版如此描述：大学英语教学是高等教育的一个有机组成部分，大学英语课程是大学生的一门必修的基础课程；大学英语是以外语教学理论为指导，以英语语言知识与应用技能、跨文化交际和学习策略为主要内容，并集多种教学模式和教学手段为一体的教学体系。

这里有几个关键点：①高等教育的有机组成部分，说明大学英语不是可有可无的；②三项主要教学内容：英语语言知识与应用技能，跨文化交际，学习策略；③教学体系：大学英语不是单纯的由每周若干课时组成的一门课，而是由综合英语类、语言技能类、语言应用类、语言文化类和专业英语类等必修课程和选修课程有机结合的一个教学体系，自然也包括教学手段在内。

需要特别指出的是，2007 年版与 2004 年版在大学英语课程性质方面基本上没什么大的修改，最重要、最醒目的修改是 2007 年版明确表示：大学英语课程兼有工具性和人文性。

王才仁在大学英语研讨会上解释"工具性"是要求与专业相结合。因为大学英语作为非外语专业培养方案课程体系中的一门课，应该为专业服务，才不枉各专业将其列在培养方案中，且在专业课时十分紧张的情况下占用约 10% 的学时比例。"人文性"是指作为现代大学生，外语（尤其是国际公认的英语）能力是能力结构和知识结构中不可或缺的，是帮助学生理解西方文化、世界文化，进行跨文化交际所必须掌握的。

（二）明确大学英语教学的真实需求

性质得以明确，还要了解需求。这是一个被长期忽视的问题，一般认为已经解决了；或者说是教学主管部门根据自己的判断，给大学英语设想了一个需求。束定芳曾这样描述人们对大学英语课程目标的理解：让学生学点英语而已，作为素质教育的一部分，对于一些学校校长和教务处长，大学英语教学的管理就是看学生四、六级考试的通过率。实际上，前面所述的"五不满意"，归根到底就是对大学英语课程的需求不清楚，从而导致所有相关人士都觉得自己想要的没能实现，因而不满。

2007年版官方认定的需求是：培养学生的英语综合应用能力，特别是听说能力，使他们在今后学习、工作和社会交往中能用英语有效地进行交际，同时增强其自主学习能力，提高综合文化素养，以适应我国社会发展和国际交流的需要。

1. 学习英语是交际需要，而且是学习、工作、社会交往三方面的交际需要。工作需要又与专业有关，后文要专门谈这个问题。"学习交际需要"是2007年版新加上去的，是面对现实的正确表述。据统计，大学毕业生就业后真正需要英语的不到50%，在社交中需要英语的比例更低，而继续学习需求却随着不断升温的出国热日益明显。

2. 增强自主学习能力的需要，大学英语毕竟只是一门课程，课时有限。英语学习不可能完全靠课堂教学来完成，课堂只能起到引领作用，所谓"师傅领进门，修行在个人"。因此，培养学生自主学习能力确实也是一种实实在在的需求。

3. 提高综合文化素质需求。这一说法相对抽象些。因为不学英语，文化素质也是可以提高的。

综上，学习、工作、社会交往三方面需求，似乎很清楚，但实际上很模糊。学习需求，是什么样的学习需求？在大学英语教学中如何满足这种继续学习的需求？最近不断被讨论的学术英语，旨在帮助学生具有专业学习能力。但问题依然存在，大学英语学习更适合通用英语还是学术英语，通识英语还是专业英语？是关注个性化学习需求还是专业学习需求？

在过去10年中，教学改革的重点转为以听说为先，似乎是为社会交往所需。但对于工作需求，我们的大学英语教学管理者、教师甚至学生自己也很难真正知道学生今后工作中会有什么样的英语需求。

上海电力学院的余樟亚老师最近做过一个行业英语需求调研，很受启发。调研发现，作为行业特色比较明显的高校，上海电力学院每年平均有30%左右的学生进入电力系统，其中有的专业可达到80%以上，但是这些进入系统的学生所学的英语却无法满足行业需要。可见需求调研是必需的。通过网络查阅发现，此类需求分析的文章不少，但大多是关于对需求分析理论（特别是国外研究成果）的引介和阐述、重要性的强调、需求分析方法的介绍以及用需求分析理论评述某些英语课程等方面。极少数的需求调研实例，也主要集中在对英语学习者自身感受到的需求，以及毕业生就业到岗后对英语需求的主观感受上，而完全基于具体行业对英语的客观需求调研实例几乎没有。然而，不了解行业英语需求，来谈为社会交际、为工作需要进行英语教学就成了无源之水了。

该调研针对电力能源行业对英语的需求状况，包括下列三类信息：①行业岗位招聘对英语的需求；②行业岗位工作对英语的需求；③行业岗位培训对英语的需求。这三类信息实际上包含了从"进入行业—岗位工作—业内提高"整个行业活动过程中对英语能力的目标情景需求，可以为大学英语教学改革带来启示。

调研发现：就岗位招聘英语需求而言，国内电力能源行业岗位招聘均对英语有一定要求，其中有引进设备和涉外项目的企业对英语要求更高。除西藏之外，全国所有省级电力企业对应届毕业生的英语要求均是大学英语四级425分以上。事实上，电力能源行业在招聘时对英语的需求，在其他行业也程度不同地存在。另外，就岗位能力英语需求而言，调研的相关大型电力能源企业员工岗位能力结构对外语（主要是英语）有明确要求。调研报告中具体规定了与各岗位相对应的9级外语要求，其"员工岗位能力结构外语能力等级表"对英语能力描述得详细程度甚至不亚于学校的教学大纲。

最低的外语1级的要求是：粗浅地掌握一门外语，能借助词典或其他工具大致读懂简单的专业文档；能看懂本岗位常用进口设备上外文铭牌和操作提示。

外语5级的要求是：能独立阅读外语文档，参阅国外专业资料；能翻译本专业的技术资料、专业说明书；能用外语进行简单交流；至少独立完整地翻译过一套设备的技术文档与说明书。

最高的外语9级要求：精通一门外语，能与外籍专家讨论艰深的专业问题，并自由地表达思想；能在同行会议中充当翻译；能够应对纯外语工作环境；在无翻译的情况下至少技术性出访一次；至少独立进行过一次技术性谈判，参与过一次技术性交流会议。

此外，对岗位英语培训需求，全国电力能源企业都在开展各种类型、各个层次的外语培训活动，一方面是为了适应电力能源系统对外语人才不断提高的需求，培养员工具备对外交流能力，能够承担对外服务任务以及对外进行技术与学术交流，重点提高学员对行业英语的听说、阅读、翻译、写作能力，这些任务实际上如果大学英语采用一些行业英语语料也是可以承担的。另一方面，企业对员工的英语培训也是弥补员工在学校期间英语学习的不足（尤其是听力与口语）。

该调研得出的几个相关结论：

（1）国家大学英语四级考试依然是用人单位招聘时采用的决定性依据；

（2）特殊岗位需求仅靠基础英语教学远远不够；

（3）行业岗位英语要求描述可以作为大学英语教学内容的重要参考；

（4）在现阶段，听说读写译基本技能训练依然是大学英语所需要的；

（5）从员工自身发展角度补充实用性英语教学内容。

总体而言，鉴于不同学校、不同行业背景及其不同需求，同时考虑到不同学生的实际英语水平，认为在目前一段时间内，大学英语教学尚不宜用 ESP 取代 EGP。但改革"一刀切"的大学英语教学以及"四、六级考试"导向下的纯通用英语的教学内容，从 EGP 向 ESP 逐渐过渡或将成为大学英语教学改革的一种趋势。

（三）加强师资队伍建设

若上述基于需求分析的这种趋势判断是正确的，大学英语教学改革的第三个要点便是师资队伍建设，这是成败的关键。自从改革开放以来，大学外语教学的成绩不可否认，这要归功于在一线辛勤教学的广大外语教师。当历史发展对大学英语教学提出新的要求，同样要靠教师来完成这一使命。

目前来看，大学英语师资队伍建设面临着不少棘手的问题。首先，大学英语教师的学科归属问题。夏纪梅撰文指出："由于多方面的原因，大学英语无论是课程建设还是教师发展，都脱离了学科建设，这在高等院校里是很难体面地生存的。由此而产生的校本认同、学者认同以及学生认同问题接踵而至，不是被学术边缘化，就是被学科看不起。从事这门课程教学的教师始终有低人一等、无学科依托、学术身份不明、不知如何发展的问题。"改变这种局面应该成为大学英语教学改革的一部分，甚至是先决条件，因为没有了大学英语教学改革的主体——大学英语教师的积极性，教学改革就难以进行。

其次，大学英语师资队伍建设涉及团队和个体两个层面。团队层面主要是优化结构。目前各高校大学英语师资队伍均普遍存在学历不高、职称不高、女教师（尤其是 40 岁以下女教师）比例过高等情况。该如何进行优化？很多专家提出了很好的建议。王才仁从顶层设计，统筹规划；开发课程，建设小组；按需进入，微调到位；提升学历，不失时机等四个方面开出改善大学英语师资团队结构的处方，具有较强的指导作用。

关于大学英语师资队伍个体层面的建设，高等学校大学外语教学指导委员会进行过一项"大学英语教师的职业发展现状及其影响因素分析"，结果发现，现在有四种类型的大学英语教师："探索者""奋斗者""安于现状者"和"消沉者"。这实际上关系到教师的职业责任意识及个人奋斗意识。我们应该创造条件鼓励"探索者"和"奋斗者"，激励"安于现状者"和"消沉者"。

（四）建立科学的大学英语教学评估体系

任何教学都可以进行效果评估。最近对大学英语四、六级考试的取舍有各种不同的声音，在此判断：不会取消，但会改革。据说大学英语教学综合评估体系会是：1+N。这里的 1 代表全国大学英语四、六级考试，N 则是各类专项英语考试。显然，这将会改变一考独大的局面，体现王才仁在研讨会上所说的：评估主体多元化，评估内容多类型，评估手段多样化。

大学英语教学的现状是不尽如人意的，但改革的趋势很明确：教育部要求在以往大学英语课程要求基础上，制订新的大学英语教学指南。新的指南明确大学英语课程的服务意识是：服务于学校的办学目标，服务于院系专业需要，服务于学生个体发展需要。很明显，这里特别强调的是大学英语教学必须满足的三类服务需求。可以预计，一个全新的、更加注重实际需求的大学英语教学体系会产生，并将在教学实践中不断得以完善。我们应该为能成为这一体系建设中的一员感到骄傲，并承担一份责任！

第三章 常用大学英语教学方法概述

自 17 世纪现代英语诞生以来，有关英语教学法的研究就从来没有停止过。如今，英语教学法正逐渐向多元、综合的方向发展。具体探讨大学英语教学中常用的教学方法，对于教师灵活选用教学手段、提高教学效果很有帮助。因此，本章我们先讨论教学方法的定义与框架，然后具体介绍几种大学英语教学中经常使用的教学方法。

第一节 教学方法的定义与框架

一、教学方法的定义

在讨论教学方法的定义之前，有必要先了解一下"方法"这一概念。所谓方法，就是关于解决思想、说话、行动等问题的门路、程序。从方法自身的含义可以看出，其意思是可大可小的。因此，英语教学方法也就有不同的范围。大致来说，英语教学方法可以分为三个层次，即宏观层、中观层、微观层。宏观层是指有关英语教学的系统的理论、观点、主张和操作程序。这些理论、观点、主张和操作程序相互支持、配合，整合在一起，形成一个相对独立、完整的思想体系，在众多思想体系中自成一派。因此，宏观层的英语教学方法又称为英语教学流派，如语法翻译法、直接法、认知法、交际法、全身反应法等。中观层是指英语教学中的某些规律性的、固定的"套路"，是一种较为复杂的、具有若干步骤的、系统的技巧和做法，如 3P 法、IRF 法、PWP 法等。微观层是指具体的教学技能与技巧。在这个层面上，"方法"一词不是英语教学的专用术语，而是日常用语，意为解决某一具体问题的某一具体做法，我们称其为技能或技巧，如语法教学中的演绎法和归纳法、语音教学中的跟读法、词汇教学中的默写法等。

英语教学方法是一种建立在系统的原则和程序基础上的语言教学的途径和做法，是有关语言教与学的最佳方式的观点的应用。这些观点涉及语言和语言学习的本质特征、语言教学目的、教学大纲、教师职能、学生活动、教材作用、教学技巧和程序等。因此，英语教学法作为非母语现代教学的一门科学和理论，有其自身的结构和研究对象。据此，英语教学法可以归纳为一门研究教学的规律性、目的、内容、手段、具体教法、方法和体系的学科，它也研究学习过程和用英语材料进行教育的过程。

根据理查兹等人的观点，英语教学方法的定义为：语言教学方法是以系统的原则和程序为基础的教授语言的方法，也就是有关如何按最佳方式教授和学习语言的观点的应用。不同的语言教学方法，如直接法、听说法、视听法、语法翻译法、沉默法、交际法等就是有关以下各方面的不同观点的应用结果：语言的本质特征，语言学习的本质特征，语言教学目标，教学大纲，教师、学生、教学材料等的作用，教学采用的技能技巧和程序步骤。

事实上，英语教学方法是有关英语教学的思想体系，这个体系包含理论基础和操作程序。在理论基础层面，英语教学方法包括英语教学的基本理论、基本观点、基本原则等问题，也就是有关英语教学的哲学思考、科学思维和逻辑推理。在操作程序方面，英语教学方法主要是有关教师做什么、怎么做，学生做什么、怎么做等具体问题，即有关教学活动的具体内容的决策、技术、技巧等问题。理论基础是科学分析，而操作程序是科学应用，二者构成了英语教学的整体。

二、教学方法的框架

了解英语教学方法的基本构架，既可以了解、分析、比较、解决各种英语教学方法内部的问题，也可以为英语教师建立自己的教学方法体系，进而形成自己独特的教学风格提供参考。下面笔者就对教学方法的主要框架进行介绍。

（一）AMT 三级构架模式

英语教学方法的 AMT 三级构架是由美国应用语言学家安东尼提出的。这一模式说明了英语教学科学分析和科学应用两个层面之间既存在不同又相互依赖的关系。安东尼认为，英语教学方法的框架具有层次特征，其组织构架是技巧策略实现某种方法体系，而方法体系则必须与理论原则相一致。理论原则是有关语言教与学的一整套相关假设，具有自明性，其论述对象是教学内容的本质。方法体系是有关有序呈现语言教学材料的整体计划。这一计划的各个部分都必须相互和谐一致，并与其理论原则相一致。教学方法具有程序性，而理论原则具有自明性，在同一个理论原则的基础上，可以建立许多不同的教学方法体系。

总体来说，安东尼的 AMT 三级构架具有清晰的层次感和严密的逻辑性。这一框架共有三层，即 Approach、Method、Technique。在这里，Approach 是指"理论原则"层，其任务是阐述有关语言和语言学习的本质特征的基本认识和观点。这一层是基础层，直接决定 Method 层，间接决定 Technique 层。Method 是"方法体系"层，其任务是在对语言和语言学习本质特征的认识基础上，确立语言教学的基本内容、主要形式、操作顺序、活动特征、教学框架等。这一层是中间层，介于 Approach 层和 Technique 层之间，决定 Technique 层，自身也被 Approach 层决定。Technique 是"技巧策略"层，其任务是描述课堂教学的技巧、策略、活动、任务等具体内容。这一层是表层，直接决定于 Method 层，间接决定于 Approach 层。AMT 三级构架如图 3-1 所示。

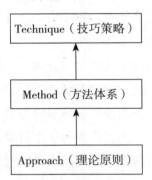

图3-1　安东尼的AMT三级构架

由于 AMT 三级构架只是把教学理论原则和教学技巧策略描述为教学方法体系的外围结构，而不是教学方法体系本身的内部结构，因此，尽管整个概念构架十分合理，但其所含的教学方法体系本身却显得十分单薄。鉴于此，理查兹和罗杰斯在该模式的基础之上创建了一个更为合理的模式，即 ADP 三维构架模式。

（二）ADP 三维构架模式

理查兹和罗杰斯在吸收安东尼的 AMT 三级构架模式基本内容的基础上，

提出了自己的英语教学方法结构 ADP（Approach、Design、Procedure）三维模式。ADP 三维模式认为，一个完整的英语教学方法应当具有三维描述，即教学理论原则（Approach）、教学设计（Design）与教学步骤（Procedure）。其中：教学理论原则是有关语言和语言学习的基本理论，包括对语言本质特征的描述；教学设计是教学方法的核心，主要对教学形式、教学内容、教学顺序、教学活动等进行分析和确定，具体包括对教学目标、教学大纲、课堂活动、学生任务、教师作用、教材功能等的描述；教学步骤是指教学方法的实施过程，包括课堂技巧、课堂行为、互动模式、时间分配、空间布局、教学设备的使用等，所有在课堂中实际进行和完成的事情都可以是教学步骤的一部分。这三者之间既存在差别，又相互联系。正如理查兹和罗杰斯所指出的，"一种教学方法，在理论上与教学理论原则相关，在组织上取决于教学设计，在实践上通过教学步骤来实现"。

与安东尼的等级教学方法结构相比，从形态上来说，ADP 模式更趋完美。理查兹和罗杰斯的教学方法框架呈现出三维结构。A、D、P 三维既彼此独立，又相互依存，共同构成教学方法的组成部分，形成了教学方法的完整构架。从内容上来说，ADP 模式更加完善，不仅把语言和语言学习理论及教学技巧纳入教学方法体系范畴，还对方法体系的核心内容进行了具体的分类，使之更加充实和丰富。

然而，从本质上来讲，教学方法本身只是概念的组合，而不是教学实践本身，教学方法的应用才是教学实践。ADP 模式将教学设计停留在理论的范畴，而把教学步骤推到实践的前台，这就使得教学步骤与教学设计不能很好地结合在一起，甚至分裂开来，导致一些内容重复出现在教学设计和教学步骤中。所以，将教学方法的课堂应用纳入教学方法体系本身的构架中本身就存在不合理的成分，很难令人信服。

（三）五层框架结构

五层框架结构是王才仁在综合前人教学方法构架的基础上提出的，它明确了各自的定义及相互关系。五层框架结构的精髓在于通过教学策略这一层把与整个方法论相关的概念体系一分为二。具体来说，Methodology 和 Approach 是教学基础理论原则，是理论部分，属于科学范畴，而 Method 和 Technique 则是实践部分，属于艺术范畴。这两个部分通过 Strategy 联系，使这五个部分有机地统一在一个完整的框架中，形成了一个上下一体、逻辑严密的英语教学方法论说明体系。这一模式的提出，丰富了中国英语教学方法的研究理论，积累了一份属于中国英语教学自己的思想财富。五层框架结构模式如图 3-2 所示。

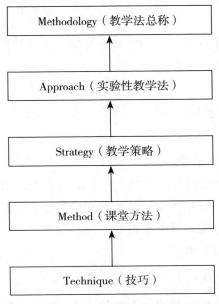

图3-2　王才仁的五层框架结构示意图

王才仁的五层框架结构虽然具有很多优势，然而其存在的问题也是显而易见的。

（1）该模式把教学策略定位于教学方法之上，与一般的观点恰好相反，容易引起理解和使用上的混乱。

（2）该模式把教学方法限制在狭小的课堂空间内，不利于方法整体性与教学整体性的一致。

（3）该模式提出的实验性教学法概念，也很难融入当今主流概念大众体系中，很难为广大英语教师所理解。

（4）该模式的建立以英文概念为基础，由于在英文文献中存在着 Approach、Method、Methodology 等概念的混乱，而且这些概念的形成都是来源于以英语为第二语言教学的理论和实践，以此为基础的中文概念体系难免有先天不足的缺陷。

第二节　常见的大学英语教学方法

上一节我们介绍了教学方法的定义和框架，本节我们将针对大学英语教学中常见的几种教学方法展开论述。

一、情景教学法

（一）情景教学法概述

情景教学法形成于 20 世纪 70 年代，此后逐渐发展成为一种语言教学中的基本思想和教学方向。情景教学法的语言理论基础主要是建构主义理论。情景教学法与建构主义理论观点有着紧密而不可分割的联系，因此，下面我们主要介绍建构主义理论的相关内容。

1. 建构主义理论的代表人物

建构主义是认知心理学派的一个重要分支，随着心理学的不断发展及心理学家对人类学习过程中认知规律研究的不断深入，到 20 世纪后期，建构主义学习理论在西方逐渐流行起来。建构主义理论的重要先驱有两位：瑞士学者皮亚杰与苏联心理学家维果茨基。

（1）皮亚杰是一位心理学家，也是认知发展领域最有影响力的一位学者。他通过长时间对儿童认知发展的观察和研究，创立了关于儿童认知发展的学派。皮亚杰认为，对新知识的掌握是一种智力活动，而每一种智力活动都含有一定的认识结构。对智力行为来说，外界的刺激与主体的反应之间的关系应当是双向的。基于此，皮亚杰的建构主义认为，儿童是在与周围环境相互作用的过程中，逐步建构起关于外部世界的知识，从而使自身认知结构得到发展的。皮亚杰用同化和顺应这两个概念来解释儿童与环境的相互作用，也就是主体认知结构与环境刺激之间的关系。同化是指主体把外界的刺激整合到自己原有的认知结构之内的过程。一定的外界刺激只有被相关主体同化于他的认知结构内，他才能对之做出反应。顺应或称顺化，是指主体的认知结构因受到被同化刺激的影响而发生变化的过程。一切认识都离不开认知结构的同化和顺应作用。同化是认知结构数量的扩充，而顺应则是认知结构性质的改变。

皮亚杰提出了 S →（AT）→ R 公式，来说明一定的外界刺激（S）被个体同化（A）于其认识结构（T）中，个体才能对刺激（S）做出反应（R）。认知主体正是通过同化与顺应这两个基本过程来达到与周围环境的平衡：当儿童能用现有图式去同化新信息时，他处于一种平衡的认知状态；而当现有图式不能同化新信息时，平衡即被破坏。修改或创造新图式（顺应）的过程就是寻找新的平衡的过程。儿童的认知结构就是通过同化与顺应过程逐步建构起来，并在"平衡—不平衡—新的平衡"的循环中不断丰富、提高和发展。皮亚杰的同化、顺应和平衡等核心概念，被后来的建构主义学习理论继承与发展。

（2）维果茨基是"文化—历史"理论的创始人。他强调认知过程中学习者所处社会文化历史背景的作用。在维果茨基的社会建构主义理论中，"最近发展区"是最有影响力的概念和理论之一。"最近发展区"可用来解释社会互动的过程如何帮助儿童内化高级心智功能。维果茨基认为，个体的学习是在一定的历史、社会文化背景下进行的，社会可以为个体的学习发展起到重要的支持和促进作用。在教学语境下，"最近发展区"实质上涉及的是教学与儿童发展之间的关系。维果茨基认为，教学必须考虑儿童已达到的水平，并要走在儿童发展的前面。为此，就要确定儿童的发展水平。维果茨基认为，儿童的发展有两种水平：一种是儿童现有的发展水平，即现实的发展水平；另一种是儿童在有指导的情况下借助成人的帮助可以达到的解决问题的水平，或是借助他人的启发帮助可以达到的较高水平，即潜在的发展水平。现实的发展水平与潜在的发展水平之间的区域就是"最近发展区"。在此基础上，以维果茨基为首的维列鲁学派深入研究了"活动"和"社会交往"在人的高级心理机能发展中的重要作用。这些研究使得建构主义理论得到进一步丰富和完善，为实际应用于教学过程创造了条件。同时，维果茨基还强调社会文化、对话等因素在学习中的重要作用。总之，维果茨基的思想对正确理解教育与发展之间的关系具有重要意义。

通过以上对皮亚杰和维果茨基思想的介绍可以看出，皮亚杰特别强调学习主体的创造性，而维果茨基则更关心社会文化的创造，即知识工具的传递。也就是说皮亚杰更强调个人建构，而维果茨基更重视社会建构。尽管如此，在基本方向上，皮亚杰和维果茨基都是建构主义者，他们的思想对后来的建构主义学习理论产生了重要影响，并开启了建构主义的两大倾向：个人建构主义与社会建构主义。

此外，建构主义还引入了其他一些学习理论的思想。例如，美国著名学者斯金纳（B.F.Skinner）继承和发展了行为主义思想。他提出了行为主义关于言语行为系统的看法，认为人们的言语及言语的每一部分都是由于某种刺激的存在而产生的。换言之，斯金纳的学习理论非常重视直接经验在学习过程中的作用。而建构主义也认为直接经验在学习中起着重要的作用，并进一步强调真实情境在学习过程中的重要作用。此外，建构主义理论还引入了人本主义学习理论的一些思想。人本主义学习理论强调以学生为中心的教育理念和意义学习的思想，而这也正是建构主义者所提倡的。

2. 建构主义理论的基本观点

建构主义理论的基本观点主要涉及以下几个方面：

（1）知识是相对的。建构主义理论认为，知识是相对的而非绝对的。知识在各种情境下的运用并不是简单的套用，因为具体情境总有其特殊性，因此教学过程并不是简单的、教条式的背诵和记忆，而需要把握它在具体情境中的差异变化。从这个角度来说，教学并不是知识的传递，而是知识的处理和转换。教师不能作为知识权威的象征强迫学生对知识的接受，而应重视学生自己对各种现象的理解、倾听他们的看法、思考他们这些想法的由来，并以此为据，引导学生丰富或调整自己的解释。

（2）学生是学习的主体。建构主义理论认为，学生是学习过程中积极、自主地构建意义的主体。但学生本身并不是一张白纸，他们在以往的学习和生活中已经形成了一定经验和认知结构图式，而这些原有认知结构图式和观点对他们建构新知识具有特别重要的作用。由于学生以往的经验及对经验的信念不同，他们对外部世界的理解也是完全不同的。这种由于经验背景的差异而造成的对问题的看法和理解的差异是不可避免的，但这并不是一件坏事。在学生之间的共同体中，这些差异恰恰构成了一种宝贵的学习资源。学生以自己的方式建构对事物的理解，导致不同个体看到的是不一样的事物。而学生通过协作和对话来共享不同个体的思维成果，可以达到对知识较为全面和丰富的理解。在这个过程中，建构主义非常重视外部引导，即教师的影响作用。建构主义理论认为，在教学过程中，教师应该成为学生构建意义的帮助者和引导者，尽可能地激发学生的学习兴趣，帮助他们形成良好的学习动机。在此基础上，教师应该设计适合的教学情境，加强新旧知识的联系，帮助学生建构起所学知识的意义框架。

（3）学习过程中有四个主要要素。建构主义学习理论十分强调情境、协作、对话和意义建构四个主要因素在学习过程中的作用。"情境"在语言学习环境中实际上就是指教师为学生创造的较为真实的语言交际活动环境和相应的交流活动，对情境的重视主要是受了杜威和布鲁纳等人思想的影响。"协作"是指学生之间通过语言进行的相互合作，包括对学习资料的贡献、学习成果的评价、最终意义的建立等。在协作过程中，"对话"或称"会话"是其中一个重要环节，学生之间通过会话商讨的方式完成规定的学习任务。可见，协作过程本身就是一个会话和讨论的过程。"意义建构"是语言学习所要实现的最终目标，它主要是指事物的性质、规律，以及事物之间内在的、本质的联系。

（4）教师在教学过程中起主导作用。学习的主体性主要强调学生的主动学习，要求学生在复杂的真实情境中完成任务。与此同时，建构主义还强调教师在学生建构知识过程中提供一定的帮助和支持，以使学生的理解进一步深入。首先，教师必须转变自身的角色，从传统的知识传递的权威角色转变为学生学习的辅导者甚至是高级合作者。例如，学生的学习需要采取一种新的认知加工策略，形成自己是知识的建构者的心理模式。对此，教师必须提供学生元认知工具和心理测量工具，从而培养学生联系的、批判的认知加工策略，以及自己建构知识和理解的心理模式。其次，教师应该给学生提供真实世界的、复杂的真实问题，同时必须意识到这些复杂的、真实的问题可能有多种答案，因此应该鼓励学生提出解决问题的多种观点。最后，教师应该认识到，教学的目标不仅包括认知目标，也应当包括情感目标。因此，教师对学生的情感领域也应给予重视，使教学真正与学生个人相联系。

3. 建构主义理论的特点

建构主义理论的特点主要体现为以下几个方面：

（1）重视交往的作用。教学中的交往作为一种学习背景和学习手段，日益受到人们的重视。教学过程中应当突出学生的主体性地位，使交往成为一切有效教学的必需要素。建构主义学习理论强调交往在教学中的作用，真正将教学看成一种"交往的过程"。交往在教学中的作用表现在以下两个方面。

①学生之间的互动交流。互动是建立在语言交流的基础之上的，是语言实践和运用的基础。在互动的氛围及其作用下，学生可以主动地学习语言。

②学生与教师之间的互动。这就需要改变教师在课堂上的角色，发挥课堂中的主导作用，积极并有意识地创造师生之间交流互动的条件和氛围。

（2）重视学习素材对学生的作用。强调学习素材的作用就是要建立新型的因材施教观。"材"不是一个单一的、静态的概念，而是一个动态的、发展的概念。在教学过程中，教师不仅要以学生的实际发展水平为基础，还要考虑到学生的潜在发展水平，引导学生全面发展。

在某种程度上，这种观点对教学设计提出了新的要求，可以帮助改变教材编写的方式。具体来说，在建构主义学习理论下，教学设计不仅要考虑教学目的，还要考虑有利于学生建构会话意义的情境问题，并把情境创作看作学习中最重要的内容。

（3）重视学生个体的经历与学习间的联系。具体来说，获得语言知识的多少取决于个体根据自身经验去建构有关知识的意义的能力，而不取决于个体记忆和背诵教师讲授内容的能力。强调个体的社会经历，将个体的学习与社会的个人经历有效地结合起来，可以使语言学习更具有实际意义，更有助于个体有效地掌握语言。

总之，在教学过程中，通师生之间、学生之间的交往、沟通和协调，可以使教师和学生共同完成教学目标。学生可以在交往中发现自我、增强主体性，从而形成主体意识，还可以在交往中学会合作、学会共同生活，形成健康而丰富的个性。

（二）情境教学法的原则

1. 学生自主性原则

学生自主性原则强调两个方面：一是良好的师生关系，二是学生在教育教学中的主体地位。良好的师生关系是情境教学的基本保证。教学本是一种特定情境中的人际交往，情境教学更强调这一点。只有师生间相互信任和相互尊重，教师对学生真正做到"晓之以理，动之以情"，前文所述的两条信息回路才有畅通的可能。这意味着教师必须充分了解学生，学生也必须充分了解教师，彼此形成一种默契。学生在教学中的主体地位决定了自主性侧重于教师鼓励学生"独立思考"和"自我评价"，培养学生的主动精神和创新精神。这一原则要求教师在情境教学中从学生的实际出发，使学生在完成学业的同时得到如何做人的体验。这意味着一切教学活动都必须建立在学生积极、主动和快乐的基础上。

2. 轻松体验性原则

在情境教学法中，教师要设法在轻松愉快的学习情境或氛围中引导学生产生各种问题意识，并展开自己的思维和想象去寻求答案，分辨正误。这一原则强调，学生思维的"过程"与"结果"同样重要，目的是让学生觉得思考和发现问题是一种快乐，而不是一种强迫或负担。

3. 意识与无意识统一、智力与非智力统一原则

实现情境教学法的两个基本条件是意识与无意识统一、智力与非智力统一。人在学习做事的过程中，一方面需要集中思维，培养刻苦和钻研精神；另一方面要充分调动兴趣、愿望、动机等无意识的潜能，因为它们对智力活动具有重要的促进作用。具体到教学过程中，教师要将学生视作理智与情感同时活动的个体，不要一味地告诉他们要努力、要刻苦，而是要想方设法地去调动学生身心各方面的潜能。也就是说，教学要保持一种精神集中与轻松并存的状态。学生在学习中松弛有度，自然会取得更好的学习效果，而这也正是情境教学法所追求的理想效果。

（三）情境教学法的应用

1. 情境的设计

语言学习是与一定的社会文化背景即情境相联系的。利用现实情境所提供的场景，学生会将自身原有认知结构中的有关经验和知识与当前学习到的新知识相连接，将新知识吸收并结合纳入自身已有的认知结构中。因此，在英语教学中，教师要努力设计出能够引导学生积极参与学习活动的真实情境。这种情境的设计通常与以下几个因素有关。

（1）相关的范例。理解和解决任何问题都需要学生对该问题有一定的经验，并且能够建构相应的心理模型。因此，教育者应为学生提供相应的范例，即提供一系列学生可能参考的相关经验，以补充学生认知结构中的空缺，为解决当前任务提供参照。而且，为了培养认知的灵活性，相关范例应包括要解决问题的多种观点、思路和视角。

（2）学习任务的呈现。教师在向学生呈现学习任务时，应当同时描述任务中的问题发生的社会文化背景。问题的呈现应当是有趣的或吸引人的，目的是引导学生积极参与。此外，教师还应注意在问题呈现的过程中为学生留出足够的操作空间，并允许他们操纵某些维度，自己做出决策。

（3）学生的自主学习设计。建构主义指导下的情境教学法强调学生要主动建构知识的意义，设计出促进学生主动建构知识意义的学习环境中的重要一环就是自主学习设计。学生是学习过程的主体，学生的自主学习是对所学知识实现意义建构的内因，而恰当的情境是促进学生主动建构知识意义的外部条件，即外因。外因通过内因起作用。学生在适当的情境下通过主动探索、主动发现，并借助于自主学习活动，完成知识意义的建构过程。可见，自主学习设计是情境设计中必不可少的。

（4）教师的指导。建构主义倡导以学生为中心，认为他们是知识意义的主动建构者，是信息加工的主体。同时，教师是整个教学过程的组织者、指导者和协调者，对学生的意义建构起促进作用。因为以学生为中心的教学设计的每一个环节都离不开教师的有效启发、认真组织和精心指导，所以在设计促进学生主动建构知识意义的情境时，教师的指导作用不可忽视。如果忽视了教师的指导作用，学习活动就会成为没有目标的盲目探索。

（5）信息资源。在进行情境设计时，教师必须确定学生所需要信息的数量和种类，以建构问题模型和提出问题解决的假设，可以提供的信息资源包括可供学生选择的并随时可得的与问题解决有关的各种信息和知识，如文本、图形、图片、声音、视频、动画等，以及通过网络获取的各种有关资源。

（6）认知工具。认知工具是指支持和扩充学生思维过程的心智模式和设备，通常是可视化的智能信息处理软件，如专家系统、知识库等。由于学生受已经掌握知识和感官输入信息能力的限制，因此对认知资源的获得也受到限制。而认知工具能够提供组织或呈现各种信息的机制，学生可以借此进行信息与资源的获取、分析、编辑，并以此表达自己的思想。

2. 意义的建构

意义的建构和情境的设计是相辅相成的，缺乏真实情境的课堂环境，由于不具备实际情境所具有的生动性、丰富性，学生的联系得不到有效激发，学生也就难以提取长期记忆中的有关内容，最终对语言输入的意义建构也会发生困难。情境教学法中意义建构的方法和步骤主要包括以下方面。

（1）教学目标的分析。在学生的学习过程中，无论是学生的独立探索，还是教师对学生的指导，都要以对新知识的意义建构为中心。但是，每一阶段或每一课堂的学习内容总是由不同的若干知识点构成的，且每个知识点的重要性及特点均不同，因此要想完成意义建构，首先必须对所学的内容进行教学目标的分析，在此基础上才能确定当前所学知识的基本内容。

（2）教学结构的设计。教学结构设计主要是指对教学活动过程的控制与优化问题，简单来说就是对师生之间、学生之间交互动态过程的设计。具体来说，教师应在建构主义的学习理论和教学理论的指导下，运用系统观点和动态观点审视和反思教学中的各个环节、各个环节的作用和相互关系，继而形成一个动态的、稳定的教学结构进程。

（3）信息技术辅助作用的设计。随着信息技术在教育教学领域的普及应用，学生的学习资源也越来越丰富，因此在意义建构过程中，不应忽视信息技术的辅助作用设计。它是指应确定一定情境下的学习主题所需要信息资源的种类及每种信息资源在学习该主题过程中所起的作用。在这个过程中，如果学生对于获取相关信息的出处、手段、方法及如何有效利用这些资源等方面有困难，教师应及时提供帮助。

（4）自主学习策略的设计。情境的设计离不开自主学习设计，同样，意义的建构也离不开自主学习策略的设计，它是完成意义建构的基础。自主学习策略设计的目的是帮助学生学会学习，即帮助学生能够根据学习目的和要求独立地选择有效的学习方式。在自主学习策略设计中，元认知策略设计非常重要。元认知策略是学生在学习过程中所采用的学习策略之一，包括学习过程中对所运用的心理过程的选择、学习时对学习的监控和学习后对学习的评估等。元认知策略包括计划、自我管理、自我监控、自我评估、资源利用和需求分析等方面的内容。

（5）协作式学习活动的设计。协作式学习活动设计的目的是为多名学生提供对同一问题用多种不同观点进行观察、比较、归纳、综合的机会，帮助学生掌握知识、运用知识和深化对问题的理解。开展协作式学习活动既有利于教师主导作用的发挥，又有利于学生自主探索角色的体现，还有利于培养学生之间的合作精神。

3. 情境教学中的评价

情境教学中的评价主要包括以下内容。

（1）对学生所取得进步的评价。建构主义理论认为，学习过程就是知识建构过程，应重视对动态的、发展的学习过程及学生所取得进步的评价，主张评价应为学生有意义学习经验的一部分，因而评价不是孤立的检测手段，而应纳入正常的课堂教学中。

（2）学生参与学习过程及效果的评价。情境教学法认为，学习过程就是学生主动建构知识意义的过程。因此，对学生主动参与学习过程的评价就显得很重要。这一评价要以学生的学习课堂为中心，其中对学生的课堂表现可以从以下几个方面来考查：是否在听课时注意力集中、是否积极参与课堂活动、是否认真听教师及其他学生讲话等。而从评价的目标和内容来看，课堂评价活动包括对学生所掌握知识与技能的评价，学习态度、兴趣与自我意识评价，学习策略评价等。

（3）基于真实语境的评价。这主要是指评价的背景应当像教学背景一样真实而丰富。学习是学生在一定的情境中利用已有的知识和经验赋予当前学习到的新知识以某种意义的过程。因而，情境教学中的评价应在基于某种有意义的背景下，围绕真实的情境来评估和讨论学习结果。

（4）评价主体与评价方式的多元化。由于学生都是基于自身的知识和经验来构建对事物的理解的，不同学生对同一知识点的理解也不尽相同，因此对学生学习过程和学习结果的评价也应采取多种方式。针对评价主体而言，评价人员既可以是教师，也可以是专家，还可以是学生自身。针对评价方式而言，可将传统的标准参照评价法与现代的学习文件夹评价法相结合。标准参照评价法是指根据课堂教学目标制定评价标准，对比学生的学习结果，并从中找出优势与不足。学习文件夹评价法是指借助由教师和学生搜集的、反映学生学习过程和学习进步的各类学习成果进行评价，它主要用于学生对学习的回顾、自我评价及其他形式的外部评价。

（5）评价信息的及时反馈。情境教学法既重视对学习过程的评价，也重视对评价结果的及时反馈，因为它有助于帮助学生了解评价所带来的正面效果。具体来说，在对学生进行评价的每个阶段，教师首先要对获取的信息加以分析、整理和阐释，然后针对学生的个性特点以适当的形式及时将全部或部分信息反馈给学生。借助这些反馈信息，学生可以及时了解自己的不足，并在教师的帮助下不断修正自己的学习策略。

二、任务型教学法

（一）任务型教学法概述

1. 任务的含义

关于"任务"一词，不同学者给出了各自的解释。我们通常所说的任务是指人们在非教育环境下或在日常生活中从事的各式各样的事情。《现代汉语词典》（1992）对任务一词的解释是："指定担任的工作，指定担负的责任。"这也是大多数人对"任务"的理解。朗也曾指出，任务其实就是人们每天的工作和生活中不断重复的各种活动。但是，我们这里所说的任务是指语言教学尤其是任务型教学中的概念，而众多学者也从不同角度给出了各不相同的定义。这些定义既反映了任务型教学模式的大致特征，也体现了这一理论模式在发展过程中的演变、创新与重塑。

（1）布林认为，任务是任何有组织的语言学习过程，具有特定的目标、合适的内容、特殊的工作程序，对任务承担者来说有一系列结果。布林的定义虽然提到了语言学习行为，但凸显了任务的目的、内容、过程和结果。

（2）纽南认为，任务是一项要求学习者用目的语进行理解、处理、生成、互动的课堂作业，在此过程中，他们的注意力主要集中于语言的意义而非形式。此项作业应具有完整性，作为一项独立的交际行为自成一体。应该说，纽南的定义与传统的交际语言教学活动很接近，它强调语言学习行为和语言意义（而不是形式）。

（3）理查兹等人认为，任务是为实现某一具体的学习目标而设计的活动。任务的不同方面会影响其在语言教学中的使用，这些方面包括目标、顺序、步骤、进度、结果、评估、参与情况、语言、资源等。理查兹等人通过对这些方面的具体描述，赋予了任务众多生活中的交际任务的特征。

2. 任务型教学法的含义

关于任务型教学，布朗认为，任务型学习将任务置于教学法焦点的中心，它视学习过程为一系列直接与课程目标相联系并服务于课程目标的任务，其目的超越了为语言而练习语言。任务型教学的基本特征是以任务为核心单位计划、组织教学，它采用任务大纲，以任务为单位组织教学单元，以任务的完成为教学目标。在任务型教学中，通常一个任务组成一个独立的教学单元，全部教学活动围绕任务进行，服务于任务的完成。

任务型教学将任务置于教学法焦点的中心，强调活动要有明确的目的性，主要具有三个显著的特点：侧重语言的内容含义更甚于语言的形式结构，因而课堂中的语言活动更接近于自然的语言习得；任务的完成或结果为学习者提供了自我评价的参照尺度，并且带来了成就感；无论任务的执行或者任务的结果都离不开表达技能，也就是说和写的技能。

总之，任务型教学或任务型学习中的任务不是一般的、孤立的或者是可以任意组合的课内或课外的教学或学习活动，而是整个系统或课程中的一个有机组成部分。

（二）任务型教学法的原则

任务型教学法主要涉及教师对任务的安排与设计，因此这里笔者主要探讨任务设定原则。

1. 任务的明确性原则

教师应该认识到任何教学活动的设计都离不开对教学目标的思考，在制定任务前要弄清楚本次教学要解决什么问题、学生需掌握什么知识。教学任务的布置应该明确体现出教学目的、要求和教学重难点，同时对任务的布置不能停留在浅表层次，仅仅止步于简单地创设任务情境。这就要求教师应尽量避免抽象、泛泛地布置大体任务、大体框架，而应该具体呈现任务内容，包括任务所要达到的目的、完成任务需要经历的不同阶段、时间安排、步骤的具体实施办法、学生需要完成任务的形式、合作方式等细节。只有这样，教师才真正做到了有的放矢，学生才能清楚地了解完成教学任务、达到合格要求需要努力的方向。明确的任务目标能使有限的教育资源得到最为充分的利用。

2. 任务的可行性原则

任务必须是可行的，也就是要具有可操作性，这样才能保证任务的目标有可能实现。任务的可行性主要体现在循序渐进和任务的可分解性上。一方面，任务的设置应该由易到难、由简到繁、层层深入，形成一个个由初级任务到高级任务并由高级任务涵盖初级任务的循环，再由数个微型任务共同构建形成一个完整的"任务链"；另一方面，这样一个完善的任务序列正好形成了一个个易于分解的小任务单元，方便学生或单独演练，或二人协同操练，或小组讨论，或全班齐练，形成多重立体交叉学习模式。此外，学生面对一个个分解后的小任务单元，也不会产生畏难心理，在一步步攻克堡垒后还容易形成良性循环，迎难而上。任务的可操练性既利于学生专业知识的学习，形成学习方法，还有利于学生相互学习、相互借鉴。此外，学生间的相互合作还能加强班级团结，形成团队精神、协作精神，增强整个集体的凝聚力，可谓一举多得。

3. 任务的可达性原则

任务的可行性保证了任务的可达性。设定任务时，在保证任务可行性的基础上，教师要考虑到下述问题：既定的任务在多大程度上高出学生现有水平？有多少学生能够在规定时间内通过努力完成任务？如果在客观地评估后发现任务过于困难应该马上进行调整，毕竟自主学习的初衷绝不是要挫伤学生学习的积极性，而是要让学生发现通过自身的勤奋努力，一步一个脚印扎扎实实地学习，很多学习上的困难是可以迎刃而解的。一般来说，任务的难度应该高于学生的现有水平，并具有一定的挑战性，但不宜过高。难度系数过高的任务会让学生气馁，大受打击，丧失学习兴趣和前进的动力。教师在教学过程中要严格监控任务的难度，随时进行必要的调整，始终把任务的难度控制在一个合理的范围内。

4. 任务的挑战性原则

自主学习中任务难度的设定是需要认真把握的。尽管自主学习是以学生自学为主，但过于简单或者困难的内容都是不适宜的，尤其是过于简单的内容。从心理上来说，过于简单的内容容易使学生丧失学习兴趣，并且在心理上形成错觉，产生骄傲自满等不正确的学习态度、学习情绪。因此，学习任务的设定应该立足于学生的具体情况、实际水平，增加一定的挑战性，这样才能充分激发学生的学习动机和兴趣，刺激学生的征服欲，发挥学生的积极性、创造性，培养其自信心，变"要我学"为"我要学"，并最终实现"要学好"。任务的挑战性越大，学生完成任务后得到的满足感、自豪感越强，更能激发长久的、持续的学习兴趣。

5. 任务的实用性原则

中国学生在英语学习上最惨痛的教训莫过于只会写不会说。而开不了口的"哑巴英语"一直是中国英语教育界的心头之痛。为什么会出现这种情况呢？在很大程度上可以归因于我们在教学设计上忽视了教学生有用的、实用的知识。要解决这一问题，在教学任务设定环节中，教师一定要本着"教学生有用、实用的知识"的原则，一切以实际应用为出发点，给学生提供明确、真实、有用的信息。任何知识、科学技术的讲授、传递都要符合交际功能和规律，为学生创造一种自然、真实的情境去体会、学习、创新。

6.任务的相关性原则

任务的相关性原则体现了学用结合、学以致用的理念，试图将语言教学和课堂社会化。具体我们可以从以下两个方面来理解。

（1）学习任务设计中的相关性。教师在设计学习单元任务时，应注意由易到难、由简到繁、层层深入，形成由初级任务向高级任务及高级任务涵盖初级任务的循环，保证教学阶梯式层层递进。此时，学习任务犹如阶梯，相互依存，逐步升级，而学生的语言能力则通过每一项任务逐步得到发展。此外，任务的设计不仅要由易到难，还应从接受性任务向表达性任务过渡。例如，听和读的任务可先于写和说的任务，或先让学生模仿录音或教师的语言，再让学生将以前学习过并熟悉的语言与现时学习的语言重新组织，创造出新的组合。

（2）课堂语言学习与课外语言运用的相关性。将课堂学习与课外运用紧密联系，一是可以缩小课堂与社会之间的距离，把学生作为社会的人，通过学习促进学生的社会化；二是能够有效激发学习者的内在动机。学习理论研究表明，内在动机更能促使学生积极投入学习当中。当学生发现所学内容与他们的实际生活紧密联系，可以马上用于应对生活中的交际问题时，他们的学习兴趣和积极性将被充分调动起来。

（三）任务型教学法的应用

任务型教学可以分为三个阶段，即任务前阶段、任务中阶段和任务后阶段。每个阶段都有其不同的教学目标和教学技巧，下面笔者分别介绍。

1.任务前：准备阶段

任务前阶段，即是"呈现"阶段。这一阶段的活动决定着整堂课的成功，是任务型教学中非常重要的环节。这一阶段通过各种活动输入与任务相关的语言（可以是显性的，也可以是隐形的），为学生创设良好的学习环境。任务前阶段的目的有二：一是为了激活学生已有的知识资源，帮助学生重构语言系统与思维方式；二是为了使学生具备完成任务所需的语言知识和文化知识，减轻在下一阶段完成任务时的认知压力，从而使学生真正成为主动学习者。

斯凯恩（1996）认为，任务前的活动可以有两个重点：一是对任务总体认知的需求；二是注重语言的因素。具体来说，如果在任务前阶段可以减少学生在认知方面的压力，他们就会有更多精力注意语言方面的因素。任务前的阶段主要涉及几个方面的准备与学习，包括词汇的学习、已有背景知识的激活、新语言材料的引入、语法结构的呈现、仿作与演练、提供任务的示范等。

2. 任务中：实施阶段

在前期准备的基础上，任务实施阶段是语言技能的主要习得过程。在这一阶段，教师不仅要注意学生语言的流利性，还要注意学生语言的准确性，并鼓励学生重构语言。在这一阶段，任务的选择极为关键，任务的难度过高或过低都不利于学生的学习，因此教师要合理选择任务的难度。然而，恰到好处地把握任务的难度却并非易事，教学中经常出现任务难度过高或过低的现象。当然，教师可以采用各种方法来弥补这种现象。例如：当任务难度过低时，教师可以添加其他学习内容或涉及更多思维挑战和具有判断性的任务；当任务难度过高时，教师则可以利用图表、图像，以降低难度。

任务中的阶段常常涉及活动方式的选择，其中小组活动是比较常见的活动方式。在进行小组活动时，要有明确的个人任务与小组任务，要对学生和教师的角色进行适当的转换。此外，教师要对小组活动进行适当而明确的指导。

3. 任务后：语法教学阶段

在任务型教学的目标分析中笔者已经提到，任务型语言教学并不只强调口语的流利，它同样重视语言的准确性。事实上，任务型课堂教学的三个阶段都很关注语言的形式。正如朗所指出的，如果任务前和任务后是有意识地学习语言的形式，那么任务中则是注意语言的形式。因此，任务后阶段的意义在于，它为学生提供了一个再做任务的机会，促进了学生反思任务完成的过程并进一步关注语言的形式。任务后的阶段主要涉及两个方面的活动内容，即让学生重新演示任务的完成过程及让学生反思并分析自己在完成任务时的错误和问题。

三、交际型教学法

（一）交际型教学法概述

交际型教学法产生于 20 世纪 70 年代初期。当时，将英语作为一种交际工具来进行教学已经成为国外语言教学颇受青睐的教学方法。可以说，交际型教学法的产生与当时的社会历史背景是分不开的。20 世纪 60 年代，西方发达国家的经济发展迅速，政府间和民间在各个领域的交往也都更加频繁。例如，在西欧，除了本地区人民的频繁往来，一些发展中国家的成人劳动力也开始流入欧洲共同市场国家。但人们在各种接触中，都遇到了语言不通的障碍。即使学过一些外语，但到了国外，依然连起码的交际活动都不会，这直接影响了他们的生活和工作。在这种情况下，亟须一种新的语言教学方式来解传统教学模式的燃眉之急。

自 20 世纪 70 年代中期起，在教育语言学和语言教学法领域中所有的实践、理论和研究的重大问题，都归结到"交际能力"这一基本概念上。这种"交际能力"的提出与语言学家乔姆斯基提出的"语言能力"形成对照。而越来越多的人也开始赞同从社会的角度来观察语言。于是，社会需求和"交际能力"这一概念相结合，便形成了"交际语言教学"这一思想。随后，交际型教学法传入中国并得到了广泛的应用。

交际型教学法是以社会语言学理论、心理语言学理论为基础，以交际功能为大纲，以交际能力培养为目标的教学法体系。它以培养学习者的语言交际能力为目标，强调交际过程，如在不同的场合下恰当地使用语言，运用语言执行各项任务，如解决难题、获得信息、人际交往等。在交际型教学模式中，教师和学生的注意力应当放在怎样利用语言作为介质以实现交际目标、完成交际任务上，而不是只关注所述句子的结构是否完全正确。总之，交际型教学法将语言的结构与功能结合起来，要求教师不仅培养学生听、说、读、写等方面的语言技能，还要教会学生如何将这些语言技能灵活地运用到英语交际中。

（二）交际型教学法的原则

1. 以学生为主体原则

交际型教学法强调交际，强调对学生交际能力的培养。学生是课堂的中心和主体，因而教师要鼓励学生主动积极地参与各种课堂活动与实践活动。在这里，教师主要有两个方面的职责：一是教师要为学生营造一种轻松、和谐的课堂氛围，让学生将课堂变成没有压力的语言实践场所；二是教师要有意识地调动学生的主观能动性，从预习到课堂实践、课后复习，每个环节都应该让学生自己去思考、发现问题并自己动手去解决问题。此外，以学生为中心不仅体现在教师与学生角色的变化上，还体现在教材内容的选择上。这对英语教师来说是一个挑战，他们必须充分了解学生的不同学习需求与学习动机，根据学生的不同需要来选择具有针对性的教材。必要的时候，教师还可以选择或推荐一些教学材料给学生。

2. 以意义为中心原则

在交际型教学法中，尤其要强调以意义为中心。这是因为无论是用母语还是用英语与他人交流，人们首先关注的是意义的传达，而不是追究语法有没有错误。从这点来看，交际型教学法与传统的教学模式存在明显的区别。一般来说，教师在课堂上比较重视结构主义的教学方法，即将句子的词汇、语法、结构等作为重点来授课。事实上，这正是很多学生学了多年英语却在真正的交际场所中不知所措的原因。在课堂上，学生基本上是为了学英语而学英语，他们说出的英语句子不是真正为了交际，而只是为了证明他们对于语言形式的掌握，因此即使学了多年英语，他们也不一定能说出一句最基本的日常用语。也就是说，学生在课堂上学习的是语言形式的用法，而不是语言的真正运用。

在交际型教学法中，教师要摒弃处处挑学生语法错误的做法，应当高度容忍学生所犯的错误。教师应该明白，任何学习包括语言的学习，都是在不断地犯错中逐步进行并往好的方向发展的。如果学生能顺利地表达出自己的观点，教师就没必要纠正他们，只需帮助他们自己发现并纠正错误。需要指出的是，以意义为中心强调语言与当时情境的融合。任何对话都是发生在一定的时间、空间之中的，有些信息只有交际的双方才能心领神会。当然，我们重视语言的意义绝不是说完全忽视语言的形式，毕竟语言形式作为语言的基础知识是学生必须正确掌握的。我们只是强调在交际型教学法的前提下，有意识地培养学生灵活运用语言、重视语言意义的意识。只有这样，学生才能做语言的主宰者与支配者，而非语言的奴隶。

3. 以任务为指向原则

在语言教学过程中，教师如果为学生提供一定的交际活动或分配一定的任务，他们就会有机会使用所学的语言进行真实的交际，而学生在实践中进行语言交际能将语言学得更好。因此，在交际型教学中，学习者不能局限于对语言本身的学习，或是将语言作为一门独立课程来学习，而应将语言的学习渗透到其他学科的学习任务中，将语言作为一种工具或介质来学习其他学科的知识。事实上，任务和交际是不可分割的，以任务为中心，学生之间可以有更多、更真实的交流，学生的积极性和主动性也会更强。此外，由于任务往往有其具体的上下文，学生在任务活动的过程中无形提高了语言运用能力。而且，以任务为中心意味着将学生从呆板、固定的课题中解放出来，在形式多样的课外活动与任务，如在英语辩论、英语演讲、英语歌唱中，学生可以培养、发展自己对语言的运用与驾驭能力。

4. 真实性原则

真实性主要是指教学材料或教学大纲的本质，即教师在课堂上必须采用原文作品，不得是人为加工后的语言。也就是说，交际型教学法强调在（类似）真实的语言环境中学习和使用语言，这样才能有助于提高学生对语言的实际运用能力。

交际型教学法中的真实性具有以下两个方面的含义。

（1）强调教学内容的真实性。要想培养学生的交际能力，教师首先应使教学内容尽可能地贴近生活。因为在实际生活中一些书面体的语言人们很少使用，或者很难遇见，以这样的教学内容为基础的外语教学是不利于培养学生的语言交际能力的。为此，交际型教学法创造了以任务为基础的语言活动、以解决问题为基础的语言活动和以专题为基础的语言活动，使学生围绕"任务""问题"或"题目"有目的地掌握语言功能，习得语言交际能力。

（2）强调教学环境的真实性和语言实践环节的模拟性。利特尔伍德（1981）指出，"交际法使我们更强烈地意识到只教会学生掌握外语的结构是不够的，学习者还必须掌握在真实的环境中将这些语言结构运用于交际功能中去的策略"。在外语教学中，如何积极地创造语言交际环境，使学习者在交际活动中掌握使用语言的能力，是体现交际性原则的一个重要方面。

交际型教学模式离不开交际活动。在活动过程中，教师和学生应共同营造真实的氛围，在教师指导或学生彼此交流中应使用真实语言，而不单纯是为了某个句型或语法的操练。

交际型教学法不仅要求学生使用真实语言，还要求他们说出的话必须具有创造性和不可预测性，即语言的形式要多样，不能仅为了证明对语言知识的掌握而使用语言。此外，交际活动的角色必须真实。教师要鼓励学生融入自身所扮演的情境角色中，让他们对交际存有愿望和期待。

（三）交际型教学法的应用

1. 设计交际活动

在交际型教学法的课堂环境下，教师应设计强调语言功能特点的交际活动。这类活动的目的是鼓励学生尽可能依靠已经建立的目标语知识体系实现有效的交际，如解决问题或交换信息。具有功能交际特征的活动主要包括以下几类。

（1）描述活动。描述活动是指教师让学生对具体的事物或事件进行描述，目的是促使学生学会如何以段落的形式运用和理解目标语。例如，教师可以要求学生描述自己所处的城市、所在的校园、经历的趣事等。描述活动产生的另一个积极结果是它可以锻炼学生的逻辑思维与组织能力，这可以帮助学生更好地进行交际。

（2）猜词活动。学生首先必须掌握句子本身并灵活运用，因为对句子的掌握和运用是培养学生交际能力的起点。教师可以借助猜词活动来为学生提供口头使用英语的机会，具体操作方法是：教师首先要求某位学生站到黑板前，面向全班；然后，另外一位学生将某一刚刚学会的单词写在黑板上，而这个单词需是大多数学生所熟悉的；最后，全班同学各自用英语解释黑板上的单词，并请那位站在黑板前的学生猜出这个单词的拼法和意义。由此可以看出，猜词活动或类似的任务活动是训练学生口语的有效途径。

（3）简短对话活动。交际能力发展在很大程度上取决于学习者进行简短对话、互通情感的能力，如对各种话题——天气、交通状况、赛事、度假等的讨论。这些简短对话表面上看似毫无意义，但它们对营造社交氛围起着不可忽视的作用。因此，学生应掌握和使用简短对话培养人际沟通的技巧。简短的对话可以在两个人之间进行，也可以在多人之间进行，所讨论的话题可以随时跳跃和转换，但都以简短为宜。

（4）角色扮演活动。由于课堂环节的局限性，模仿、角色扮演等便成为教师用来创建更加多样化的社会语境、反映更加多样化的社会关系的重要技巧。教师对社会交往活动的设计，既可以基于学生熟悉的场景或事件，如学校、家庭、与朋友会面，也可以是学生不太熟悉但将来可能会遇到的事件，如预订旅馆房间等。总之，活动的设计可以从简单的交际事件，一直延伸到较复杂的交际事件。对角色的模仿或扮演活动，可以通过以下几种形式来实现。

①借助提示信息来完成。当只有一位学生作为交际者得到详细的提示信息，而另外一位交际者得到的信息只能满足为他（她）提供必要的回答时，教师就可以帮助创建更灵活的交流框架。例如，在预订旅馆房间的活动任务中，教师可以让两名学生分别扮演客人和旅馆老板进行交际。在这段交际中，交际活动的主要结构将主要取决于客人所说的内容，因为他为了预订到合适的房间，必然会向旅馆老板提出各种疑问或要求，而旅馆老板则会对客人所提的问题——

进行解答。可见，此类交际活动比较适合两位语言水平有高低差异的学生。语言水平较高的学生是整个交际过程的引导者，他所掌握的提示信息使得他能够控制整个活动过程。在现实中，这类活动发生的场景有很多，如在银行里顾客与银行工作人员的对话，或是在新闻采访、求职面试中的对话等。

②借助提示性对话来完成。这是一种比较简单的角色扮演活动。教师可将相应的不同提示以卡片的形式发给学生，以模仿现实交际过程中的不确定性和自发性特点。在这个交际过程中，其中一位交际者必须认真倾听另一位交际者的语言信息，这样才能知道如何应答。当然，一般而言，学生根据所得到的提示信息在很大程度上能够预测到另一位交际者将要表达的内容，并以此确定自己应对的大体内容，这样便减少了学生运用现有语言水平进行交际的困难。

③通过辩论或讨论的形式来展开。在这类活动的交际语境中，学生所扮演的角色应当对事件及其他交际者所持的不同意见有较全面的了解。在活动结束时，这些交际者能够对辩论或讨论的问题达成共识。例如，假设班上某位同学家庭贫困，又不幸患了绝症，你号召全校同学以捐款或义卖的形式自发为这位同学筹集善款。在这个交际活动中，可能会出现来自不同机构的角色，如教师、校长、慈善机构人员等，交际者便可以以讨论或辩论的形式展开角色扮演。

④借助交际情境和交际目标来完成。这类交际活动侧重于借助高层面的交际情境和交际目标来开展交际活动。在这个活动中，教师仍可以使用某些信息提示，只不过对学生想表达的思想的控制程度要有所减弱。在活动初始，学生只是对交往活动和交往目的有一个大致的了解，随着活动的展开，他们必须不断协商，并对另一位交际者的提问自发地应答。但是，学生必须对交际活动中的信息确定一个共同的认识标准。在交际双方所共有的知识和交际活动中的不确定因素之间达成一种平衡，可以为交际的顺利进行提供必需的动力。例如，在某一汽车展示厅内的交际活动中，一位学习者认定要看的汽车型小且时尚，而另一位学习者却认为同一辆汽车型大而陈旧，那么这样的交际是无法进行下去的。

（5）策略式交往。策略式交往是一种即兴表演的活动，即学生先按照预设的故事情节进行表演，但在故事情节的发展过程中，教师可以刻意添加新信息，要求学生变换各自扮演角色的特征、改变交往的方向等。在策略式交往活动的交际互动设计中，教师应将听力活动和视觉活动有机结合，以便更符合现实交际活动的特点。

（6）社会戏剧。社会戏剧是一种模拟的社会交往活动，即学生根据预设的社会交往情境，模拟社会交往活动。社会戏剧的设计对于培养学生社会交往活动的能力十分有效，其过程包括如下几个方面：准备活动，即教师向学生介绍活动的主要内容；展示新词汇，即教师向学生展示要学习的词汇或短语；展示要解决的问题，即教师以讲故事的方式向学生介绍交际活动的背景知识，讲到要解决的问题时突然打住，将学生的注意力吸引到要解决的问题上；讨论故事发生的语境及在学生中确定相应的角色；指定观众，即教师给那些没有参与到角色表演中的人分配一些相应的学习任务；表演，即学生按照各自扮演的不同角色进行表演；新一轮的角色扮演，即学生要谈论故事发生的语境并进行新一轮的角色扮演，从而发现新的问题解决办法；重新表演，即学生将故事情节以新的解决办法重新表演；总结，即在教师的引导下，学生对活动进行总结；后续活动，包括继续讨论、书面练习、阅读练习等。

2. 评价交际能力

在教师设计完交际活动并由学生进行实践之后，便涉及对学生交际能力的评价。教师所设计的交际活动兼具功能特征与社会特征，相应地，对学生交际能力的评价也涉及功能因素与社会因素两个方面。当然，对功能与社会两种因素的评价不是截然分开的，而是统一地融入对学生总体交际能力的评价中。

（1）对运用目标语得体性的评价

首先，交际话题的选择决定了目标语文化背景知识所确定的得体性。在一种文化中被视为个人隐私的话题在另外一种文化中可能被认为是可以公开讨论。例如，在中国人看来常见的一些话题却是不被外国人接受的。如果一个中国人问一个外国人 "Are you married？" "How old are you？" "Where are you going？" 等，就会被视为违反了英美文化中的言语行为准则。

其次，对目标语的使用是否恰当主要与交际者之间的关系及当时所发生交际的语境有关。例如，"What's your name" 的表达形式虽然没有错误，但并不能用于打电话时询问对方的身份，而要采用 "May I know who is calling" 的表达方式才算得体。

（2）对文化背景知识掌握的评价

在培养学生的交际能力时，教师一定不能缺少对目标语文化背景知识掌握的考查和评价，它有助于学生掌握语言运用的得体性。一种语言的表达方式得体，是由该语言的本族语者所共有的社会文化习俗所决定的，因此，学生在交际过程中应注意学习并掌握这些文化规则。

教师在考查和评价学生对文化背景知识的掌握时，可以将带有文化误解的交际场景呈现给学生。这些文化误解极有可能导致本族语者产生负面情绪，而教师可以让学生判断和指出问题所在并加以纠正。在这个过程中，教师可以观察并判断学生对该文化规则的掌握程度，并及时提供启发性知识，引导学生了解和掌握目标语文化语境下的社会交往知识与技巧。同时，教师还可以对目标语文化与母语文化加以比较。这样既可以巩固学生对母语文化的掌握，也有利于在目标语文化与母语文化之间形成一个健康的平衡状态，帮助学生以后更好地进行交际。

（3）对约定俗成习俗掌握的评价

任何一种语言都包含大量约定俗成的语言形式和用法。如果学生对此缺乏了解，所输出的语言即使合乎语法规则，但与约定俗成的用法相悖，那么在交际过程中也会遇到表达上的困难和尴尬。例如，在告知时间时，英语可以说 "It's twenty to three" 或 "It's two forty"，而不能用 "It's three minus twenty" 或 "It's ten after two thirty" 等形式。又如，在问候别人时，英语中常用 "How are you"，而不用 "Are you well" 或 "Are you in good health" 等表达方式。此外，在英语礼仪交往中，必须使用一些约定俗成的短语。比如，在请客人先于自己进入房间时要说 "After you"；在偶遇一位多日不见的熟人时要说 "How nice to see you"。以上主要是句型和语法结构上的约定俗成，其实针对词汇而言，英语中也存在一些约定俗成的表达方式。例如，某些约定俗成的形式仅用于某些特殊场合，如 "Check，please" 这一固定表达方式仅在饭店结账时使用。

在英语教学中，这三个方面的评价是相互联系、缺一不可的。只有对这三个方面都有所掌握，才能有助于培养学生的文化得体意识，而这恰恰是交际能力的重要组成部分。

第四章 大学英语教学模式发展现状及改革

第一节 教学模式概述

一、什么是教学模式

教学模式又称教学结构，简单地说就是在一定教学思想指导下所建立的比较典型的、稳定的教学程序或阶段。它是人们在长期教学实践中不断总结、改良教学而逐步形成的，它源于教学实践，又反过来指导教学实践，是影响教学的重要因素。因此，了解教学模式的发展及其规律，对于提高教学质量具有重要意义。教学模式是一种教学活动的范式。教育工作者对教学实践进行分析研究，以一定的教学理论为基础，再根据经验和各种教学实践的成效，提出一种或多种的教学模式。所以，教学模式能以具体、可操作的形式体现教学的理论或理念。例如，交际教学模式体现了英语或第二语言教学应该培养交际能力这一理论，这样教学中就有了结构教学模式或功能意念教学模式。前者多安排句型操练，后者则注重角色的扮演、问题的解决等。教学模式一方面有利于我们学习理解和掌握先进的教学理论，使科学的理论能迅速而成功地得到应用，另一方面，也有利于用成熟的经验来不断丰富教学理念，从而提高教学效率，促进学生语言能力的发展。

二、国外关于教学模式定义的研究

美国教学研究者布鲁斯·乔伊斯和玛莎·韦尔出版《教学模式》一书，专门系统地研究了流行的各种教学模式。我国近些年也有人专门撰文介绍和研究教学模式，教学模式成为当前教学研究的一个重要课题。但是，对于教学模式的定义，国内外研究者看法并不一致。在国外较有影响的教学模式定义就是乔以斯和韦尔的定义。他们认为，教学模式是构成课程和课业、选择教材、提示教师活动的一种范型或计划。他们把教学模式定义为一种教学范型或计划。实际上，教学模式并不是一种计划，计划只是它的外在表现，教学模式蕴含着某种教学思想或理论，用"范型"或"计划"来定义教学模式显然将教学模式简单化了。

美国两位著名的比较政治学者比尔和哈德格雷夫在研究了一般模式后下的定义是：模式是再现现实的一种理论性的、简化的形式。比尔和哈德雷夫的模式定义有三个要点：第一，模式是现实的再现，也就是说，模式是现实的抽象概括，来源于现实；第二，模式是理论性的形式，也就是说，模式是一种理论，而非工艺性方法、方案或计划；第三，模式是简化的形式，也就是说，模式这种理论性形式是精心简化了的，以经济明了的形式表达，比尔和哈德格雷夫的模式定义较为科学地揭示了模式的本质，是可取的。

三、关于教学模式定义的国内研究

在国内关于教学模式的定义，大致有三种看法：第一种认为模式属于方法范畴，其中有的认为模式就是方法，有的认为模式是多种方法的综合；第二种认为模式与方法既有联系又有区别，各种方法在具体时间地点和条件下表现为不同的空间结构和时间序列，从而形成不同的模式；第三种认为模式与"教学结构广功能"范畴紧密相关，教学模式是人们在一定的教学思想指导下，对教学客观结构做出的主观选择。上述教学模式定义在某些侧面反映了教学模式的本质，但尚欠科学。第一种定义与乔以斯和韦尔的定义有同样的简单化缺陷。实际上教学模式既不是方法，也不是方法的综合。第二种定义实际上只承认模式与方法的区别与联系，指出了教学模式的形成，并非严格的科学定义。第三种定义触及了教学模式的本质，即结构与功能，但也不是一个严格的科学定义。那么，究竟应怎样定义教学模式呢？当前国内有关教学模式界总结，大致有下列五种：第一种教学模式属于方法范畴。其中，有人认为教学模式就是教学方法，有人则把教学模式视为多种教学方法的综合。第二种教学模式和教学方法既有联系又有区别，各种教学方法在具体时间、地点和条件下表现为不同的空间结构和时间序列，从而形成不同的教学模式。第三种教学模式与"教学结构——功能"范畴紧密相关。第四种教学模式就是在一定教学思想指导下所建立起来的完成所提出教学任务的比较稳固的教学程序及其实施方法的策略体系。第五种教学模式是在教学实践中形成的一种设计和组织教学的理论，这种理论以简单的形式表达出来，概括起来大致有两类见解：持过程说的学者将教学模式纳入教学过程的范畴，认为教学模式就是教学过程的模式，是一种有关教学程序的"策略体系"或"教学样式"。其中比较典型的提法是："教学过程的模式，简称教学模式，它作为教学论里一个特定的科学概念，指的是在一定教学思想指导下，为完成规定的教学目标和内容，对构成教学的诸要素所设计的比较稳定的简化组合方式及其活动程序。"持结构说的学者认为教学模式属于教学结构的范畴。结构，从广义上讲，是指事物各要素之间的组织规律和形式。教学结构，主要是指教师、学生、教材三个基本要素的组合关系。从狭义上讲，教学结构指的是教学过程各阶段、环节、步骤等要素的组合关系。使用这一概念时，多是从后者来理解的。结构说的典型提法是"把模式一词引用到教学理论中来，旨在说明一定教学思想或教学理论指导下建立起来的各种类型教学活动的基本结构或框架"。

上述的第一种混淆了教学模式与教学方法之间的界限。教学方法与教学模式，各有其独特的内涵，绝不能混为一谈。第二种和第三种都缺乏充足的科学依据，没有揭示出教学模式的本质。第四种用语不科学。教学模式是教学程序还是策略体系，没有说清楚。第五种会使人形成教学论就是教学模式的错觉。而美国人提出的教学模式，是把教学大纲与教学模式相混淆，因此，是不能成立，或者说是不科学的。

因此，确定教学模式的概念，既要考虑逻辑学对下定义的要求，又要注意吸收诸如系统论等新科学研究成果，研究古今中外教育史上教学模式的发展规律，吸取现代教学模式理论的精华，并对教学经验进行分析、综合后，才能给教学模式下一个比较贴切的定义。笔者认为对教学模式的概念做如下理解较为妥当："教学模式是在一定教学思想或教学理论指导下建立起来的，较为稳定的教学活动结构框架和活动程序"。"结构框架"意在凸现教学模式从宏观上把握教学活动整体及各要素之间内部关系的功能；"活动程序"意在突出教学模式的有序性和可行性。

四、教学模式的功能

（一）课堂功能

教学模式有什么功能呢？美国社会科学家莫顿·多伊奇曾研究过一般意义的模式的功能，指出模式一般具有四种功能：组合、启发、推断和测量。组合功能指模式能把有关资料（经验的与科学的）按关系有规律地联系起来，显示出一种必然性。启发功能指模式可以启发人们探索新的未知的事实与方法。推断功能指模式可以使人们依据它所提示的必然规律，推断预期的结果。测量功能指模式能通过揭示各种关系，以表明某种排列次序或比率。

莫顿·多伊奇对一般模式功能的研究对我们认识教学模式的功能有启发。笔者认为，教学模式的功能分两个方面，一是理论方面的功能。教学模式能以简化的形式表达一种教学思想或理论，便于为人们掌握和运用。二是实践方面的功能。教学模式的实践功能包括指导、预见、系统化、改进四种。指导功能指教学模式能够给教学实践者提供达到教学目标的条件和程序。预见功能指教学模式能够帮助预见预期的教学结果，因为它揭示出一种"如果……就必然……"这样的联系。系统化功能指教学模式能使教学成为一个有机构的系统，因为教学模式是一个整体结构，对教学的各种因素都发生作用。改进功能指教学模式能改进教学过程、方法和结果，在整体上突破原有的教学框框。

（二）理论功能

由于教学模式总是某种教学理论在特定条件下的一种表现形式，因此它比教学理论的层次要低，但又比教学经验的层次要高。"模式"这个词本身就是指一种根据观察所得加以概括化的框和结构，所以它比概念化的理论要更具体，模式总是围绕某一主题所涉及的各种因素和相互关系所提供的一种完整的结构。因此它一般还包括了可供实施的程序和策略。但它又比经验层次高，这是因为它具有一种假设性和完整性，教学模式不只是简单地反映已有的教学经验，而且要做出合理的推测来揭示原型中的教学经验，以及原型中的未知成分，模式是反映和推测的统一。各种个别的教学经验，经过逐步的概括、系统的整理可以使它通过教学模式的形成而进一步提高到理论；各种理论通过相应的教学模式可以使它成为易于为实际工作者所接受的方案。

正是教学模式的这一特征，使模式能较好地充当理论与实际经验之间联系的中介和桥梁。从某种意义上可以说，教学模式即是教学改革的产物，同时又直接促进了教学改革的发展，如果通过一段时期的努力，我们能逐步建立起具有各种类型的课堂教学模式系统，也能建立起像试题库一样的课堂教学模式库，这将使我们各级各类学校的教学能逐步走向科学化。模式还可以为刚参加教学工作的青年教师提供一些可供选择和参考的教学方案，使他们教有所据，从而很快地熟悉教学，使教学质量得到必要的保障。对具有多年教学经验的老教师来说，教学模式库的建立，也可以使他们不再囿于过去习惯采用的教学模式，为教学更加多样化提供了方便。同时各种课堂教学模式由于仅仅提供了一个大致的框架，它有待在教学实践中进一步具体化，这就为创造性的教学提供了各种可能。而教学实践上的各种改革又将进一步促进教学模式走向完善，推动教学理论的进一步发展，从而形成实践——理论——实践的良性循环。

第二节　教学模式的理论基础

英语作为一门国际通用语言，发挥着日益重要的作用。当前社会对大学生的英语水平提出了更高的要求，由此对大学英语教学效益和质量的提高也势在必行。研究表明目前大学英语教学存在以下问题："过分强调语言基础知识的学习，忽略了语言能力的培养""学生数量在高校扩招的背景下骤增使得英语教师质量和数量不能满足需要""教学模式和方法落后，未能充分利用先进的、现代化的教学手段""缺乏统一的、科学的英语教学管理体系""教学考核测试手段单一"等，为了探索中国英语教学的规律，体现"做中学"的教育指导思想，解决"中国英语教学普遍存在的'费时较多，收效较低'的问题"。

最新大学英语教学改革的重点在于提高大学生的英语应用能力、自主学习能力和跨文化交际能力。课程设置部分明确提出，"大学英语课程的设计应充分考虑听说能力的要求""设计大学英语课程时也应充分考虑对学生文化素质培养和国际文化知识的传授""无论是主要基于计算机的课程，还是主要基于课堂教学的课程，其设置都要充分体现个性化"，要"确保不同层次的学生在英语应用能力方面得到充分训练和提高"，同时在教学模式部分也提出"英语教学的实用性、知识性和趣味性相结合的原则"，要使英语教学"朝着个性化学习、自主式学习方向发展"。

一、建构主义教学模式

建构主义教学模式是在建构主义学习理论指导下建立起来的，是建构主义理论应用于课堂教学的教学模式。它提倡的学习方法是教师指导下的、以学生为中心的学习，其学习环境包括情境、协作、会话和意义建构四大要素，因此，建构主义教学模式主要在教师指导下，以学习者为中心学习。学生是信息加工的主体，是知识意义的构建者，而不是外部刺激的被动接受者和被灌输的对象。教师则是意义构建的帮助者和促进者。总之，建构主义教学模式是指在教学过程中，在教师指导下，以学生为中心，以探究为主要学习方式，充分发挥学生的主动性、积极性和首创精神，使学生有效地实现当前所学知识意义构建的教学程序及其方法策略体系。

建构主义思想自皮亚杰提出以来，在其对学生的学习进行考虑和反思的发展过程中形成了多种流派。各流派在对知识、学习、教师和学生等问题的看法上有许多共同处，因而其对教学目标的要求基本一致，但由于各流派侧重点不同，教学中所采取的教学方式和步骤也不一样。日前，研究比较成熟的有：抛锚式建构主义教学模式、支架式建构主义教学模式、随机进入建构主义教学模式等。

二、研究性教学理念

研究性教学是建构主义学习理论下形成的与之相适应的一种教学模式和方法。建构主义理论包括认知建构主义和社会建构主义。认知建构主义的开创者皮亚杰和社会建构主义奠基人维果斯基都一样重视学习的认知过程，把学习看成是学习者主动"建构"知识的过程，而不是通过他人"给予"而被动接受和使用的过程。"认知结构产生的源泉是主、客体相互作用的活动，在相互作用的活动中蕴涵着双向结构。"以建构主义为理论支撑的研究性教学是指"学生在教师指导下，以类似科学研究的方式去主动获取知识、综合运用知识解决问题的一种学习方式。研究性学习与一般意义的科学研究具有一定的相似性，如在研究过程上两者都要遵循提出问题、收集资料、形成解释、总结成果这样一个基本的研究程序。在这里知识都以问题的形式呈现，知识的结论要经过学习者主动的思考、求索和探究"。可见，研究性教学理念的本质是学生主动参与的探索性学习，思维是学习的动力，学生是学习的主人，因此"外语是学会"的"学"在这里是研习的意思。在大学英语教学中倡导研究性教学理念，应该说是为内容教学提供了一条新路。众所周知，外语是一门工具性质的学科，而大学英语的工具性就更显突出。由于没有实质的教学内容，没有像高考这样重要的教学目标，因而大学英语的听说读写技能训练就变得枯燥又机械。只有研究性教学，才使大学英语教学第一次有了真正的教学内容，并且在完成项目的研究过程中，学生的外语能力在实践中得到了锻炼，学生的思辨能力、创新能力得以发展，学生的学习能动性从根本上得到了改观。

但是研究性教学义不是完全淡化外语技能的培养，事实上，将所学的语言知识应用于信息获取、问题分析、精确讲说、书面写作等过程更能培养学生把外语作为一门工具的语言能力。另一方面，研究性教学在大学英语中的应用又有别于英语专业的研究性教学。英语专业的研究型教学是对英语语言学、文学和英语文化等的专业知识的学习和研究，而大学英语的研究性教学是让学生在一定范围内自主选题，题目可以是人文社会的，也可以是自然科学的，这样既锻炼了语言能力，又培养了思维能力，扩展了学生的知识面，一举多得。近年来，美国和日本等国家都设置了类似的"研究型"课程，其共同点是都重视知识的掌握，更注重学习的方法、强调主动学习、科学精神与人史情怀并重。

三、人本主义学习理论

人本主义学习理论对学习本质的揭示是从人的自我实现和个人意义的角度加以描述，认为学习是个人自主发起的，使个人整体投入其中并产生全面变化的活动，是个人的充分发展，是人格的发展，自我的发展。根据人本主义学习理论，美国心理学家马斯洛、罗杰斯等创立的人本主义理论提出10条学习原则：

1. 人生来就对世界充满好奇心，人生来就有学习的潜能。

2. 当学生觉察到学习内容与自己的目的有关时，有意义的学习就发生了。

3. 当学生的信念、价值观和基本态度遭到怀疑时，他往往会有抵触情绪。

4. 当学生处于相互理解和支持的环境里，在没有等级评分却鼓励自我评价的情况下，就可以消除由于嘲笑和失败带来的不安。

5. 当学生处于没有挫败感却具有安全感的环境里，就能以相对自由和轻松的方式去感知书本上的文字和符号，区分和体会相似语句的微妙差异，换言之，学习就会取得进步。

6. 大多数有意义的学习是边干边学、在干中学会的。

7. 当学生负责任地参与学习时，就会促进学习。

8. 学习者自我发起并全身心投入的学习，最深入，也最能持久。

9. 当以自我批判和自我评价为主、他人评价为辅时，就会促进学习的独立性、创造性和自主性。

10. 现代社会最有用的学习是洞察学习过程、对实践始终持开放态度，并内化于自己的知识积累。

简而言之，人本主义理论主张废除以教师为中心的模式，代之以学生为中心的模式，而以学生为中心的关键，是使学习者感到学习具有个人意义。人本主义学习理论强调学习是一个情感与认知相结合的精神活动。在学习过程中，情感和认知是彼此融合、不可分割的两个部分。整个学习过程是教师和学习者两个完整的精神世界的互相沟通、理解，而不是以教师向学习者提供知识材料的刺激，并控制这种刺激呈现的次序，期望学习者掌握所呈现知识并形成一定的自学能力和迁移效果。由此可以理解，教学也不再是以教师为中心，以知识输入讲解为主要方式的活动了。要使整个学习活动富有生机、卓有成效，需要以学习者为中心，深入其内在情感世界，以师生全方位的互动来达到教学目标。这不同于多年来我国大学英语教学课堂以教师为主体，以教师讲解传授为主要形式的教学方法。

四、后现代主义教学观

后现代主义教学观是在对教育"现代性"进行深刻反思的基础上形成的，具有开放性、超前性和创新性等特点。后现代主义在我国最早出现在 20 世纪 80 年代初的《读书》杂志上，1985 年美国杜克大学的弗·杰姆逊教授在北大开了名为"后现代主义与文化理论"专题课，在此之后，后现代主义在中国得到了快速发展。总体而言，它是对现代主义所崇尚的总体一致性、规律性、线性和共性及追求中心性的排斥，主张以综合、多元的方式去建构，具有非中心性、矛盾性、开放性、宽容性、无限性等特征。后现代主义教学观对大学英语教学改革表现在：

1.在打破"完人"教育目的观的同时，后现代主义者提出了自己的教学目的观。他们主张学校的教学目的要注重学生各方面的发展，不强求每个受教育者都得到全面发展，要培养符合学生自身特点及生活特殊性的人，培养具有批判性的公民。

2.后现代主义认为现代主义的课程观是不科学的、封闭的。多尔从建构主义和经验主义出发，吸收了自然科学中的理论，把后现代主义课程标准概括为四种原则，即丰富性、循环性、关联性及严密性。

3.后现代主义认为教学过程是一个自组织过程。自组织是一个通过系统内外部诸要素相互作用，在看似混沌无序的状态下自发形成有序的结构的动态过程。

4.后现代主义的师生观认为，在传统的教学中，教师处于知识传授的中心地位，而学生处于被动和弱势的地位。教师是话语的占有者，学生的自主性和潜能受到了压制，故后现代主义认为，必须在课堂教学中建立师生平等对话的平台。在科学技术日新月异的影响下，知识的传播发生了很大的变化，教师的主要任务是教会学生使用终端技术和新的语言规则。师生关系中，教师从外在于学生的情景转向与情景共存，教师的权威也转入情景之中，他是内在情景的领导者，而非外在的专制者。

5.后现代主义的教学评价要求实施普遍的关怀，着眼于学生无限丰富性发展的生态式激励评价，让学生充满自信，每个个体都各得其所，始终获得可持续发展的动力。它强调教学评价应该体现差异的平等观，即使用不同标准、要求，评价不同的对象，主张接受和接收一切差异，承认和保护学习者的丰富性、多样性。

五、学术英语教学理念

学术英语也是近来在大学英语教学改革中提到的一个新的课程设计理念，它是针对在大学英语教学中盛行了几十年的基础英语提出的，基础英语的教学重点是语言的技能训练，包括听说读写译等，而学术英语分为两大类：一般学术英语和专门用途英语。前者主要培养学生书面和口头的学术交流能力，后者主要涉及工程英语、金融英语、软件英语、法律英语等课程。以学术英语为新定位的大学英语教学，既区别于以往的以语言技能训练为主的基础英语，也区别于大学高年级全英语的专业知识学习或者"双语教学"，当然也区别于英语专业学生所学的人文学科方面的专业英语。它是基础英语的提高阶段，即在学生掌握了一定的规则和词汇，达到了一定的水平后，为他们用英语进行专业学习做好语境、内容和学习技能上的准备，是在大学基础教育阶段为今后全英语专业知识学习打下基础的一种教学模式。

第三节　大学英语教学模式发展现状

目前，我国高等教育仍未脱离普通高校旧有的传统教学模式。事实证明，传统型教学模式远不能满足高等教育培养目标的需求。为此，必须建立一种具有中国特色的，能够培养出高级技术复合型人才的现代教学体系。

一、"传统型教学"存在的弊端

面临信息社会与知识经济时代的到来，传统教学模式明显地暴露出了固有的弊端。如单一的教学手段，教师一言堂、满堂灌的教学方法，教材内容的陈旧滞后，教学与科研生产相分离，教师知识结构的老化等。传统型教育模式必然要受到以下三方面的冲击与挑战。一是缺乏竞争意识，无法抗拒市场经济的冲击。市场经济的全球化正在影响着人才的走向，而经济竞争即是对人才的竞争。二是封闭式的教学弊病无法抗拒知识经济的挑战。现今社会已进入知识经济主导下的"学习革命"时代，学校教育与社会实践开始要为社会创造效益，且学生毕业走上就业岗位后仍需不断地学习。三是传统型教学模式不能像现代教学方式一样充分利用高速网络与信息传输技术、高新的教学设施、先进的教学手段和现代化的教学环境。

近年来，人们对大学英语教学改革的呼声越来越大。为了促使我国大学英语教学改革，提高大学英语教学的效率，必须先对大学英语教学中存在的问题进行探索。

（一）大学英语教学问题综述

我国学生从小学到中学、大学，甚至到硕士、博士，将大量的时间和精力都投入了英语学习中，特别是从轰轰烈烈地举行全国四、六级统考以来，大学英语教学受到了空前的重视。但是，我国学生英语的整体水平不高。虽然目前各高校英语教学条件、设施都得到了较大的改善，学校领导、教师及学生都付出了较大努力，但始终没能获得应有的成果。另外，对于非英语专业的学生来讲，学习英语多是为了应付英语四、六级考试，一旦过关就把英语抛到脑后。当然也有一些学生对英语学习非常重视，将大量精力放在英语学习上，甚至抛下了专业课知识。即使花费了不少时间，但是真正遇到外国人时还是说不清，别人也听不懂。种种问题的确是很让人无奈。

学生英语水平普遍不高与英语教学的方式存有很大关联。在课堂上，教师一直讲，学生一直闭口听、记笔记，却害怕开口、害怕提问。下课后，学生也只是背单词、背笔记、做机械性的训练。这样完全没有启发式的教学，使得学生既无法提高对英语学习的兴趣，也无法提高英语学习的成绩。

（二）大学英语教学中的具体问题

1.受"应试教育"的制约

应试教育与素质教育的根本区别在于"考试观"的不同。考试主要具备两种功能：评价功能和选拔功能。在"应试教育"思想的长期影响下，人们更加看重考试的选拔功能。比如，大学英语四、六级考试早已成为大学英语教学的指挥棒，通过率是评价学校及教师的一个主要标准。这又使四、六级考试的应试性特点得到了强化，使得考试失去了其应有的作用，提高学生英语应用能力的目标得不到落实。事实上，语言学习应该做到：多听、多说、多读、多写，特别是多背。语法知识固然很重要，但获得外语的"语感"更加重要，这就需要背诵。没有背诵，也就失去了外语学习的"脊梁"。不仅是背单词，更重要的是背诵课文。而英语四、六级考试的题型主要是选择。这就是学生将大量的时间花在了背语法、词汇，做大量模拟试题上的原因。学生更加看重答案的标准性、唯一性，不愿意诵读课文，忽视了课堂上的讨论和交流，从而在心理上很排斥交际活动，过分依赖教师的讲解，逐渐丧失了思考、质疑、创新的能力。虽然具备了较强的应试技巧，但交际素质很低。此外，传统的英语教学模式是单调乏味的。它严重制约了英语教与学两方面的积极性。教师在课堂上习惯地采用以讲授为中心的、单向的、非交际的"满堂灌"教学方法，单一的教学模式中教师机械地讲，学生被动地听，课堂教学无法活跃和互动起来，学生的语言交际能力得不到提高。这样一味简单地重复教学过程，也就失去了新奇性。对学生来说，他们原本处于被动地位，如果接受知识的过程始终单调乏味，课堂学习效率就很难提高。

2. 教学模式和教学方法单一

目前，我国英语的教学模式存在的问题，主要体现在两个方面：首先，我国的英语教学仍然沿用传统的模式。在英语教学中，教师不但要向学生传授必要的语言知识，还应该启发和引导学生运用所学进行广泛的阅读和其他交际等实践活动。但是，在相当长的一段时间里，我国的英语教学一直都采用"书本加黑板"的教学模式。这种模式不仅忽略了教与学之间的关系，而且忽略了英语教学其根本目的是要培养学生的交际能力。此外，学生出现了独立运用语言能力差、对教师依赖性强、"高分低能"等现象，很多学生只会考试、不会实践。

其次，教学手段单一落后。随着现代技术的发展，教学中出现了很多现代化的教学手段，学生可以在更广泛的范围内接触和学习英语。但从实际情况来看，现代教育技术在英语教学中的应用还是不够。尽管一些学校使用了诸如多媒体、网络等技术手段，但实际效果并不理想。这一方面是学生数量多与现代化设备相对少，两者之间产生矛盾，从而在整体上缺乏多媒体学习环境所导致的；另一方面是学校乃至英语教师本身不重视现代教育技术的真正作用，致使很多现代化教育设备无法发挥其训练和实践的功用。可见，要激发学生对英语学习的兴趣，提高他们综合运用英语的能力，必须改革英语教学手段，优化学生的学习环境。

3. 教材选择存在弊端

教材在很大程度上决定着课程的教学目的和教学方法，因此，对任何一门课程而言，教材的设计和选择都非常重要，甚至决定了这一门课程教学的成功与，英语教学也不例外。目前，我国非英语专业大学英语教材在内容选择上重文学、重政论，忽视了现代的实用型内容。社会各方面都得到了较快的发展。但是外语教学却止步不前。特别在教材上，教材内容已与现代社会相脱节，教材设置目的已不能满足现代外语教学的需求。虽然我国引进了合编的或原版的英语教材，并在我国本土教材的设计上有了较大改变，但是这些教材只追求"可教性与可学性"，而忽视了实用性，学生从课本上学到的知识没法在社会交际中得到应用，从而渐渐失去对英语学习的兴趣。

要想设计一本好的英语教材，应该考虑以下几个因素：

（1）好的教学指导思想。

（2）内容的安排和选择符合教学目标。

（3）体现先进的教学方法。

（4）教材的组成完整包括了学生用书、教师用书、练习册、录音带（或录像带、多媒体光盘）等组成的立体化教材。

（5）教材的设计合理，包括教材的篇幅、版面安排、图文比例和色彩等。

（6）教材语言的素材真实、地道。

总之，作为教材的直接使用者，教师可以结合以上因素为教材的设计提出建议，开发出适合我国学生的科学性教材，从而促进我国英语教学的发展。

二、大学英语教学改革需要寻找新定位

近年来，大学英语教学改革取得了明显成效：标准建设取得了重大进步。教育部于 2017 年颁布了《大学英语教学指南》，作为各高校组织开展非英语专业本科生英语教学的主要依据。教学方法取得了重大进步：充分利用现代信息技术特别是网络技术，构建基于课堂和计算机的大学英语教学新模式。项目建设取得了重大进展。全国 100 所高校成为大学英语改革示范点，教育部、财政部"十三五"质量工程的教学团队建设和教学名师评选取得成效。教师队伍建设取得了重大进步。教师整体学历和教学能力在逐年提高。四、六级考试改革稳步推进。但是必须看到，大学英语教学改革还存在很多不容忽视的问题：教学模式相对单一；大学生英语综合应用能力不强；大学生英语学习的积极性、主动性、创造性不强；教师业务水平和教学能力有待提高等。如何解决这些问题是大学英语改革的新目标。

三、课程建设的必要性

以学术英语和研究性学习为新定位的大学英语教学改革引起了国内外专家的重视。英国语言学家大卫·格雷德尔预言："英语仅仅作为一门外语来学习的时代即将结束。学习者需求的变化和市场经济的变化导致英语教学正在同传统的英语教学方法决裂。"英国文化委员会在一项大型英语调查中得出结论："将来的英语教学是越来越多地与某一个方面的专业知识或某一个学科结合起来。"在日本，大学英语课程已从"学习英语"转向"用英语学习"。在国内，大学英语教学正悄悄地从单纯基础语言培养向实用能力（包括与专业有关的英

语能力）培养转移。以东南大学为例，学期的基础英语学分已从16分降到9分，大学英语被压缩到了三个学期，而且只有不到70%的学生需要学完三个学期的基础英语，其余30%只学一到两个学期，剩下的两个或一个学期用于选修各种培养英语应用能力的课程。

因此，课程建设的必要性表现在：首先，可以给大学英语改革带来新的动力。当前大学英语课程教学主要问题在于：大学英语教学仍然以普通基础英语为主要教学内容，不具备实用性和社会交往性，无法适应经济发展的需要，课堂教学内容与就业需要关联不大，无法形成学生主动学习的内驱力；教学方法落后、教学模式陈旧，很少甚至没有吸收学生的自主性、主体性、实践性；教师和学生都无法从宏观上充分看到英语学习的即时价值和意义，把语言学习和社会、经济发展剥离开来。因此，以培养学生学术书面和口头汇报能力为目标的大学英语"研究型"课程可以给大学英语改革带来新动力。

其次，可以满足新一代大学生对大学英语课程的需求。大学英语课堂上学生沉默，学习懈怠，以及出现课上不学、课后上培训班的现象，主要是因为现有大学英语的课程设置和授课方式没能很好地迎合新时代学生的需求。最新一代的大学生在网络和多媒体环境下长大，他们用于日常交际的英语能力较过去的大学生有很大进步。但是他们的应用能力较弱，双语和全英语专业课上听课、要点记录、观点陈述，以及原版教材和专业文献阅读，论文及摘要撰写等方面语言能力缺失。《大学英语课程教学要求》提出了实施基于计算机和网络的教学模式，强调了培养大学生英语综合应用能力。因此应针对新一代大学生同一时间能承担多重任务，通过感官学习，反馈快速等特点，调整教学定位，为社会培养能熟练使用外语的工程技术人才。

最后，可以推进教师职业化进程。提高人才培养水平，最根本的是提高教师质量；提高大学英语教学质量，最根本的也是提高教师教学水平。尽管近年来大学英语教师队伍建设取得了稳步发展，但这支队伍的业务水平和教学能力还不能完全适应大学英语教学改革的新要求，这表现在观念陈旧，教师角色转变等问题上。因此在新课程体系建设的背景下，教师必然要更新观念，转变角色，提高学术水平和教学水平。

四、"现代型教学"模式

由"传统型教学"到"现代型教学"的转变，必须从教学观念、教学内容与方法等方面进行变革。

（一）教学观的转变

现代教学观是主张以教师为主导、以学生为主体、以就业为导向，实现培养目标和培养规格，并以现代新技术为支撑的教学观点。采用以网络技术为依托的实验手段，依靠计算机、多媒体和远程通信技术，对教学内容、教学组织形式进行彻底变革。利用网络教学、双向教学、远程教学拥有的软件资源，开发学生智力，培养学生自我学习与探索新知识的能力。教学、科研和应用有机结合。以现代信息技术为依托，以科研促进教学与应用。开拓新知识，增强科研意识，提高师生的实践创新能力。以研究带动应用。其重点与难点在于探索问题、研究解决问题与成果应用三个环节。前者必须具有应用意识，后者则必须具有相应的实践技能。而这种能力的培养需依靠"现代型教学"。

（二）课程观的转变

教学内容和课程体系的改革应遵循以下基本原则：必须反映当今社会的生产力水平及科技新成果，有利于促进生产力发展；要反映人才培养目标和规格需要；要体现近代文化、科技创新；要精选教学内容，因材施教，以利于学生能力的培养与可持续发展。

课程的设置与内容的选取：以社会需求为目标，以应用能力的培养为主线，设计相应的培养方案，构建相应的课程与教学内容，基础理论课程以应用为目的，实践教学应占有较大的比例，着重培养学生的应用能力。

（三）教学方法的转变

由传统方式向互动式转变。传统教学把重点放在"什么是什么"的事实类知识的传授上，学生只能处于被动的地位，并过分依赖教师的讲授，缺乏对知识结构的深入探讨。互动式教学是以动态问题为主，启发学生主动思考、积极参与，教师的主导作用是知识的引导与教学的组织，并将教师的主导思想，转化为学生自主的学习行动，从而获得好的教学效果。

由封闭式向开放式转变。现代型教学以现代高科技信息技术为依托，将以学校为主的传统封闭式教学转变为开放式教学，通过校园内外的网络开通多媒体教学、空中课堂、网上教学，及时获得新的知识。信息高速公路的实现必将成为最理想的开放式教学手段。

由理论教学向实践教学转变。传统教学着重于课堂教学，并强调理论的系统性和完整性。现代型教学则着重于实践课教学，使学生拥有充分的时间进行实训以掌握技术要领，尽快地提高学生的实践能力。

现代型教学的优点在于采用因材施教的分层次个性化教学手段。各大专院校大量扩招，导致在校学生人数多，大课教学目前还普遍存在。在此情况下，协同学习是一种很好的弥补方式，通过课堂讨论学习的方式，使学生之间学会交流、合作、竞争，以此基础积极创新环境，发现学生个性，分层次、分阶段地实施教学，逐步完成因材施教的个别化教学。

（四）现代型教学的实践模式

在高等教育领域，国际上比较成功的现代型教学实践模式有：德国的双元制教学模式，即企业与学校合作进行职业教育的模式。受训者既是企业的学徒，又是学校的学生，故称"双元制"。受训者接受理论课和实训课两门，理论课与实训课学时之比为 3：7，理论课可在学校进行，实训课在企业进行，注重受训者的实践技能、技巧的培训。

另一种是北美较为流行的能力本位的教学模式，是将一般知识、技能、素质与具体职位相结合，以整合能力管理为理论基础，以模块为课程结构的基本特征，以"学"为中心，学习以自主学习的方式来进行。首先对原有的学习能力进行自我认可，确定能力的学习目标，继而进行自学活动，随即在现场进行尝试性能力操作。参照标准进行自我评定，达到全部目标者可获得国家承认的证书和学分。

我国习而学的教学模式。这种模式提倡的是边做边学，理论联系实际，学以致用，以达到学习水平和业务水平相互促进、共同提高的目的，培养出来的人才更能适应工作岗位的要求。

（五）更新教师知识

现代型教学比传统型教学更先进，其中包括以应用为主的多种形式。要奠定坚实的现代型教学的基础，教师知识的更新是关键。教师要树立继续学习、终身学习的思想。教师不能只满足于现有的知识水平，而应不断学习，更新知识结构，使自己处于学科的前沿。教师还必须承担一些具有创新性的研究课题。通过对课题的研究和探索，加深自己的专业知识，力争成为本学科的学术骨干。

教师也应当深入生产实践，走产、学、研相结合的道路，在生产实践中获得足够的经验，力争成为"双师型"教师。

五、现代型教学的特点

现代型教学具有时代的开放性，以现代信息技术为依托，将教学、科研和应用有机结合，以教研促科研，以科研带教研和应用，与传统型教学相比具有如下特点。

（一）教学观念的创新性和前瞻性

在教学思想方面现代型教学比较注重知识的专题性、前沿性、开拓性以及对现状的把握，以现代信息技术为依托，把重点放在实践教学上，以社会需求和培养应用型人才为目标，以创新为目的。

（二）教学内容的互补性和实用性

现代型教学在高校中是将系统教学与专题研究、理论教学与实验教学、研究与应用紧密结合，教学内容的选取是以社会需求为目标、以技术应用能力的培养为主线，突出实用性，重在培养学生独立发现问题、解决问题的思维和实际操作能力。

（三）教学方法的直观性和科学性

现代型教学不仅利用传统的挂图、模型、幻灯、投影仪等教具，还充分利用现代科学技术手段，充分利用网络、多媒体，综合计算机、图形、图像处理、电子技术、影视艺术、音乐美术、教育学、心理学、教学法等诸多学科与技术，集文字、图形、图像、声音、视频、影像、动画等各种信息于一体，使抽象、深奥的信息知识简单化、直观化，缩短客观事物与学生之间的距离，并能充分调动视觉、听觉能力，集中学生的注意力，提高掌握知识的能力。

（四）教学模式的职业定向性

无论是德国的双元制还是我国习而学的教学模式，或是能力本位的教学模式，现代型的教学都以社会需求为目标，以某一岗位群为目标来组织教学，培养学生的职业能力，因此，具有明确的职业定向性。

（五）教学能力的知识性

现代型教学将基础教学与应用教学、传授知识和研究新课题结合起来，并立足于学科的前沿，培养出适应时代的创新人才。

现代型教学要求教师不断更新知识，力求在教学中做到"新、博、独、深、精"，"新"即用新观念、新思想、新方法，讲授新内容，使学生有耳目一新之感；"博"即知识渊博，讲授内容广博，信息量大，使学生广学博收；"独"即用独特的方法，讲授独到的见解，培养学生独立思考、独立研究的能力；"深"即深入讲授、深入探索、深入研究，有意识地培养学生探索和研究问题的意识以及信息调研的能力；"精"即精心准备、精心实施、精讲多练，使学生易学、易记、易用。总之，培养新世纪的高等职业专门人才，需要有全新的思想观念、优化的课程体系和高水平的师资队伍，课堂教学要以社会需求为目标。每一位从事高校教育的教师，都必须以提高学生的实际应用能力为目标，认清从传统型教学向现代型教学发展的必然性，从教学观念、教学内容、教学方法、教学模式和教师知识结构等方面深入探究现代型教学及其特点。

第四节　大学英语教学模式改革理论与实践

自我国发布实施《大学英语课程教学要求》以来，大学英语教学有了较大的进步和发展，但从目前实际情况来看，教学模式改革仍然面临着一些未解决的老问题。为了提高我国大学英语教学的质量和成效，就必须加大对教学模式的改革和创新。

一、我国大学英语教学模式改革的背景

长期以来，我国大学英语教学普遍采用较为单一的模式，大致遵循"复习旧课—引入新课—学习新课—作业布置"这样一套较为固定的教学程序且教学手段局限于课本、板书、录音机等，采用"教师讲学生听"的填鸭式大班教学，教学效果的评价主要是期末考试成绩或四、六级考试成绩，教学目的也更多是通过考试。即使最近几年随着多媒体技术的发展，部分教师将其引入课堂，但很多教师也仅仅是将黑板上的板书移植到PPT，将听力播放工具从录音机转移到电脑。因此，这样一种传统的教学模式，使得我国学生在学习英语方面存在持续时间长、应用能力差的现状。很多学生通过多年的英语学习，仅仅是为了通过考试，甚至通过考试也相当困难，在语言的实际应用能力和社会对人才英语能力要求方面存在较大差距。出现这样的尴尬局面，较为重要的原因是对教

学活动本质认识上存在偏差。教学活动不是简单的"教师教、学生学"这样一个简单的过程，它是涉及教师、学生、教材、教法、教学理念及手段、教学评价方式等多种影响因素的复杂过程。因此，要想提高教学效果，就要结合我国英语教学的实际情况，认真分析影响教学效果的多种因素，改革教学模式，从而推动我国大学英语教学不断发展。

二、我国大学英语教学模式改革的主要支撑理论

（一）认知主义

按照学习理论的分类，教学理论可以相应地分为联结说理论和格式塔理论。联结说理论在 20 世纪 60 年代发展为行为主义，而格式塔理论则发展为认知主义。认知主义将知识的实质、如何获得知识、怎样把知识应用到创造性活动等作为研究范围。行为主义认为学习是受外部环境的支配而被动地进行"刺激—反应联结"的过程，是在不断地练习和强化的过程中形成的类似于条件反射的习惯。而认知学派则认为学习是学习者内部心理结构的形成和改组，该过程包括信息输入和输出的加工。学习者在获得新知识的过程中，其本身已经拥有的知识、经验发挥了极其重要的作用。来自外部信息的输入刺激会将学习者长时记忆的信息激活，而被激活的认知结构则对学习者消化吸收新信息提供了"必要的机制"。因此认知主义认为学习者获得知识不是依靠教师的灌输，不是被动地接受者，而是要作为学习活动的主动参与者去探索发现。因此，从认知理论的角度出发，学习语言是一项复杂的知识技能的习得过程，学习者可以利用元认知了解整个学习的过程，并据此制订学习计划、自我监控学习过程、开展学习效果的自我评价等。

（二）建构主义

学界通常认为建构主义是认知主义的发展延续，它不是一种完全区别于认知主义的观念，但两者存在的不同之处是建构主义更加强调知识构建过程中的主观性。在构建主义者看来，语言知识的获得是在一定的社会文化背景之下，借助他人帮助并利用学习语言的资料，通过意义构建而习得的过程。因此，学习语言的过程并非教师将知识单向传递给学生，也并非简单的信息积累过程，而是学习者主动地构建自身知识的过程。在这个构建过程中，教师起到帮助者和促进者的作用，学生成为教学的中心，是主动参与者。同时，构建主义者还

强调知识构建的情景，在一定的情景下学习者可以通过互动和合作进行学习。学习者在习得语言知识的过程中，要依靠自我经验及别人的协作，教师在这一过程中设计适宜的教学情景，激发学生学习的动机并使其学会自主学习，帮助学生构建所学新知识的意义。

（三）人本主义

人本主义是 20 世纪五六十年代兴起的一个重要学术流派。该流派不赞同行为主义者将人当作动物或者机器而忽视了人本身发展的观点，同时也不赞同认知主义重视认知结构而忽视人的价值、态度、情感等因素对学习所具有的影响。它认为在学习过程中，学习者具有主体地位，强调学习者的潜能和学习过程。人本主义是从一个全新的角度来研究学习的，它看重学习者的自我实现。根据人本主义的观点，语言教学不是教育的全部，因为学生都是活生生的人，他们是有自己思想、情感、各种需求的。教育是帮助学生学会学习，赋予学习经验个体意义，促进学习者的成长。因此，教师不应当将学生简单地看作教育对象，而应将其视为学习的主体，是整个教学活动的平等参与者。

大学英语教学式改革的理论基础学习不再仅仅是简单的认知成分的参与，而是要使学生在学习过程中实现自身潜能和更全面、更充分的发展。教师在这一过程中，不仅仅是学生学习的促进者和帮助者，还应当是学生人格成长方面的促进者和帮助者。

三、我国大学英语教学模式的改革方向

（一）改变教学理念

我国大学英语的教学已有很长历史，也陆续从其他国家引入了不少教学理论和方法，但因我国大学生人数多、英语教育资源不足等，很多教学理念和方法都没有很好地与我国高校实际相结合，且很多教学理念和方法都停留在口头上。如果从现代先进的教学理念出发，结合我国实际，就能更好地提高大学英语教学的成效。

1.改变以教师为主体的教学思想

多年来，传统的英语教学模式均以教师为主体，导致耗费时间较多，效率较为低下。因为这样的教学方式忽略了学生在学习过程中的参与，忽视了学生是学习主体的客观规律，使学生的能力发展与当前普遍认同的教育理念背道而

驰，也背离了我国高校深化课堂教育改革的主题。因此在教学过程中，应当将学生作为整个学习的中心，努力培养其自主学习的能力。

2. 改变以传授语言基础为主的教学方式

英语词汇、语法等基础知识是一种积累，而听说读写译等应用能力则是在此基础上的提高。不具备一定的基础知识，语言的应用能力就是无本之木，但是具有基础知识并不代表具有应用能力。学习一门外语的目的就是在实践中加以应用。只有改变传授语言基础为主的教学方式，在打好基础的同时并重语言的应用能力，才能适应社会对人才的需求。

3. 改变"授人以鱼"的教学现状

在传统的大学英语教学过程中，普遍存在"重知识、轻能力"的现状。包括语言在内的知识都在随着时代的进步不断更新，终身学习的理念已经得到国际教育界的普遍认同。只有改变英语教学中重知识的传授而轻视语言学习方法的状况，才有利于学生今后的不断学习、不断发展。学生只有学会了学习的方法，才能在无教师的情况下，自主学习，并进行自我的提高。

（二）创新课堂模式

传统的课堂模式因形式单一、班级人数较多等因素的制约，采取一刀切，很难尊重学生的个体性和差异性，不利于不同学生个体的英语学习，因此应当对其进行创新。改进传统课堂模式的同时，应充分利用新型课堂模式。

1. 采用自主式教学

为了使学生更好地学习英语，为其今后继续学习打下基础，应当帮助学生进行自主、自觉、独立的学习。要实现自主式教学，就应当改变目前将英语学习作为学生毕业硬性指标的现状。要实现自助式教学形式，可根据学生实际情况，采取分级教学，并根据学生的不同情况，在课堂设计时充分考虑不同层级学生的需求，避免一刀切导致有的学生不够学，有的学生压力大。

2. 充分利用网络教学

网络教学不仅可以充分利用文字、图像资源，还可以有机结合声音、动画等，极大地提高英语学习的趣味性，激发学生学习英语的兴趣，增强学生学习的主动性。网络教学可以由网络即时交际、网络资源检索、网络学习评价、休闲娱乐等多种方式组成。在此类学习过程中，教师要加强对学生在学习过程中的引导、监督、反馈等。

3.革新传统教学

虽然传统的课堂教学存在一定的弊端，但其在长期发展过程中积累了很多可取之处，不能仅仅因为创新而完全将其舍弃。而是在采用各种新型课堂形式的同时，革新传统教学，"取其精华，去其糟粕"，为学生学习英语创造和谐宽松的环境，不断提高教师教学技能，更新教学理念，多管齐下，提高大学英语教学成效。

（三）改革评价方式

长期以来，总结性评价模式将考试作为我国大学英语教学最重要的评价手段，这样的评价方式显得比较单一，不利于形成全面性、多样化的评价体系，也在一定程度上导致学生甚至相当数量的教师重视考试结果而忽略语言能力的提高，更不利于大学英语教学模式的改革。《大学英语教学指南》就为改革提供了政策上的导向，它提倡大学英语教学评价从传统的终结性评价转变为形成性评价与综合性评价相结合、教师评价与学生评价相结合的模式。根据学习的本质，大学英语教学效果的评估更多的应是强调对学习过程的评价而不是对考试成绩的过分重视。以往的评价方式主要注重结果，而新的评价方式贯穿整个教学过程，评价可以在平时教学过程中不断进行。这样综合、即时的评价能使师生得到快速反馈，教师可以根据反馈及时调整和改进教学过程中的不足，学生也可以更快地了解自己学习过程中掌握语言能力的实际情况。新的评价方式还强调"考试应以评价学生的英语综合应用能力为主，不仅要对学生的读写译能力进行考核，而且要加强对学生听说能力的考核"。不仅仅要对学生的考核评价，还包括对教师在"教学态度、教学手段、教学方法、教学内容、教学组织和教学效果"等方面的考核。学校应采用这样的评价体系，不像过去那样仅仅以期末考试，四、六级考试等考试成绩来评价本校的英语教学效果，而是更加注重提高教师的教学能力和学生的英语语言能力及个人的发展。

近年来，我国在大学英语教学方面有了显著的进步，尤其是在教学模式方面有了较大的发展，学生的英语水平也有了很大的提高。但世界各国往来更加频繁，相应的我国大学英语教学模式也必须不断改革发展，这样才能满足社会对人才提出的新要求。

第五章 大学英语教学方法发展研究

第一节 交际教学法

交际法是 20 世纪 60 年代末 70 年代初英国的应用语言学家在否定结构主义教学法的理论基础上提出来的。其基本概念为"意念""功能""交际"。"交际教学法强调第二语言或外语教学的目的是使学生获得交际能力。"因此，教学以语言功能为对象，教学过程应该是学习用语言做事的过程，其最终目的是在不同的场合对不同的对象用目的语进行得体的交际。交际法是以语言功能为纲、培养语言交际能力的一种教学方法体系。由于交际能力常常被认为是运用语言来完成各种功能或表达各种意念的能力，所以交际法又称为功能——意念法。

交际法的产生与语言学理论的发展有着密切的关系，具体地讲，与人类语言学、社会语言学和语用学有密切联系。交际法产生和发展的这二三十年是语言学研究空前繁荣的时期。现代语言学及其边缘科学的迅速发展为交际教学思想的形成奠定了坚实的基础。其直接的理论兴起于 60 年代的广义功能主义语言学，包括系统功能语法、社会语言学、语用学、篇章分析理论及跨文化交际学等。这些新兴学科的兴起，使人们开始考虑语言的使用和社会功能，以及使用语言的社会环境和文化背景。这些理论在教学上的体现就是注重交际能力，交际是人类自然语言最根本的功能，语言学习不仅应该重视结构、规则、形式的掌握，更应该强调语言的社会功能以及学习者的交际需求。学生不仅应该学习必要的语言知识，还应该学会正确得体地使用语言。语言教学不应该以句子为单位，而应该以篇章为基本单位。语言学习实际上也是一个跨文化体验过程。这些成果构成了交际语言教学思想的核心。

交际法的语言理论基础主要来自社会语言学家戴尔·海姆斯的"交际能力"理论和英国语言学家韩礼德的功能语言学理论。20 世纪 50 年代末乔姆斯基在批判行为主义语言学理论的基础上，提出了"语言能力"的概念。他认为，语言能力是某种远比语言本身抽象的指示状态，是一套原则系统、一种知识体系，因此语言能力并非种处世能力，甚至也不是一种组织句子和理解句子的能力。美国社会语言学家、人类学家海姆斯认为，语言能力是一种处世能力，即使用语言的能力。海姆斯提出的交际能力包括以下几方面：合乎语法、适合性、得体性、实际操作性。迈克·卡纳尔和美林·斯温又将戴尔·海姆斯的"交际能力"理论进一步扩展，包括语法能力、语言能力、语篇能力和策略能力。

韩礼德的功能语言学理论功不可没。他认为，语言是表达意义的体系，不是产生结构的体系。韩礼德进一步研究了语言的社会功能，他的意义潜能理论是对交际法产生重大影响的另一个核心理论。意义潜势是语言能够做事情的行为潜势的实现，换句话说，意义潜势是指"能够通过语言做事情"，表现在语言上就是"能够表达意义"。他从语言运用的角度提出语言有三大功能：认知功能、建立和维持人际关系的功能及连贯脉络功能。以往的语言学局限于研究认知功能，忽视后两种功能。在这种思想指导下的教学理论只注重语言形式训练，只求掌握认知功能，结果学生却不会使用语言，掌握不了交际能力。

与此同时，社会语言学的发展也大大开阔了人们对语言的认识视野。突出的点就是语言的运用与许多社会因素有直接、密切的关系，似乎每个社团都有自己一套使用语言的规则：什么场合讲什么话，对什么人讲什么话，如何赔礼道歉，如何抱怨批评等，都是有某种规范的。甚至有人说，在得体性上的失误所造成的严重后果远远超过语法错误所引起的后果。

交际法的心理学理论是意念论。意念这个词属于心理学的范畴。思维是人的一种心理现象，作为人脑反映现实的思维活动形式，是人类共有的。人类的思维具有共同性和普遍性。使用不同语言的各个民族有共同的意念范畴特别是比具体意念抽象程度更高一级的意念范畴，而人的思维又可以分为有限的意念范畴，各个意念范畴又可以分为若干个意念项目，意念项目还可以分为细目，同一个意念项目，各个民族又用几乎完全不同的语言形式来表达。常用意念项目及其常用的语言表达形式构成了某种具体语言的共同内核。因此，采用语言的功能进行教学就是运用这些共同的、有限的意念范畴以达到掌握一门语言的目的。由于人类的思维有共同的、普遍的意念范畴，所以常用意念项目就成为欧洲现代语言教学的共核，成为欧洲现代主要语言教学大纲的基础。由此，常用意念项目及其语言表达方式就成为现代语言教学的依据。交际法就在意念理论的基础上编写教学大纲。

　　除以上提及的语言学、心理学的发展外，欧洲又给它的出现提供了社会背景。70 年代初期欧洲共同体成立，各国之间的交往迅速扩大，而语言不通成了一大障碍，妨碍了布鲁塞尔机构的运转及西欧各国的交流。鉴于这种情况，欧洲文化合作委员会十分重视成人语言学习问题。此后，共同体的文化合作委员会召开会议，专门讨论成人外语教学问题，讨论制订欧洲现代语言教学大纲。在此期间，出现了一批极有影响的文章，中心思想是把语言看作人与人之间的交际工具。外语教学必须从交际目的出发来决定教学内容和科学方法。交际法的创始人是英国著名语言教育专家大卫·威尔金斯。他于 1972 年在第三届国际运用语言学会议上作了"语法大纲，情景大纲和意念大纲"的报告，4 年后又相继出版了《意念大纲》和《交际法语言教学》，标志着交际法的诞生。其代表人物主要有大卫·威尔金斯、H.G. 威多森、C. 布伦特、C.N. 坎德林等。

　　交际教学法在外语教学实践中演化成为两个版本，即强势和弱势，两者的主要区别在于如何看待交际与教学以及如何对待语知识的问题上。强势交际观把二语 / 外语的获得看作是交际活动的结果，坚持要直接通过交际活动习得（acquire）交际能力，认为外语教学的目的是 using the language to learn；弱交际观认为，应该把语言作为交际工具来教，交际活动的目的是掌握目的语，认为外语教学的目的是学会运用语言。

　　交际法教学学习理论，主要包含三项原则：

　　1. 交际原则，涉及真正交际行为的活动能促进语言学习。

　　2. 任务原则，活动要求用语言去完成 / 执行有意义的任务，这样的活动能促进语言学习。

　　3. 意义原则，对学习者有意义的语言能促进语言学习。因此，学习活动的选择要依据其在多大程度上能使学习者参与到有意义的、真实的语言运用之中（而不是机械的句型操练）。

　　以上原则说明了什么样的条件能够促进第二语言学习。交际法让学生在真正的交际活动中参与有意义的活动，完成一定的学习任务以达到培养语言交际能力的目的。

理查德和罗杰斯对交际教学的原则做了如下概括：

1. 学习者是通过用语言交际学会一门语言的；

2. 真实的和有意义的交际应成为课堂活动的目标；

3. 流畅性是交际的一个重要方面；

4. 交际涉及不同语言技能的协同作用；

5. 学习是一种创造性的建构过程，包含对错误的尝试。

交际法的教学原则具体表现为以下内容：

1. 强调语言的意义和运用，而不是语言的形式。在教学中将语言运用的流畅性摆在首位。

2. 语言学习目的是学会运用语言进行交际，而学习掌握外国语语言的最佳途径是用所学语言进行交际。

3. 从学生日后的工作生活的实际需要出发来确定教学目的，制定教学内容。

4. 使学生勇于投入创造性地使用语言的活动中，在不怕失误的体验中获得交际能力。

5. 以语境为尺度衡量语言使用的准确性。

6. 机械训练不作为主要教学手段。

7. 语音达到能被人听懂的水平。

8. 阅读和写作可以从初学开始。

9. 审慎使用母语。

10. 语言错误是学生在学习过程中是不可避免的。学生学习外语的过程是个从常常出现错误的不完善阶段逐渐向不出错误，达到完善的阶段的过程。对不完善阶段语言中的错误不必纠正。

11. 语言材料要来源于真实的话语。

12. 主张给学生的摄入量要大，教材选材范围要广，促使学生有充分的感性认识和宽广的知识面。

英国语言学家 D. 布朗对交际法课堂教学提出四条标准：

1. 课堂学习的目的，完全集中在交际能力的所有组成部分，而不限于语法或语言能力。

2. 形式并不是安排课文顺序的主要框架，而功能才是主要的框架。形式是通过功能来学到的。

3. 准确性在传递信息中的作用是第二位的，流畅性比准确性更重要。成功的交际法的终极目标是传达与接受所表达的意思。

4. 在采用交际法的课堂上，学生必须在未经预演的语境中创造性地使用所学语言。

从上述标准可以看出，交际法依据功能意念大纲组织课堂教学，强调语言的社会功能，特别是强调培养学习者的语言理解能力、表达能力、相互沟通思想的能力、创造性使用语言的能力。交际法注重学习主体，关注学生活动，强调以学习者为中心，教学过程交际化。"交际"不仅仅指相互间的语言信息的表达，它包括人与人之间一切思想感情的交流，是一种活生生的交际过程。

交际教学法把交际能力的培养作为教学的主要目标，在试图运用交际教学法的实践过程中，人们也发现了交际法自身的局限性，尚有难以解决的问题。首先，语言的功能项目很多，而且没有一个统一的标准，哪些功能应列入教学大纲，顺序如何排列，都是有争议的问题，而且不易统一；其次，在编写交际法教材时，最大的困难是如何使题材、功能和语法融为一体；再次，实践证明，理想的效果是语言能力和交际能力同时发展，齐头并进而不只是强调其中的某一方面；最后，把教学过程交际化是个理想，实现起来并不容易，努力使课堂教学交际化的同时，往往会忽视语言的准确性，而基本功较差的学生，也不可能训练出理想的交际能力。

交际教学法由于过分注重交际的流畅性，而忽略了语言的精确性。交际教学法反对系统地教授语法，忽视语言知识的系统性和整体功能，语法教学服从于交际教学，语法项目的安排也随交际教学的要求安排，语法教学本身缺少系统性和阶段性，有些语法项目甚至被完全忽略；交际法时期，语法教学是没有什么地位的。即使交际法提倡者并不否认语法教学对交际能力的作用，但在实际教学过程中，对交际意义的过于关注，使得语法教学被排除在外。20 世纪70 年代后期，斯蒂芬·克拉申的监控理论曾一度控制了整个北美外语教学界。斯蒂芬·克拉申认为语法不应该进入课堂活动，因为语法所起到的作用只是边缘性的，语法教学对二语能力的发展只起外围、很小的作用。他认为语法教学的影响会随着时间的推移而逐渐减弱。斯蒂芬·克拉申及后来的 B. 施瓦兹提出语法只能被学习者从可理解输入中无意识地习得，教语法或纠正学习者的错误对他们的语言系统产生不了任何影响。他们的主要观点是认为不需要显性的语法教学，而是通过大量的以意义为中心的语言输入，让学习者自然而然地习得目的语语法。此外，由于过分注重语言的意义，强调语言使用的得体性，从而忽略了二语能力的培养。可以想象如果根本没有语言能力的基础，既不能像样地发音，又没有一定量的词汇，更不会遣词造句，那又怎样使我们的语言富有意义，更不用说去要求语言的得体性了。语法能力是语言能力的重要组成部分，语法的错误会对交际起阻碍作用，所以在教学中全然否定语法的作用是不可取的，培养交际能力不能排斥学习语法知识，如果学生没有掌握语法规则，就不可能产生创造性的准确的语言，获得较强的交际能力。准确的语言能提高交际能力。不符合语法规则的语言因为不能准确传递意义，是无效的。没有掌握一种语言的语法，就谈不上掌握了这种语言，更不要说运用这种语言进行交际。另外，没有语言结构知识，就不能将句子拆分成更小的语言单位并确定结构之间的意义关系，进行从下到上的精确理解。交际能力虽然突出地体现在口头表达上，但也不能忽视理解和书面表达。许多语言学家都肯定语法与交际能力之间的关系。例如，戴尔·海姆斯认为语法很重要，所以"对待语法在整个外语教学中的地位和作用问题，已经不是语法该不该教的问题，而是教什么和怎么教的问题"。

第二节 直接法

19世纪，欧洲的资本主义得到了进一步的发展，国际政治、经济形势发生了重大变化，尤其是通商贸易，各国之间的交流需要进一步增强，语言不通成为发展的障碍。社会的发展要求更多的人学会外语，参与国际生活，这为外语教学提出了新的要求：口语能力的培养是外语教学的主要目的，语法翻译法满足不了这一新的社会需要。人们日益认识到，现代外语首先是一种有声的交际工具，直接用于社会交际实践。口语是书面文字的基础，口语既是教学的目的，又是教学的手段。现代语言的教学日益受到重视，到19世纪五六十年代在西欧一些国家已经酝酿着一场外语教学的革新运动，其矛头直指"语法翻译法"。直接法便是在这种社会需要的背景下产生的。

19世纪末，结构主义语言学的兴起为外语教学法的发展开拓了新的空间，1886年国际语音协会成立。1888年，国际语音协会从结构主义语言学的角度对语言单位进行了科学的分析和系统的分类，产生了标准国际音标，它为外语教学从书面语的教学转向口语教学铺平了道路。国际语音学会的成立和国际音标的制定对推动"直接法"的形成和发展起到巨大的作用。该协会倡导如下原则：

1. 以口语作为外语教学的主要内容。

2. 加强语音训练，以培养良好的发音习惯。

3. 学生通过学习连贯的课文、对话、描写、叙述，掌握外语的最常用的句子和习惯用语。而且，课文要尽量容易、自然、有趣。

4. 学习初期，教语法时要用归纳法，把阅读中遇到的现象加以归纳总结。系统地学习语法要放到学习的后期。

5. 教师授课应使用目标语而不是用母语。教师要尽量用实物、图片或外语解释来代替用母语翻译。

6. 到学习后期开始教写作时，写作的练习活动应按以下顺序安排：首先，重写读得很熟的课文；其次，重写教师口头讲述的故事；最后，自由写作。把外语译成母语或把母语译成外语的练习应该放到最后阶段。

在这个时期，语言学家对于如何教授外语也十分感兴趣。1899 年，亨利·斯威特出版了《语言实用学习法》，他在书中阐述了教学法的基本原则，其中包括：

1. 精心选择教学内容；

2. 对所教授内容规定一个界限；

3. 按照听、说、读、写四项技能安排教授内容；

4. 按照从易到难的原则安排教学材料。

德国的外语教学家 B.W. 菲埃托在 1882 年出版了《语言教学必须彻底改革》一书，该书是反对语法—翻译法、提倡直接法。菲埃托批评翻译法只重视文字，不重视口语，提倡语音教学，提倡模仿式教学。

外语教育家贝 M. 贝利兹所创办的"贝利兹外语学校"遍及欧美两洲，无不采用直接法，效果良好，引起全世界的注意。他相信他的方法是幼儿习得母语的心理过程的系统应用，整个课程是按学习母语的自然过程设计的，并努力创造近似幼儿习得母语的自然环境和条件。贝利兹极力主张课堂教学使用外语，反对用翻译进行教学，因为经常使用母语不利于培养学生的外语语感，克服不了母语的干扰。他认为所教授的词汇及句子应是日常生活中的词汇和句子；具体的词汇应通过演示、物体及图片教授，抽象的词汇应通过联想讲授；他强调口语和听力，同时强调正确的发音和语法，认为语法应通过归纳法讲授；贝利兹课本遵循严格的编写原则：贴近生活，内容生动有趣，循序渐进，取材由具体到抽象、由近及远、由已知到未知。

法国外语教育改革家 F. 古安的代表作是《语言教授法和学习法》，曾轰动西欧外语教学界。他尝试基于对儿童时期学语言的观察建立外语教学法；他认为句子是交际单位，教外语要一句一句地教，不教孤立的单个词。

英国的著名外语教育家哈罗德·帕默是后期直接法的代表人物。他有两部理论著作：《科学的外语教学法》和《外语教学诸原则》，还有两部教学方法论著：《外语教学的口授法》和《通过动作教英语》，并出版了多种教学参考书。帕默认为，语言是一种习惯，学习一种语言就是培养一种新的习惯。习惯的养成一般不靠智力和逻辑，而靠反复使用。所以，学习一种外语要学习句子，不是学习理论规则，把常用的句子练习到脱口而出，也就是养成了一部分新的习惯。进一步讲，语言学习不是科学研究，而是获得一种艺术；艺术停留在口头上是没有用的，而是多次模仿，长期练习。帕默提出了 9 条外语教学原则：

1. 初步准备工作（让学生养成正确学习习惯）；

2. 养成习惯（脱口而出的话就是正确的外语形式）；

3. 准确性（供学生使用的语言必须符合规范）；

4. 循序渐进（具体指：听先于读，吸收先于复述，消极领会先于积极复用，复用先于活用等）；

5. 按比例教学（兼顾到所有要训练的项目，同时又有轻重缓急）；

6. 具体性（先讲具体的东西，再学抽象的；先直观后想象；先实例后理论）；

7. 趣味性；

8. 教学顺序（弄清应该先教写还是先教说，先教词还是先教句子等）；

9. 采用多种方法（对各种方法应持兼收并蓄的态度）。

菲埃托、斯威特、帕默、贝利兹及 19 世纪的其他改革家尽管在如何教授外语上都有自己独到的看法，但总体来看，他们认为：

1. 应以口语教学为主，这应反映在以口语为基础的教学法中；口语优先和听说并进的原则是根据幼儿学语首先从听说开始，然后学习文字符号的规律提出的。

2.语音学的知识应被应用于教学及教师培训中。

3.学习者的语言输入应首先是听，然后再看书面材料。

4.词汇应在句子中讲解，句子应在有意义的语境中教授。

5.应采用归纳法讲解语法，即学习者应在具体语境中先接触语法规则，然后总结语法规则。

6.虽然可以使用母语解释生词，检验学生对所学材料的理解情况，但讲授中应避免使用翻译法，使学生直接地从外语的使用过程中学会这门语言，建立词与意义之间直接的联系。

7.语音和语法要做到准确。语音的准确性关系到交际时的理解，文法的准确性确保表达和书写语言的正确。

总之，语言学、心理学和教育学为直接法的产生奠定了理论基础。例如，语音学对欧洲几种主要语言的语音体系已做出了全面科学的描述，提出音和字母对应关系的理论；语法学对这些语言的语法结构已进行全面的描写和初步的对比；词汇则提出语义随语境变化等理论；语言学的研究成果证明：不同语言的结构和词汇不存在完全的对等关系，这从根本上动摇了以逐词翻译为基本手段的语法翻译的理论。心理学和教育学此时也都在研究学生的年龄特征、记忆能力、刺激和兴趣在学习中的重要性等问题。心理学家提出的整体学习的学说，使人们注意到在外语教学里，必须让学生从一开始就学习句子。直接法遵循"以句子为基本单位"的教学原则，直接法认为，句子是口头交际的基本单位。幼儿学语是整句整句学的，不是先学单词和语法规则，然后按规则拼凑单词进行表达。学习外语也应以句子为单位，整句学、整句用。原因有四：其一，句子是最小的交际单位，掌握后可以直接用于交际；其二，许多词的具体意义和用法只有在具体的句子中才能得到确定和体现；其三，通过句子学习语音、语调，学得地道、纯正；其四，以句子为单位学习，容易把语言中具有民族特色的惯用语学到手。句型教学就是从这样的一个认识基础上发展起来的。让学生先掌握句子，在掌握句子的基础上认识句型，分析有关语法点，包括句法和词法，以加深对句子的理解和使用。先掌握语言材料，再教里面包含的语法点，这就是直接法的语法归纳教学法。

概括起来说，直接法是以"幼儿学语"理论为基础的，即仿照幼儿习得母语的自然过程和方法，来设计外语教学的过程和教授方法。因此也称为"自然法"

英语直接法就是直接教英语的方法。直接法包含三方面：直接学习、直接理解、直接应用。《韦氏国际大辞典》对直接法下了一个定义："直接法是教授外语，首先是现代外语的一种方法，它通过用外语本身来进行的会话、交谈和阅读来教外语，而不用（学生的）本族语，不用翻译，也不用形式语法（第一批词是通过指示实物、图画或演示动作等办法来讲授）。"括号内的话，在1950 年后的版本中被删去。直接法是在外语教学改革之后形成的一个新学派，直接法主张外语学习是一个"直接"的过程，不需要翻译，不需要讲解语法，也不需要利用学生的母语，只需要运用外语直接进行教学、会话和阅读。他们认为学习外语的过程与儿童学习母语相同，是一个"自然"的学习过程；在学习中，口语是第一性的，学生的思维应直接与外语联系，而无须通过母语"中介"。

直接法的优点是：

1. 强调口语和语音教学，抓住了外语教学的实质。

2. 注重实践练习，通过句型教学，使学生在语言实践中有计划地学习实用语法，发挥语法在外语教学里的作用。

3. 有利于学生外语思维和言语能力的培养。

4. 采用各种直观教具，广泛运用接近实际生活的教学方式和方法，较为生动活泼地进行教学，大大提高了外语教学的质量，丰富了外语教学法的内容；引起学生学外语的兴趣，有利于调动学生学习的积极。

5. 编选教材注意材料的实用性与安排上的循序渐进。

直接法的缺点表现在以下几方面：

1. 学生在学校里学习外语和儿童在家里学习本族语之间有相同的地方，但也有不同的地方。在外语教学里忽视青少年或成年人学习外语的特点，完全照搬儿童在家里学习本族语的方法，会给外语教学带来不必要的困难。

2. 青少年或成年人已经牢固地掌握了本族语，这一事实对学习外语既有有利的一面，也有不利的一面。直接法只看到它的不利一面，而看不到或忽视它的有利面，在外语课上，生硬地排斥或禁止使用本族语，结果给外语教学带来不必要的限制和麻烦。

3. 在口语和书面语的关系上，在听说与读写的关系上，在处理语法和实践练习的关系上，一味强调或夸大一个方面，而忽视或否定另一方面，不能科学地处理好它们之间的关系，也不能充分发挥它们之间的协同作用。

4. 它突出强调了外语教学的实用目的，而不大注意教育目的，所以用此法培养的学生，就其多数而言，在其独立工作能力和语文学修养上，特别是在阅读高深的文献的能力上，仍赶不上用语法翻译法培养出来的学生。因此在历次论战中，遭到反对派的非议。

我们来看一下直接法教学对语法学习和教学的看法：上文我们已经提到直接法在讲授语法时采用的是归纳法，直接法的倡导者认为学习书本语法的主要目的之一是使学习者文句更正确通顺，能判断出句子是否正确学习外语同儿童学习母语一样，也要让学生先掌握实际语言材料，然后再从他所积累的感性语言材料中概括或总结出语法规则，用以指导日后学习；一般不应在学生尚未接触到任何感性语言材料之前便灌注抽象的语法规则，令其背诵语法定义。学习外语，就要把相当大的力气用在外语语法结构的实际掌握上。直接法教学同样重视语法的教学。

第三节　语法翻译法

语法翻译法时期即语法教学古典时期或传统语法教学时期，早在两千多年前，研究一门外语，最初是古希腊语和拉丁语，主要就是对其进行语法分析，用语法术语详尽地描绘目的语的形态特征和句法结构，以及进行书面语的翻译。如果把外语教学法发展史分为前科学时期和科学时期的话，那么语法翻译法便是前科学时期的产物，而不是语言学、教育学、心理学诸学科的自觉的综合应用。

语法翻译法是指用母语来教授外语的一种方法，而且顾名思义，在教学中以翻译为基本手段，以学习语法为入门途径。学习一门外语主要是通过将目的语翻译成本族语，背诵记忆语法规则和词汇，并通过大量的语法翻译练习来强化记忆。其特点是强调语法知识的掌握，认为语言学习实质上就是学习一套外语语法规则。

18—19 世纪的语言学家对语言的认识及当时的社会需求有助于语法翻译教学法的产生，同时随后的语言学和心理学的研究也为语法翻译法提供了理论依据。18 世纪的语言学家对词类的研究和划分为语法翻译教学法的形成打下了重要的基础。当时的语言学家通常把语言整体看作是词类的划分，并认为掌握了词汇，即掌握了所学语言。18 世纪，斯多葛学派最先确定了语法的范畴，包括时态语态、非限定动词等。之后，亚历山大学派在研究词的基础上确定了八大词类：动词、名词、形容词、代词、副词、介词、连词和冠词。18世纪的学者对词类的研究及词类的划分为语法翻译教学法的形成打下了重要的基础，语法翻译教学法正是依赖于这些语法术语和词类的名称进行课文分析和讲解，并依靠这些基本概念逐步形成较为完整的语法体系。此外，该时期的语言学家把语法看作是一种黏合剂，并认为语言学习者只要能够按照语法规则将词汇黏合在一起即可表达思想，也就是掌握了所学语言。在这一认识的基础上，通过对语言规律的研究和分类，他们逐步建立了"希腊—拉丁语法体系"。在这一体系下确定了主语、谓语、表语、定语、状语等，"希腊—拉丁语法体系"的建立初步完成了语法翻译教学法的轮廓和基本的框架。在以语法翻译为基础的教学过程中，语法被当作是所教授语言的核心，也是语言学习的主要内容，因此教学的中心任务就是教授语法规则，传授语言知识，各种教学活动均以是否掌握了语法规则为准绳。同时，当时的语言学家认为书面语是语言的精华，认为学习者应该通过学习书面语来掌握语言，因此，这一认识为语法翻译法的教学内容确定了相应的范畴；在语言学习和语言教学中，心理学更关注语言的使用者和学习者。乔姆斯基的心灵主义认为人类与生俱来就有形成某些概念的能力，而概念的形成是人类习得词汇意义的先决条件。因此，心灵主义的观点支持语法翻译法在外语教学中的运用。

当时人们普遍认为，语言就是词汇加语法，因此学习一门第二语言，就是学习它特有的词汇和语法，掌握了全部语法规则和一定数量的词汇，也就掌握了该门语言。因此在回答"教什么"时，语法翻译法的答案是：词汇和语法。于是它把死记硬背大量单词和语法规则（还有语法定义、例句等）作为教学的主要内容，把掌握它们作为教学的主要目的。早期语法翻译法教授外语生词和语法往往是分头进行，都要求学生死记硬背，语法往往有单独的课本，按其自身的体系来讲授。中期的语法翻译法已开始注意克服语法教学和生词教学严重相脱离的弊端，尽可能而且尽早地把两者结合起来，有计划地统筹安排，遵循由易到难、由简到繁等一般教学原则，通过有意义的课文来实施。在处理语法与词汇的关系上，语法翻译法把语法置于首位。因为人们认为掌握一门语言，就是掌握该语言的规则，具有用这种语言理解和表达的能力。因此，语法是关键，只有经过语法分析，才能理解外语句子，也只有合乎语法规则的句子和由这样句子组成的文字材料才是正确的句子和文本。此外，当时人们认为语法在很大程度上也就是逻辑，因此学习语法也就是学习逻辑。语法学习和语法分析被认为是"磨炼智力的体操"。学习语法的同时，也在训练演绎推理的能力、分析的能力等，因此，十分重视语法教学。在讲授第二语言时，教师使用母语，把生词及课文中的句子逐一译成母语，翻译是讲解生词和课文的基础。语法翻译法一般采用演绎法教学，即先教抽象的定义、规则，辅以实际的例词、例句，并把例词、例句翻译成母语，以帮助学生理解所学规则，用它们作为指导，来分析以后学习中所碰到的语言现象，以求正确理解并造出合乎语法的句子，从而达到表达的目的。在语言教学中语法规则实际上是语言理论，而且是主要的理论。语法翻译法主张在教学中"理论先行"，以后学生学习语言就在语法规则指导下进行。语法翻译法在语法教学问题上受到古代崇尚理性的理性论哲学思想的影响。教师讲授之后，以语法练习的方式来操练，语法练习多采用把母语译成第二语言，因此，翻译不但是讲解词汇、课文的基础，也是检测学生是否理解所学内容的基本手段。这种教学方法十分注意语法的形式，而不太注意句子的意义，所使用的例句往往脱离语境。

语法翻译教学法具有独有的特点及经历了漫长的发展过程，到20世纪中期，经过历代教育家的不断努力和实践，克服了古典翻译法中些缺点，从而发展成近代的"译读法"，即主张从语言开始，在教字母的发音，讲解发音部位和方法，在词、词组和句子中练习发音的同时，开始注意阅读能力，把阅读教学放在首位，并贯穿始终。由于他们意识到语法是阅读和翻译的前提，因而在实际教学中，语法仍占十分重要的地位。正因为如此，近代的翻译法仍被人们称为语法翻译法。每篇课文都体现几个语法项目，例句和练习都是配合语法项目的练习而编写的。讲解课文多是围绕语法难点来进行的。然而翻译依然既是教学手段又是教学目的。

综上所述，语法翻译法具有如下特点：

1. 学习外语就是学习它的语法和词汇；

2. 学习外语，语法既是最终的学习目的，同时又是重要的学习手段；

3. 教学用母语进行，翻译是讲解、练习和检查的基本手段；

4. 以词为单位进行教学；

5. 以文学作品名篇为基本教材，着重阅读，着重学习原文或原文文学名著；

6. 在外语教学里利用文法，利用学生的理解力，以提高外语教学的效果；

7. 在外语教学里创建了翻译的教学形式；

8. 使用方便，只要教师掌握了外语的基本知识，就可以拿着外语课本教外语。不需要什么教具和设备。

关于语法翻译教学法的特点，我国著名的英语专家桂诗春教授对此进行过精辟的概括，具体有以下几方面：

1. 语法体系的完整性和整体性。语法翻译教学法借助原"希腊—拉丁语法"的规则。

2. 形成了非常完整、系统的语法教学体系。这一语法教学体系对初学者及外语学习者来说是非常必要的。教学实践证明，这一体系有利于学习者较好、较快地掌握目的语的整个结构。语法翻译教学法及建立在"希腊—拉丁语法"规则上的英语语法体系有利于外语学习者认识目的语的形式、不同的词类、句子组合等。它在很大程度上符合并顺应了人们认识和学习目的语的客观规律，有利于学习者掌握好这一体系。

3. 语法翻译教学法较好地体现了外语学习的本质功能，即两种语言形式的转换，进而达到语际信息交流的实际目的。它在一定程度上验证了学习语法和词汇是一种有效的途径，同时翻译是实现信息交流的一种非常有效的手段

4. 语法翻译教学法重视词汇和语法知识的系统传授，它有利于学习者语言知识的巩固，有利于打好语言基础，更方便教师的教学安排。人们甚至将语法规则比喻成房子的结构，词汇是盖房的砖，只要将这两者相融合，即掌握了该语言。

5. 语法翻译教学法强调对书面语的分析，着重原文的学习，这样它有利于学习者对目的语的深入理解和掌握。

国外的许多语言教学研究者也从不同的角度对语法翻译教学法进行了过于客观的评论和描述，其中，H. 布朗对这一教学法的优点做了以下概括：

1. 在语法翻译教学法中，精细的语法规则和广泛的词汇知识使得语言输入更易于理解。能够使外语学习者所接触到的各种语言现象系统化，由浅入深地将语言分级处理。

2. 语法翻译教学法能够帮助外语学习者肯定或否定他们对目的语所做出的无意识或有意识的假设，辨别母语与目的语的异同。

3. 语法翻译教学法能够帮助学习者将目的语的结构内化，从而提高其使用

外语的能力。

语法翻译法的不足体现在以下几方面：

1. 翻译法不重视听说能力，在教学里没有抓住语言的本质；忽视语音和语调的教学。由于听说得不到应有的训练，学生虽然能够具备比较好的语言基础，熟知语法规则，但他们的口语表达能力较弱，口语交流的意识不强，往往在实际工作交流活动中不能有效发挥所学语言知识的作用。

2. 过分强调翻译，单纯通过翻译手段教外语。这样，容易养成学生在使用外语时依靠翻译的习惯，不利于培养学生用外语进行交际的能力。

3. 过分强调语法在教学里的作用。而语法的讲解又是从定义出发根据定义给例句，脱离学生的实际需要和语言水平。教学过程比较机械，不易引起学生的兴趣。教师容易陷入单方讲解中，忽视了学习者的实践。

4. 过于重视语言知识的传授，忽视语言技能的培养。

总之，语法翻译法是以语法教学为中心，能较好地培养学生分析语言现象的能力，有助于训练学生的阅读和翻译书面文献的能力，但对培养言语交际能力的作用较小，学生的语言使用能力普遍较弱。过于追求语法的精确性，忽视了学生的语言创造能力，不能充分发挥语言学习者语言学习的主观能动性。

语法翻译法由于适应性广，简单而便于使用，尽管受到了极大的挑战和批评，但至今仍为许多外语教师在实际工作中所采用，为外语教学提供很多可以借鉴的东西。

第四节　听说法和认知法

一、听说法

20 世纪 40 年代以后，各国对外语的需要日益增长，随着心理学、语言学的新发展，外语教学手段和设备的革新，对外语教学法的研究和实验工作都在开展，出现了很多新的外语教学法。听说法便是新兴起的一种外语教学法。

听说法也叫句型教学法、口语法和军队法，英语在世界上流行很广，美国人到国外去，感觉不到学习外语的迫切需要。第二次世界大战爆发后，美国急需大批青年军人派往外国。1943 年，约 1500 名士兵接受了 20 种外语的培训。为了满足这种急需，美国人采取了两条措施，一是办外语强化班，二是采用听说法，简单地说就是把听说放在首位，先用耳听，后用口讲，经过反复口头操练，最终能脱口而出地运用所学语言材料。在外语教学中利用早期军队培训的方法，在结构主义语言学、对比分析理论及行为主义心理学的理论指导下，采用了听说法。

听说法是与语言学理论联系最明显、最直接的一种教学方法。听说法的理论基础是美国的结构主义语言学，其心理学基础是行为主义。在结构主义语言学家看来，语言是高度结构化的体系，但人们进行言语活动时只知道说什么，并没有意识到自己说话中的语言结构。这些语言结构由于掌握到了自动化的程度，说话时可以不自觉地运用。因此，学习外语就应该达到不自觉地运用语言结构的程度，成为一种新习惯。这种习惯的养成需要反复的模仿、操练和实践。因此，听说法主张模仿、操练语言结构，达到能够不自觉地运用这些结构的程度。结构主义语言学家把句子的研究提高到重要的地位，提出了基本句型及句子的扩展、转换等概念，进一步充实了这一种理论的语言教学，为听说法解决了语言教学上的重要障碍。

听说法遵循以下教学原则：

1. 语言是说的话，不是写出来的文字，语言都是有声的。学习外语，不论学习的目的是什么，都必须先学听和说，在听和说的基础上才能有效地学习读和写，即先听说、后读写，听说是重点和基础。这个顺序在外语教学里是必须遵循的。

2. 语言是一套结构，而许多语言的结构是通过各种句型得到体现的，因此，要掌握一种语言，首先要掌握该语言的各种句型，特别是常用句型。按句型进行操练是使学生学好外语的捷径。学习语言就是学习它的结构，而结构的全部内容都"尽在句型之中"，掌握了全部句型也就掌握了语言的结构，也就掌握了语言。

3. 语言是一套习惯，习惯的形成需要多次的刺激和反应。语言教学中，应该教语言本身，而不是教有关语言的知识。教语言是教人学习语言而不是认识语言。外语教学是培养学生运用外语的语言习惯。根据行为主义心理学的刺激与反应的学说，培养语言习惯要靠反复操练，语言知识和理解力在这里起不了多大的作用。

4. 语言是本族人所说的话而不是某人认为他们应该说的话。

5. 世界上的各种语言是不同的。每种语言都有特点，特别是在句子结构上各有特点。在编写教材时，必须将外语和学生的本族语进行对比，找出其相同和相异的地方，在这个基础上有针对性地编写教材，才能编写出适合本国学生学习的外语教材。此外，对比两种语言结构可以帮助确定教学难点和重点原则，使操练更有针对性。

6. 有错必纠、及时纠错。根据行为主义心理学理论，外语学习是机械的习惯形成过程，习惯的形成要靠大量的正确的模仿和操练，尽可能杜绝错误的模仿和操练，习惯一旦形成，便难以更改。语言既然是一种习惯，那么语言错误如果听任不纠必形成有害的习惯，到以后就难以纠正。因此当它还没有形成习惯之前，教师一经发现，必须立即纠正。

7. 限制使用母语。既然外语运用是一种习惯，那么只有通过外语本身的大量句型操练才能有效形成。听说法重视培养学生用外语进行思维。用翻译进行教学会阻碍学生用外语思维，对掌握外语十分不利。

由于听说法遵循不同的教学原则，不把语法分析和阅读能力作为教学目标，而主张以口语能力的培养作为主要目标，因此与直接法相比，听说法在课堂教学程序具体施教方法、教材呈现形式、测试等方面都有所改变。听说法把教学目标分为近期目标和远期目标。近期目标包括掌握语音、词汇、语法结构，并理解语言材料的准确含义。远期目标要求学生可以像外语本族语者那样熟练准确地使用外语。为了达到上述目标，听说法在课堂教学中调整为以下几条具体施教原则：

1. 在学生入门阶段，教学重点放在口语技能上。随着学习的深入，逐渐将口语技能与其他各项技能联系起来。

2. 口语技能是指在人际交往中，使用标准的发音、正确的语法概念、迅速做出反应的能力。

3. 语音、词汇、语法和听力的教学目的均在于发展学生的口语流利程度。

4. 阅读与写作技能的教学必须在优先发展口语技能的前提下考虑。

听说法主张的教学程序大致可以分成三种：第一种程序将教学过程分成两个阶段：一是理解阶段，占课堂教学时间的 15%；二是运用阶段，占课堂教学的 85%。第二种把教学过程分成口授语言材料阶段、模仿阶段、最小对立体练习阶段、句型练习阶段、师生对话阶段、读写操练阶段。第三种是美国布朗大学教授 W.F. 瓦德尔根据听说法原则以及他的多年研究于 1958 年提出了听说法五段学说，即认识、模仿、重复、交换、选择五个阶段。

听说法的长处主要是能在较短的时间内培养学生初级的外语口语能力和快速反应的能力，打下实际掌握一种新语言的基础，比较适合外语短训班之用。

听说法不注重语法教学，教学中根本不提语法条条框框的问题，认为这些死规则无助于形成新的语言习惯。语言习惯的形成主要靠反复地练习。母语习惯的形成既然如此，外语习惯的形成也不例外。书本上的语法规则不必学，也无须在事先学，事后也不一定学，因为学习语言就是学习它的结构，掌握了全部句型也就掌握了语言的结构，也就掌握了语言。另外，听说法根本不承认有什么"语法规则"，听说法派的哲学指导思想是经验论，他们只相信来自实践的经验，十分轻视理性，即指语法规则。此外，听说法只重机械训练，这就等于否认了人的认识能力和智力在外语学习中的作用，因此听说法不注意发挥学习者的主观能动性。听说法只重语言的形式方面，而忽视语言的内容和意义方面。由于没有语法分析的能力，所以在碰到结构复杂的语句时，学生往往凭猜想，因此常有不正确的理解；而且，由于学生缺乏语法知识，因此缺乏连贯而准确表达自己思想的能力。由于课文和练习都是为"句型操练"而描写，所以在不同程度上脱离真正的交际实际，脱离真实的语境，课文和对话多半是缺乏中心内容、语境不完整的句子的堆砌，学生学习起来枯燥乏味，到真正的交际场合，往往不能立即得体地运用所学到的语言。

听说法在 20 世纪 50 年代得到发展，60 年代到达鼎盛时期。到了 70 年代，由于唯理主义的兴起，听说法逐渐失宠，遭到一些语言学家的猛烈抨击，继而出现了功能法和认知法等流派。

二、认知法

认知教学法也被称为"认知—符号法"。60 年代产生于美国，是针对听说法提出来的。我们在上一节已经提到听说法的不足之处，听说法从美国结构主义语言学和行为主义心理学的指导思想出发，把外语教学过程机械化，把语言教学的内容形式化，学生成了被动接受"刺激"的消极对象，缺少智能的培养，忽略了学生的主体性和主动学习能力的培养。而认知法强调人能够进行感知、记忆、分析、综合、判断、推理等一系列智能活动。听说法反对讲语法，对语言的认识是无理性，是单纯地"反应"，结果阅读能力差、独立工作能力差、连贯言语能力差。认知法强调语法理论知识的重要。甚至有人说，认知法是修改后的语法翻译法。

认知法的语言学理论基础是乔姆斯基的转换生成语法规则。他认为人的语言能力是与生俱来的，绝不是靠出生之后几年与外界接触而获得的。就是说，大脑结构起的作用是决定性的，外界条件（与一种语言的接触）只是激活了习得语言的机制而已。转换生成语法理论对听说法理论基础进行了彻底清算。乔姆斯基对听说法的结构主义语言学和行为主义心理学理论基础进行了全面批判，并提出语言不是一个习惯结构，而是一个生成转换结构；人脑中有一种先天的语言习得机制，学习者通过语言规则可以创生许多新语言；语言能力决定语言行为。乔姆斯基认为语言是一种受规则支配的系统（mule-governed system）。因此，学习语言不是单纯模仿、记忆的过程，而是一种创造性的活动，是用"有限的规则和材料生成无限句子"。这种观点认为语法可使人"生成出无限的、以前没有听见（或看见）过的、合乎语法的句子"，使人"听（看）懂以前从未听（看）见过的句子，并判断出其语法上是否正确"。语言是人类先天所具有的能力，是人生下来大脑中就固有的能力，即主张语言学习"天赋观念论"。认知法在语言学习"天赋观念论"的基础上形成。

认知法以认知心理学为理论依据，重视感知、理解、逻辑思维等智力活动在获取知识过程中的积极作用，强调对语言规则的理解，重视语言教学中母语与外语的交叉对比作用，着眼于培养学生实际运用外语的语言综合能力。认知法的心理学理论基础之一是瑞士心理学家皮亚杰 20 世纪 60 年代创立的"发生认识论"，其研究的主要内容是知识是怎样通过人们的思维和心理活动最终形成和发展的。皮亚杰认为掌握新知识是一种智力（或智慧）活动，而这种活动含有一定的认知结构，而不是行为主义心理学"刺激—反应"论所能完成的。他认为人类不同于动物，人是有智慧的。无论是接受刺激，还是对刺激做出反应，都是受认知结构所支配的，其内在动因是认知的源泉，从而提出了一定的刺激，被个体同化，并置于认识结构之中，才能对刺激做出反应。离开了这种认识活动，人既不能很好地调整和融洽个体与自然界的关系，最终也就不能获取任何知识和技能。智力活动，每一种智力活动都具有一定的认知结构。他提出的认知发生论强调人类活动相互作用的特性；他把人的活动看成是具有智慧的人调整个体与自然界的关系的行为。他认为人的内部机能结构既具有理解的功能，又有发现或发明的功能，而且这两种功能不可分割。

认知法的另一心理学基础是美国心理学家杰罗姆·西摩·布鲁纳的基本结构和发现理论。布鲁纳认为学习是一个认知过程，是学习者主动地形成认知结构的过程。布鲁纳的认知学习理论是建立在对人类学习进行研究的基础上的，所谈认知是抽象思维水平上的认知。其基本观点主要表现在下面三方面：

1. 学习是主动地形成认知结构的过程

人是积极主动地选择知识的，是记住认识和改造知识的学习者，而不是被动的接受者。布鲁纳认为，学习是在原有认知结构的基础上产生的，不管采取的形式怎样，个人的学习都是通过把新得到的信息和原有的认知结构联系起来，去积极地建构新的认知结构的。布鲁纳认为学习包括三种几乎同时发生的过程：新知识的获得、知识的转化、知识的评价。这三个过程实际上就是学习者主动地建构新认知结构的过程。

2. 强调对学科的基本结构的学习

布鲁纳认为所有的知识，都是一种具有层次的结构，这种具有层次结构性的知识可以通过一个人发展的编码体系或结构体系（认知结构）而表现出来。因此，他非常重视课程的设置和教材建设，他认为，无论教师选教什么学科，务必使学生理解学科的基本结构，即概括化了的基本原理或思想，也就是要求学生以有意义的联系起来的方式去理解事物的结构。如果把一门学科的基本原理弄通了，则有关这门学科的特殊课题也不难理解了。布鲁纳认为教学的真正目的是使学生能在某种程度上获得一套概括了的基本思想或原理。这些基本思想、原理，对学生来说构成了一种最佳的知识结构。知识的概括水平越高，知识就越容易被理解和迁移。

3. 主动发现形成认知结构

布鲁纳认为，教学一方面要考虑人的已有知识结构、教材的结构，另一方面要重视人的主动性和学习的内在动机。他提倡发现学习法，以便使学生更有兴趣、更有自信地主动学习。发现法的特点是关心学习过程胜于关心学习结果。具体知识、原理、规律等让学习者自己去探索、去发现，这样学生便积极主动地参加到学习过程中去。布鲁纳认为发现学习的作用有以下几点：①提高智慧的潜力；②使外来动因变成内在动机；③学会发现；④有助于对所学材料保持记忆。

约翰·卡鲁尔教授于 1964 年首先提出了认知法，他认为第二语言是一种知识的整体，外语教学主要是通过对它的各种语音、词汇和语法形式的学习和分析，从而对这些形式获得有意识的控制的过程。而语言的运用能力将会随着语言在有意义的情景中的使用而得到发展。认知法学习理论主张学习句型要理解句子结构，在理解的基础上进行操练。此外，认知法主张进行有意义的学习。卡鲁尔提出的理解先于操练的认知法与奥苏贝尔的有意义学习理论如出一辙。奥苏贝尔在《教育心理学：一种认知观》一书中表述了有意义学习理论。他认为学生学习的内容是人类积累下来经过反复加工组织的以符号和语言表述出来的科学文化知识。为了找出有效的学习知识的方式，奥苏伯尔根据两种不同的标准把学生的学习分成两类。第一种分类将学习分为"发现学习"和"接受学习"。发现学习是学生通过自己再发现知识形成的步骤而获取知识，并发展探究性思维的一种学习方式；接受学习指学生理解教师呈现的学习内容，并将这些内容组织到已有的认知结构中去，以便将来可以运用它或把它再现出来的学习。第二种分类将学习分为"机械学习"和"意义学习"。机械学习，即不加理解，反复背诵的学习，亦即对学习材料只进行机械识记，不理解学习内容的学习。意义学习，即理解知识的内在联系之后的学习。奥苏伯尔认为有意义学习比机械学习的功效大得多。在有意义学习中，学习者能够将有潜在意义的材料同自己的认知结构中已有的观念建立联系，与此同时，学习者把自己有效的知识作为理解接收和固定新知识的基础，学习材料被同化到学习者认知结构的相应部分中去，获取新的意义。这样，学习者既容易获得知识，而且习得的知识也更容易保持。有意义学习通过把新知识与学习者认知结构联系起来，克服了学习者在学习过程中信息加工和储存的机械性。

认知法以认知心理、转换生成语法理论、有意义学习理论作为其理论基础，在批评总结以往教学法，尤其是听说法的基础上，形成了以下教学原则：

1. 以学生为中心。认知法研究的是中学生以上的成年人在自己国家的环境中学习外语。它认为在外语教学中，学习者的内在学习因素起着决定性的作用。因此，教学应以学生为中心，课堂教学要以学生的实际操练为主，最大限度调动学生的积极性。同时，认知法还认为，由于课堂教学的时间有限，学生必须有计划、有目的地进行课外自主学习。教师在课堂上除去帮助学生掌握外语知识、培养学生用语言的基本能力之外，更重要的是教给学生科学的自学方法和培养学生的自学能力。

2. 在理解语言知识和规则的基础上操练外语，强调有意义的学习和有意义的操练。认知法认为学习外语不仅是一种养成习惯的过程，而且是一套须遵循语言自身规律的受规则所支配的创造性活动。人类学习语言的过程，就是掌握规则的过程，学生只有在理解和掌握这套规则的基础上才能进行言语活动。掌握规则的途径，一是发现规则；二是创造性地运用规则。发现规则是基础，但更重要的是培养学生创造性地运用规则的能力。所以，认知法在进行中重视语法规则的理解，在理解规则的基础上进行语言活动，进行外语的言语操练活动，并坚持这种言语操练活动应贯穿整个语言教学过程，而非简单地反复模仿和进行机械记忆。

3. 听说读写齐头并进，全面发展。认知法在处理听说读写关系上主张在学习语言的同时让学生学习文字，认为对成年人来说，学习外语最好的途径是通过多感觉器官（如眼、耳等）同时或相继地综合运用，单纯依靠声音学习语言是不会收到良好的学习效果的。因此，认知法主张外语教学一开始就进行读写听说的全面训练。认知法追求的外语教学目标是培养学生实际而全面地运用外语的能力。

4. 利用母语与外语的对比分析进行教学。各种语言的语法具有一定的普遍性和共同性，因此，应该有意识地、恰当地利用母语与外语进行对比分析，引导学生正确地进行语言信息的形式转移。认知法认为母语是学生已有的语言经验，这应作为学生学习外语的基础。

5. 对错误进行分析后加以纠正。认知法将语言的学习看作是按"假设——验证——纠正"的过程。在这个过程中，学生出现错误在所难免，教师要对学生的错误进行分析，了解学生产生错误的原因，有针对性地进行纠正，逐步培养学生正确运用语言的能力。对那些因疏忽、不熟练而产生的错误，仅做一些指点，而非见错就纠，否则会使学生出现怕出错的紧张感，造成心理压力。少纠正比过多纠正好；事后指出或提醒比当场训斥好。其目的是不伤害学生的积极性，不给他们造成心理障碍。

6. 广泛利用直观教具和电化教学手段，使外语教学情景化、交际化。这有助于创造外语环境，增加学生使用和参与外语活动的机会，进而使外语教学活动得以强化。同时，通过多媒体，网络和语言实验室等现代化手段进行外语教学，不但可以增强课堂的教学信息容量，而且可以使学生的自主学习在课堂上得以实现。

认知法把外语教学程序分为三个阶段：

1. 语言理解阶段：在认知法看来，所谓理解，就是让学生理解老师讲授的和提供的语言操练和语言规则的意义、构成和用法。认知法之所以把理解作为外语教学的第一阶段，是因为理解是学生从事言语活动的基础，学生的一切语言操练都应该建立在理解上。如句型的操练、听说读写各项能力的培养等。应该注意的是，语言规则的理解并非依赖教师的讲解，而是在教师指导下让学生发现语言规则。

2. 培养语言能力阶段：认知法认为，人，不分种族、民族性别、智力，都与生俱有习得语言的才能和潜能。外语的学习不仅需要语言知识、结构的掌握，还要学会正确使用语言的能力。外语语言能力的培养要通过有意识、有组织的练习获得。这个阶段既要检查学生对语言知识的理解情况，又要培养学生运用语言知识的能力。

3. 语言运用阶段：这个阶段的教学任务是培养学生运用语言知识，进行听、说、读、写的能力，尤其重视学生的实际交际能力，即注意对学生在脱离课文后的创造性语言交际能力的培养。因此，进行课文以外的专门的语言交际能力的训练显得十分重要。这类训练的方式有以下几种：多种形式的交谈、专题讨论、连贯对话多种形式的自我叙述、口头作文或专题发言、多种形式的学生的笔头记述、场景游戏中角色的扮演、笔头作文、口头或笔头翻译等。这些训练，关键在于营造一个积极的语言小环境，调动和激活每一个学生的兴趣和参与意识。这个阶段将前两个阶段学得的语言知识内容与实际运用能力结合起来，目的在于使学生听、说、读、写各个方面的能力都得到发展。

从以上介绍中，我们可以清晰地看出认知法重视语法教学和语法在学语言中的作用，强调语法理论知识的重要。认知法的倡导人约翰·卡鲁尔在该法初创时期曾宣称此法是"语法翻译法的现代形式"，他在《语法翻译法的现代形式》一文中首次提出认知法。认知法将学习外语看作主要是掌握语言规则，而不是去形成一整套言语习惯。老师首要的任务是要在学生认知结构中建立语法规则的体系，在理解掌握语法规则的基础上，通过逻辑推理，创造性地运用语法规则。在语法知识的教学上，认知法依据奥苏贝尔提倡的类属学习，主张采用演绎法讲解。认知法重视语法规则的理解，把语法从死记教条、定义改造成实际掌握和使用语言，把语法同语言使用结合起来；精选语法中有助于实际掌握语言的规则教给学生，使其学了就用，避免孤立的死记硬背。

第五节　全身反应法

一、全身反应法的背景

20 世纪 60 年代中期，全身反应法（简称 TPR），由美国加利福尼亚州圣约瑟州立大学心理学教授詹姆斯·阿歇尔首创，并盛行于 20 世纪 70 年代。TPR 顾名思义是通过全身动作反应学习语言的一种方法，即通过全部身体动作与所学语言相联系教学其他语言。其早期教学的主要对象是美国移民子女。TPR 主要根据大脑两半球侧化理论组织语言教学，右脑主管形象思维，左脑主司逻辑思维，并强调左、右半脑互动、协调发展。语言教学需在形象思维的基础上进行逻辑思维活动，并在特定的情景中进行第二语言教学。根据儿童习得母语过程的规律：儿童习得母语有一个长期听力理解的过程，然后才有说的发展。因此，习得第二语言首先也需有一个学习听力的过程，然后在听的基础上逐步发展说的能力，最后才发展读和写的能力。正由于 TPR 强调运用祈使句语言配合动作使学习动起来，所以 TPR 也被称作"语言动起来"教学法；又由于 TPR 提倡听力理解领先于说的发展，所以它属于领悟、理解教学法范畴。

全身反应教学法源于直接法、听说法、情景法，并与它们的理论与实践相关。阿歇尔从中吸取了有益的理论与实践成果。直接法的代表人物古安极力提倡系列动作与语言相结合的外语教学法，并以表述系列动作的动词为中心的句子为教学的基本单位，如：

I am standing up.

I am going to the door.

I am opening the door.

我国直接法的代表人物张士一先生所编的直接法英语教科书的第一课基本上也提倡系列动作与英语相结合，以表述系列动作的动词为中心和以句子为说话的单位，并以命令句进行外语教学。

外语教学先设计一个只听不说的输入理解阶段，然后在听力领会、理解的基础上再进行说的输出训练，这并非阿歇尔的首创。早于阿歇尔半个世纪之前，英国著名的口语教学法和情景教学法家帕尔默在《语言的科学研究与教学》中就明确提出，将"听"设计在"说"之前，设置一个听力阶段，即在表达输出训练之前先进行长期、单纯的听力领会、理解输入训练，在有了一定听力理解基础后再进行说的教学。1959 年，帕尔默还出版了《行为学英语》一书，强调行为与语言协调发展。但这些观点之前未能受到外语教学界的重视，阿歇尔则吸取了这些有益的成果。

领会、理解教学法倡导者维尼茨和布莱尔将听力领会、理解先于说表达的方法归类于领会、理解教学法（comprehension approach）的范畴。维尼茨举了一个实证的例子。纽马克有一份语言学习过程的描述，他在荷兰住过四个月。期间，他将一个只说英语的四岁小孩与另一个只说日语的孩子送进了学龄前幼儿园。两个孩子开始对荷兰语一无所知，但在四个月时间里，他们都熟练地掌握了荷兰语。纽马克观察到，两个孩子在前三个星期内很少或根本不说荷兰语，然后开始使用一小部分固定表达法，如"是""不是"。最后，一旦他们能领会、理解周围人说的荷兰语，他们就开始造出完整的句子。根据调查研究的资料，维尼茨提出领会、理解教学法及其几个主要观点：

1. 语言学习，理解能力先于表达能力；

2. 在理解能力的基础上进行说的表达能力训练；

3. 通过听力训练，能转换获得其他言语技能；

4. 外语教学的重点是语言意义，而非语言形式；

5. 尽量减轻学生学习的心理压力。

在语言教学起始阶段，教学的重点放在行为与领会、理解语言之间的联系上。这种行为与语言相结合的教学法其理论基础建立在心理学、语言学，尤其是记忆痕迹理论、大脑两半球侧化理论、发展心理学和人本主义心理学的基础之上。

二、全身反应法的理论基础

全身反应法主要以心理学和语言学，其中尤以发展心理学、大脑两半球侧化和人本主义心理学的理论为其理论基础。

（一）全身反应法的心理学理论基础

1. 记忆痕迹理论

心理学中的记忆痕迹理论认为，记忆越经常、越强烈，则联想与回忆越快捷和容易。记忆可以通过口头完成，也可以和肢体动作活动相联系。结合痕迹活动，如伴随着肢体动作活动的练习，可以提高成功回忆的效益。

2. 言语发展心理学

从发展心理学的角度出发，阿歇尔认为，人们习得第一语言（母语）和学习或习得第二语言的过程是平行前进的。因此，人们学习或习得第二语言的过程需反映习得第一语言（母语）的过程。既然成年人学习或习得第二语言与儿童自然习得母语的过程基本雷同，那么依据儿童自然习得第一语言（母语）的过程，至少可得出以下几个结论：

（1）存在一个先习得听力的阶段

儿童习得第一语言（母语）的过程中，在习得说话能力之前，存在一个先习得听力的阶段。儿童习得母语伊始先听到大量父母和周围的人所说的口语，并被要求用动作做出理解的反应，而不需也不可能对听懂的口语做出模仿发音的反应。儿童在大量听懂、领会、理解语言的基础上，在大脑中就会形成关于口语的内在蓝图，这种内在口语的蓝图是随后习得说话能力的坚实基础。因此，学习第二语言需从听有意义的话语开始。

（2）要求对听到的话语做出反应

父母、周围人员对儿童说话，有时需反反复复说上数十遍，要求儿童听懂、领会理解他们所说的话语，并渴求儿童做出理解的反应。因此，儿童先获得听的理解能力是由于长期听父母和周围人们反复说话，并要求他们听到口语后产生行为反应的结果。

（3）具有听的理解能力，说话能力会自然产生

儿童通过长期听力训练，逐步听懂、领会、理解人们所说的言语，并做出恰当的行为反应。儿童一旦有了一定的听力理解能力，建立了一定的听力基础，说话能力就会水到渠成，自然产生。因此，"听"是说、读、写能力的基础，说、读、写的能力只有在"听"的基础上才能获得发展，在未能把握听力之前不应急于说话表达。

（4）儿童听的大多是命令句

儿童习得母语的过程最初听到的大多是口头命令句，听口头命令句，并做动作反应，在长期听懂命令句的基础上再学会口头话语，并用语言做出反应。

3. 大脑左、右两半球侧化理论

大脑左、右两半球侧化理论认为，左脑半球主管语言、数学计算等逻辑思维，而右脑半球则主司动作、音乐、图像等形象思维。传统的外语教学观点认为，外语学习大多用的是大脑左半球的功能，因为外语词语直接与逻辑思维的左半脑联系，而阿歇尔则认为 TPR 先直接与动作、图像、音乐形象思维的右脑半球联系，然后通过形象思维再与语言理解逻辑思维相连接。阿歇尔根据神经病理学家对动物大脑和一位癫痫病儿童的研究成果认为，言语活动集中在右半脑，儿童通过右半脑动作活动习得语言。在儿童通过右半脑动作活动的基础上，左半脑才开始语言活动。

成人学习或习得语言的过程与儿童习得语言过程雷同。成人首先通过右半脑动作活动与语言相联系。右半脑动作先开始活动，左半脑才同时开始观察和学习。一旦右半脑有足量的学习动作产生，左半脑语言活动就被激活。

4. 减轻心理压力

人本主义心理学对 TPR 起了重要的推动作用。它对人的心理情感意志、需要层级价值取向、潜能和创造才能等方面的独到理念，直接影响到当时蓬勃发展的 TPR 的外语教育教学改革。人本主义心理学关于降低学生学习心理压力的观点，有利于掌握语言内容、转变价值观。降低压力不仅有利于掌握所学语言知识与内容，而且也能促进人的价值取向、基本信念和态度的转变。例如，把外部压力、讥讽、羞辱、歧视等看作是对学生个人的精神威胁，学生就会对其采取防御措施或加以拒绝；而当外部威胁、压力降到最低，并处在相互信任的情境之中，学生就能比较容易集中注意力、辨别、理解吸收、记忆和运用所学语言知识和内容。

阿歇尔的全身反应法依据人本主义心理学关于降低学生学习心理压力的观点，提倡师生通过轻松愉快、生动活泼的全身反应动作与语言相结合学习外语，不仅能降低学习者学习语言的心理压力，而且还能营造轻松愉快的学习情境，有助于学生更有效地发展运用外语进行理解和表达交流思想情感的能力。

阿歇尔还吸取了人本主义心理学关于情感因素在学习中发挥积极作用的观

点，认为一种对学生的言语输出不做严格要求，并带有游戏性质的方法可以减轻学生的心理负担，培养愉快的学习情绪，提高学习效率。理想的语言教学应该提供大量的可理解性输入，而且学生在无任何抵触心理的情境下，易于接受和吸收所有的语言材料输入，然后转化为语言材料的输出。

（二）全身反应法的语言理论基础

尽管阿歇尔并未直接论述全身反应法对语言本质的观点和语言学的理论基础，但从其对发展语言听、说、读、写能力及其设计的教学顺序，强调祈使句为语言教学内容的中心和课堂操练的内容名称和组织安排形式的视角看，其语言学理论基础显然建立在结构主义语言学的基础之上。阿歇尔也说，大部分结构和成千上万单词可通过教师熟练运用祈使句掌握。其具体体现在以下几方面：

1. 听力基础上发展口语能力，口语能力基础上发展书面语能力

无论人的种族，抑或是个体首先习得的是口语听力，继而发展听说口语能力，然后在口语能力的基础上习得书面语能力。口语是第一性的，书面语是第二性的，而听力的习得又先于说话能力的发展。

2. 祈使句型是教学的核心

祈使句是语言句型或语法结构之一，而祈使句型是 TPR 外语教学的核心，而动词又是祈使句的核心要素。全身反应法认为，外语教学需围绕祈使句型及其动词作为核心进行教学。阿歇尔认为，"很多目标语的语法结构和成千上万的词汇项目，只需在教师的指导下熟练地使用祈使句，是可以学会的。"

3. 习得认知语言图式和语言语法结构

阿歇尔认为，语言由抽象和非抽象两部分组成。而语言非抽象部分大多是以具体名词和祈使句的动词呈现的。学生不使用语言的抽象部分，就能习得一份详细的"认知图式"和一种"语言的语法结构"。

阿歇尔是这样论述语言认知图式的，"语言的抽象部分可等待学生已掌握目标语的认知图式之后再学。人们照搬语言语法结构学习抽象语言是没有必要的。一旦学生将语法内在化之后，抽象语言就可被引入和被解释于目标语之中。"

4. 语言整体内化

语言作为一种句型结构，如祈使句型结构，是一个被学习者整体吸收和整体内化的过程。阿歇尔认为，大部分句型是作为整体被内化的，而不是单个词汇项目内化。因此，在语言学习和交际运用时，句型作为预制板能起主导作用。

三、全身反应法的基本原则

1. 师生关系

师生关系观认为，教师起直接和积极的作用，而学生则是聆听者和说话者。形象地来说，就是"教师是一场戏的导演，学生是演员。教师决定教什么，用什么新教材，由谁扮演什么角色"。教师依据选择教材的内容，或以祈使句为核心框架设计教学。教学伊始，教师用外语发出指令，提供给学生最佳听言语的机会，让学生个人或集体根据教师指令做出全身动作反应，并逐步内化所学语言内容和规则，逐步形成认知图式，学生只是一个听众或在导演指导下的一位演员，无权决定学习内容。当然，全身反应法也要求："教师在写教案时，需要写出全部所教内容的正确意思，这是教师的聪明之举，尤其是在写新要求内容时，必须写得正确。"这是备课优良、组织好课以达课堂教学流畅、有序和预期目标的必要前提。

阿歇尔还认为，教师的作用不是教给学生内容的多寡，而是提供给学生更多的实践机会。教师要呈现最佳指导性的目标语言，以便学生能以最佳的目标语言内化语言结构。因此，教师是语言输入的掌控者，而学生则是语言输入的接受和吸收者；教师提供新语言材料的认知图式，而学生则动脑进行加工处理，形成语言认知图式。诚然，教师也期望学生相互之间发挥创造性运用语言的能力。

2. 听力发展先于说话能力

听力发展先于说话能力，听力领先是极为重要的原则。教学伊始，首先培养学生的听力理解能力，然后在听力的基础上发展学生说话表达能力。只有充分建立在听力理解的基础上，说话能力才能自然产生。如若听和说两种技能同时训练，由于缺少听力理解的基础，学生不仅对说话难以做好能力和心理上的准备，而且又常因说不出或容易说错而造成学习负担，增加心理压力，影响语言学习。

3. 通过动作发展听指令的理解能力

通过动作发展听指令的理解能力是英语教学的关键。依据大脑两个半球侧化理论，语言听力理解逻辑思维与动作形象思维相结合能加速理解和发展听的能力。听指令的理解能力与全身动作相联系不仅易于理解，而且也便于记忆。

听指令是语言交际的基本能力之一。阿歇尔认为，语言的大多词汇项目和基础语法结构都可通过指令配合动作进行教学。因此，通过全身动作发展听指令的理解能力是语言教学的关键。如无全身动作的配合，一个新词语或一个祈使句型即使多次重复操练，对学生来说也仍然是一串噪声，难以理解。

4.听力内化语言结构，说话自然发生

学生学习语言首先需要建立听力理解能力。吸收有了听力内化语言结构的基础，说话能力就会自然产生。学习语言伊始，首先发展听力理解能力，不可强迫学生提早说话。只有听力领先，学生一旦听力理解足量所学词语和语言结构，就能将词语和语言结构内化成认知结构，说话能力就会水到渠成，自然产生。如若强行给学生施加压力，强迫学生提早说话，就会引起学生的紧张情绪，干扰、抑制大脑思维活动，结果事与愿违。

5.有准备的说话

为了减轻学生的思想负担和心理压力，允许学生做有准备的说话，教师并不勉强学生在无准备的状态下做说话的操练。

6.教学强调语言意义，而非语言形式

任何语言都有意义和形式两方面。语言的意义与形式是一个硬币的正反两面，相互不可分割。在处理语言意义和形式之间的关系时，存在着两种截然相反的理念，一种是以语言形式为主、语言意义为辅，如语法翻译法就是以语法为纲或以语言学习为主；强调语言意义，而非语言形式，旨在发展学生的听说能力和交际能力，语言形式为发展交际能力服务。

7.容忍学生所犯的语言错误

除发音外，教师对学生所犯的语言错误应持容忍态度。但 TPR 主张学生之间相互纠正所犯语言错误。而且，随着学生学习的发展和深化，教师的干预会有所增加。

8.降低学生心理压力

减轻学生学习紧张情绪和降低学生学习心理压力，不仅能促进学生理解和运用语言的能力，而且能营造轻松愉快、生动活泼的课堂气氛。

第六章　大学英语教学模式研究

英语教学的主要目的是使学习者能够熟练使用语言，从而达到交际的目的，为社会输送更多的英语人才。在社会环境与国际环境变化的形势下，对大学高专英语教学模式进行改革成为提高英语人才素质的重要方式。本章对分级教学模式、模块教学模式、研究性学习教学模式、网络教学模式进行分析，探讨英语教学模式改革的相关话题。

第一节　分级教学模式

所谓分级教学模式，指的是以学习者的学习水平和学习潜能为标准，将学习者划分为不同的层次，并在此基础上开展相应的教学活动。因此，分级教学模式体现了因材施教的教学理念，其最终目的是让不同层次的学习者在自己的起点上取得进步。

一、分级教学模式的理论

分级教学模式是教学者根据科学的教学理论开发出来的，主要包括 i+1 语言输入假设理论、学习迁移理论、掌握学习理论。

（一）i+1 语言输入假设理论

分级教学模式以克拉申的 i+1 语言输入假设理论为重要的理论依据。该理论对分级教学模式的影响主要表现在以下两方面：

（1）从课程理论角度来看，i+1 语言输入阶段理论不仅注重知识的获得，更注重学习者获得知识的途径。具体来说，i+1 语言输入假设理论强调学习应采取循序渐进的步骤、方法和过程，这正是分级教学模式的精髓。

（2）从教学实践来看，分级教学模式根据学习者在性格、动机、态度、认知风格、语言技能等方面的差异来确立不同的教学目标、要求与方法，符合 i+1 语言输入假设理论的要求。

（二）学习迁移理论

学习迁移指的是已学得的学习经验对如今学习的影响，一般包括两种影响：当之前的学习经验对学习起到促进作用时，便是正迁移；反之，起到抑制或干扰作用时，则属于负迁移。

奥苏伯尔的认知结构迁移理论认为，学习者头脑内的知识结构就是认知结构。当学习者对新知识进行同化时，其原有认知结构在内容与组织方面的特征就是认知结构变量。奥苏伯尔提出了影响新的学习与保持的三个认知结构变量，通过操纵与改变这三个认知结构变量可以进行新的学习与迁移。以奥苏伯尔的认知迁移理论为基础，把对原有知识掌握水平相当的学习者安排在一起组织教学，即采取分级教学模式，能够促进学习的正迁移，取得较好的教学效果。

（三）掌握学习理论

美国心理学家布鲁姆的掌握学习理论认为，学习者成绩不理想不是因为学习者的智慧欠缺，而是由于欠缺完备的设施与合理的帮助。当具备适当、合理的学习条件时，绝大部分学习者的学习能力、速度与动机等都会变得十分相似。因此，采取分级教学模式可为不同潜质的学习者提供多样化、个性化的教学手段，从而尽可能地将学习者的潜能挖掘出来。

二、分级教学模式的原则

分级教学模式在具体实施的过程中需要遵循一定的原则，主要包括循序渐进原则和因材施教原则。

（一）循序渐进原则

循序渐进源自宋朝。朱熹在总结自己的读书方法时提出："循序而渐进，熟读而精思""未得乎前，则不敢求其后，未通乎此，则不敢志乎彼"。

遵循循序渐进原则，就是指教师在传授知识时，既要尊重知识的内在规律，又要采取相应程度的学习者可以接受的教学形式。分级教学模式使教师得以在学习者英语知识体系的基础上进行教学，采取适合学习者的教学方法，从而使学习者逐步提高语言技能。

（二）因材施教原则

孔子曾说"柴也愚，参也鲁，师也辟，由也喭"。朱熹将其概括为"孔子教人，各因其材"，由此产生了"因材施教"的说法。所谓因材施教，是指教师要从学习者的实际出发，有的放矢地进行教育。

由于环境、教育、学习者本身的实践等方面的不同，学习者之间必然存在一定的差异性。近年来，随着扩招政策的推进，越来越多的学习者得以接受高等教育，但不同学习者在英语水平方面的差异却不容忽视。在这种情况下，如果不对这种差异性进行充分考虑就把英语水平悬殊的学习者安排在同一班级，很容易出现程度差的学习者"吃不消"、程度好的学习者"吃不饱"的尴尬局面，进而造成教学资源的巨大浪费。而分级教学模式承认学习者之间的个体差异，可以为学习者提供满足其自身需要的教学条件，从而取得理想的教学效果。

三、分级教学模式的实施

分级教学模式的实施可以从以下几方面着手：

（一）合理、科学进行分级

分级教学不要求全体学习者实现同一目标，而是按照不同的级别制定不同的教学目标。因此，进行合理、科学的分级是分级教学模式取得实效的前提。

为此，教师应采取科学的分级试题和分级标准。具体来说，教师应以《大学英语课程教学要求》中的各级词汇量为基础来组织分级试题，同时应注意题目的层次性。分级标准则应对分级测试结果、个人实际水平、个人意愿等因素进行综合考虑。

在具体的教学实践中，将学习者分为 A 级与 B 级两个级别较为合理。此外，为缓解 B 级班学习者的心理压力，调动他们积极的学习情感，教师可利用周末时间为他们补课。这样，B 级班学习者可以尽快达到 A 级班学习者的水平，从而在同一起跑线上竞争。

（二）提高分级区分程度

高考英语成绩与摸底考试成绩是很多院校进行分级的标准。但是，常常有一些学习者因为几分之差甚至一分之差而没能进入 A 级班，而这几分之差往往很难区分英语水平的高低。因此，为了提高分级的区分度与合理性，可在分级时听取学习者本人的意见，进行双向选择。学习者往往对自己的实际英语水平与兴趣点有较好的把握，他们由被动接受转为主动选择，不仅可以增强他们的主体地位，还可以提高他们在后续学习过程中的自觉性与积极性。

（三）实施升降级调整机制

实施升降级调整机制，就是对学习者的学习程度进行动态管理，使学习者的级别随学习的兴趣、成绩及能力的变化而变化。具体来说，当 B 级班学习者取得进步，达到 A 级班学习者的水平时，教师可将其升入 A 级班，以激励学习者取得更大的进步。当 A 级班学习者未能取得进步，且成绩滑落到 B 级班学习者的程度时，教师也可将其降入 B 级班，给予其适当压力。

需要注意的是，进行升降级的调整应坚持选拔与自愿相结合的原则，且应在一定范围内定期调整，不可过于频繁。

（四）制定科学的评价标准

在分级教学模式下，不同级别采用不同难度的试卷，这就很容易造成一种不良现象，即英语水平高的学习者所取得的英语成绩竟然低于部分英语水平低的学习者。为了提高评价的科学性，教师可采取以下两种措施：

（1）教师可以采取总结性评价与形成性评价相结合的方式来确定最终成绩，具体办法是增加平时表现在总评成绩中的比重。

（2）教师可以根据各级别试卷的难度设定一个科学的系数，通过加权算法从宏观上调整两个级别的分数。

（五）尽量避免负面影响

任何事物都是优势与缺陷的集合体，分级教学模式也不例外。作为英语教学改革中的新生事物，分级教学模式不可避免会带来一些负面影响，如操作过程较为复杂、考勤管理较为烦琐、学习者产生不良情绪、班级归属感降低等。这些问题若得不到及时解决，会给分级教学模式的推进带来阻碍。因此，教育管理者需要制定相应的制度进行规范，并根据遇到的问题及时调整，从而将分级教学模式的不良影响控制在最小范围，将其优势最大限度地发挥出来。

第二节　模块教学模式

模块教学模式是大学英语教学改革的重要组成部分。这是一种系统性的教学模式，将大学英语教学作为一个系统，将其分为知识、技能、拓展三大模块，并在不同的学期中进行有针对性的教学，从而最终提高学生的综合语言应用能力。

一、模块教学模式的定义

随着英语教学改革的推进，英语教学系统发生了重大的改变。英语教学向着能力化、技能化、多样化、信息化的方向发展。英语模块教学模式就是在这种转变中被提出的，因此其在一定程度上反映了时代发展对大学英语教学的要求。

所谓模块教学，指的是通过一个能力和素质的教育专题，在教法上强调知能一体，在学法上强调知行一致。模块教学模式主张提高学生的素质和具体技能，教学中通过集中开展理论、技能、实践等活动来实现教学目标。

大学英语模块教学能够丰富英语课程，实现课程的多样化。对学生来说，模块化的教学形式通过形式丰富的课程，便于提高学生对英语学习的兴趣，调动其学习的积极性。随着现代科学技术的发展，英语教学课程的固定化越来越难以适应社会形势。大学英语采用模块教学，也能在一定程度上使英语教学贴近时代发展，增强人才培养的时代性。

二、模块教学模式的开展

对《大学英语课程教学要求》进行分析可以看出，其对英语水平的划分提出了不同的能力要求。在这种多层次的要求下，大学英语很难实现人才的全方位培养。英语模块教学模式主张在一定时期内对学生进行阶段性目标的培养。这种观点正好迎合了教学要求。

由于模块教学模式是对整个教学系统的管理，因此其在实施过程中需要教学工作者进行科学设计。学者李晓梅、罗桂保对英语模块教学中的模块分类进行了划分。

下面以拓展模块为例，对模块教学模式进行分析。拓展模块主要是对学生的能力进行拓展，因此可以开展丰富多样的课程，具体可以包含以下几方面：

模块1：开设应用专业型英语后续课程，如时事新闻、商务英语、旅游英语、经济英语、法律英语、商务信函写作、实用英语写作等。

模块2：开设实用技能型英语后续课程，包括日常口语提高、高级口语、听力提高、演讲、视听说、高级写作等。

模块3：开设跨文化知识型英语后续课程，如介绍各国文化、常识、思维方式、价值观、民俗、礼仪、历史、教育、宗教，对比传授中外文化、跨文化研究等。

模块4：开设欣赏型课程，内容包括欣赏电影、音乐、神话、小说、诗歌、散文、演说等。

模块5：开设综合考试型课程，包括继续通用英语的深入学习、考研英语、雅思等各类出国考试的培训。

上述模块依据学生和社会的需求，以语言实践为目的，实现提高学生的实际应用英语能力、语言能力和文化修养、专业信息获取能力、语言表达能力，从而适应社会需求。这样的拓展模块设计，细化了学生对大学英语教学的需求，整体上建立和完善了与传统大学英语教学体系完全不同的大学英语拓展模块体系。

第三节　研究性学习教学模式

教育部高等教育司于 2007 年颁布的《大学英语课程教学要求》明确指出："教学模式改革的目的之一是促进学生个性化学习方式的形成和学生自主学习能力的发展。"因此，在大学英语教学中充分利用网络资源，开展研究性学习，恰好与大学英语教学改革的总体要求相吻合。大学英语研究性学习是当前大学英语教学改革的大趋势，是培养创新人才的有效途径，目前在很多大学得到推广和实施，并取得很好的教学效果。本节重点介绍研究性学习教学模式。

一、研究性学习及其教学模式的定义

20 世纪五六十年代，美国芝加哥大学的约瑟夫·施瓦布教授在"作为探究的科学教学"的演讲中首先提出了研究性学习的概念。施瓦布认为，学生的学习过程与科学家的研究过程在本质上带有相似性，因此学生应该在日常学习过程中努力发现问题、解决问题，以期获得知识，提高自身的语言能力与研究技能。上述观点在 20 世纪 80 年代的国际教育界得到了广泛的关注。

关于研究性学习的含义，很多学者都给出了自己的看法。例如，钟启泉认为，研究性学习是学生在教师指导下，从学生生活和社会生活中选择和确定研究专题，主动地获取知识、应用知识、解决问题的学习活动。叶平、姜瑛俐认为，研究性学习教学，就是学生在教师的指导下，以类似研究的方式进行学习，从而发挥主观能动性，进行知识的获得与吸收。这种教学模式的本质，是让学生在"再次发现"和"重新组合"知识的过程中进行学习。本书认为，研究性学习基于建构主义心理学和发现说，是一种以学生为中心，以自主学习为主要路径，以能力培养为价值取向，重视探索、研究、发现等学习实践过程的一种开放式教学和学习方式。

总体来说，对于研究性学习的定义，学术界存在以下两种观点：

（1）研究性学习是在开放的教学环境中，以培养学生研究式学习方式为目标的定向培养课程。在研究性学习教学中，教师需要使学生了解不同的研究方法，从而提高学生的研究技能与学习能力。

（2）从狭义上讲，研究性学习是相对于传统的接受性学习而言的，其通过使用探究性学习和教学方法来提高学习者的学习能力。

研究性学习以自主性、探索性、开放性及创造性为特点，通过学生亲身实践获取直接经验，养成科学精神和科学态度，掌握基本科学方法，提高综合运用所学知识解决实际问题的能力。和传统的英语教学模式不同，在研究性学习教学模式中，学生是学习的主体，是知识的主动建构者，而教师是教学活动的组织者、引导者和促进者。在这种教学模式下，师生关系能够得到和谐的发展，师生通过主动的积极建构进行知识的学习。

总而言之，研究性学习教学模式，是指在创新性教育观念的指导下，以建构主义心理学和发现说为理论基础，坚持以学生为中心，以自主学习为主要路径，以能力培养为价值取向，重视探索、研究、发现等学习实践过程。

二、研究性学习教学模式的意义

研究性学习教学模式是一种新的知识观、教学观，是大学英语教学改革的主要模式之一。研究性学习教学模式主张学生的平等参与，对学生进行能力教育，同时其学习方式向着深度学习转变，使学生真正成为学习的参与者。下面对研究性学习教学模式的意义进行总结。

（1）研究性学习教学模式能够进行知识观的建立。传统的英语学习是一种旁观性的学习。学生对知识的吸收主要通过被动的记忆与课堂教学。研究性学习教学模式开展的前提是对学生的知识观进行改变，从而建立一种新型的主动的知识观。在研究性学习教学中，学生能够真正有效地参与课堂活动，从而将课堂知识内化为"个人知识"。在这种模式下，学生的参与意识得到激发，会在学习中注入自己的热情、经验、品位等。

（2）研究性学习教学模式能够建立一种新的课程观。传统的大学英语教学主要受知识课程观的影响，教学中将关注点放于教学目标与结果的完成上，致使英语课程带有控制性与封闭性。而研究性学习教学模式则以能力课程观为指导，在教师的引导下，学生能够根据自己的兴趣、爱好进行不同的课题研究，从中培养自主学习能力、独立创新能力。

研究性学习教学模式的能力课程观尊重并鼓励学生的个性化，主张在开放的教学环境中进行活动的展开，反对在教学中过多渗入成人的经验与文化，而以学生的经验为核心进行教学的展开与实践。学生角色的转变能够使学生对学习进行批评与反省，从而对知识进行重新理解与吸收。

（3）研究性学习教学模式能够建立一种新的教学观。研究性学习教学主张对学生世界观、学习观和知识观的重新建构，通过在情境中展开教学，提高学生的主动性与社会性。这种教学模式以理解现实世界为目的，是一种应用性很强的教学形式。

在研究性学习教学中，教师通过探究的方式进行教学的组织与知识的传授。师生之间是一种平等、互助的关系。教师通过对教学的引导能够开发学生不同的特质，从而形成个性化的教学。

三、研究性学习教学模式的展开

研究性学习教学倡导以开放的教学环境为依托、以学生能力的提高为目标展开教学活动。因此其教学关键是对学生的实践能力与创造能力进行培养与提高。这种教学模式要求打破传统英语教学的束缚，关注学生的学习潜力与个性特点，从而使学生成长为拥有独立学习意识与自主钻研能力的学习者。通过对研究性学习教学模式的总体论述，下面对教学展开的几个重要方面进行总结。

（1）创设适合教学的问题情境。研究性学习教学模式主张对学生学习积极性和主动性的开发，因此在教学过程中创设一定的问题情境十分必要。

适合教学的问题情境要能够引起学习者的求知欲望，通过将教学内容与求知心理的结合，让学生主动将自己代入学习中。同时，在这种教学模式下，学习者能够清楚地了解教学目标，因此其研究的欲望就能得到激发。教师在设计教学问题的过程中，需要考虑到问题的趣味性、挑战性，并结合学生的年龄特点进行开放性和实践性的教学。

（2）注意独立研究与合作交流的结合。研究性学习教学模式主张学生独立思维的培养，因此在学习过程中学生能够根据自己的经验对教学内容中的问题进行研究与发现。这种独立研究能够动用学习者的思维，是学习者主动建构知识的过程。这个过程和传统英语教学中被动的知识接受不同，能够使学习者感受到获得知识的喜悦，从而提高学生的自主意识和独立研究能力。

研究性学习教学模式还需要让学生在独立研究的基础上进行同学间或班级内的合作交流活动。在这种交流活动中，学习者能够展示自己的思维过程与研究方式，并吸收同学们研究的优秀之处。在交流与融合的过程中，学生的合作意识与语言运用能力都会得到提高，这对班级凝聚力的形成也大有裨益。

（3）教师在研究性学习教学中的作用。在研究性学习教学模式中，教师的角色得到了改变，成为教学的指导者与促进者。相比传统的教学，这种开放性的教学环境对教师的要求有所提高。

研究性学习教学模式是一种新兴的英语教学形式，因此学习者很难在最开始完全适应，同时也不能领会这种教学的目的与意义。在这个过程中，教师对学生的引导十分重要。教师需要保证一定的教学效果，同时不能过分干预学生主体性的发挥，因此这对于教师是重大的考验。

　　为了提高研究性学习教学模式的效果，教师可以利用一些新兴的英语教学手段开展教学工作。例如，教师可以通过多媒体、网络进行教学内容的展示，引起学生对其研究的兴趣。在学生研究的过程中，教师可以进行引导，并教授学生常见的研究方法。在学生学习结束后，教师还需要对此次教学的目的、研究内容、研究意义进行总结，从而使学生的学习主人翁意识得到增强。

四、研究性学习教学模式在英语教学中的应用

　　大学英语教学是学生提升语言能力的关键一环，在这个过程中使用研究性学习教学模式，能够提高学生的语言运用能力，为其以后走入社会进行语言交际打下良好的基础。

　　研究性学习教学模式是一种开放性的教学模式，在英语的不同学科中都能得到广泛应用。

　　（1）大学英语视听说课中研究性学习教学模式的应用。在传统的英语试听说课中，学生主动学习的热情不高，因此教学效果不理想。众多学者主张将研究性学习教学模式应用到英语视听说教学过程中，初步构建以"策略引导—多元互动—立体化"为特色的大学英语"研究性学习"视听说教学模式。

　　通过对上述教学模式的分析，我们可以看出研究性学习教学的展开主要以学生为中心，教师在教学中起引导作用；同时，教学突破了课堂教学的限制，延伸到了课外，大大拓宽了学生的学习范围。

　　（2）大学英语语法课中研究性学习教学模式的应用。语法是一种规则性知识，教学相对枯燥，需要学生进行记忆，因此在教学中提高学生的学习兴趣与学习主动性，成为提高教学质量的重要途径。在大学英语语法课中，教师可以采用原因探究的形式进行教学。这种教学方式是半控制教学，可以通过以下几个步骤展开：

　　①教师创设需要解释的语法情境。

　　②教师要对教学活动任务进行解释说明，要求学生在后续练习中使用要学习的语法项目。

　　③教师提示不同的语法情况。

　　④学生根据自己的想象与语言基础进行解释。

这种研究性学习教学模式能够调动学生的积极性与想象力，对学生语言使用能力的提高也大有裨益。

（3）大学英语词汇课中研究性学习教学模式的应用。英语词汇具有一词多义的特点，在教学中无法穷尽每个词汇的每个含义，因此进行研究性词汇教学能够使学生自主探索词汇的含义与用法。这种方式在增强教学趣味性的同时，对学生词汇量的增加也有重要的作用。

研究性学习教学模式对大学英语教学有重要的指导作用，因而教师可以根据具体的教学实际与学生的特点展开有针对性的教学工作。

第四节　网络教学模式

随着计算机网络技术在大学英语教学中应用的不断深入和扩展，网络教学模式在具体操作的过程中积累了各种经验和教训，这促进了对网络外语教学理论和实践的深入探讨和研究，从而有助于解决当前实践中的问题，也为今后的发展指明了方向。

一、网络教学模式的定义

网络教学模式是在一定的教学思想和教学理论的指导下，依托计算机网络技术，为实现一定的教学目标而构建起来的较为稳定的教学结构框架和教学方式。

二、网络教学模式的理论

任何教学模式的建构必须依据一定的教学理念和理论。教学理念和教学理论是网络教学模式的灵魂，也是构建网络教学模式的基石。总体上说，网络教学模式主要以语言监控理论和建构主义理论为依托展开教学。

（一）语言监控理论

随着网络技术和资源辅助英语学习的趋向越来越明显，研究者们纷纷从不同角度来研究和探讨网络技术对外语学习辅助作用的理论基础。其中，克拉申的第二语言习得理论中的语言监控理论是研究使用网络技术辅助外语学习必须依据的原理之一。

语言监控理论认为，在第二语言习得中，习得比学习更重要。要想习得语言，必须具备两个条件：一是能够理解的语言材料应该是"i+1"，即学习者在现有语言水平的基础上略提高一步的输入，且输入应该能被学习者理解；二是心理障碍应该小，这样才能使输入易于吸收。

克拉申的第二语言习得理论中的语言监控理论所强调的输入语、习得、降低情感障碍的思想，对第二语言习得研究有很大的启发作用。因此，把克拉申的语言监控理论运用于大学英语网络教学，探讨语言监控理论与大学英语网络教学之间的关系，以及基于此理论指导下的网络教学模式应该怎样进行是非常有必要的。

（二）建构主义理论

建构主义理论是 20 世纪 60 年代由皮亚杰提出的。他认为，人通过一定的刺激能够激发一定的认知结构，从而获得信息。随着这个理论的盛行，人们对教学的观点有所改观。建构主义认为，知识是主观的，是通过自主建构意义产生的，教师的责任是帮助学生有效建构对知识的理解，鼓励创新思维。这个观点对于网络教学模式的展开有着重要的指导意义。

总之，教学理念和教学理论是网络教学模式的灵魂，也是构建网络教学模式的基石。但历史发展的实践过程和逻辑论证都表明，没有哪一种教学理念或理论是完全正确的，每种理论都有优点和不足，因而都有其适用的领域。因此，我们在确定网络教学模式的理论指导之前，首先要正确理解各种思想理论的优点和不足，以及适用的教学环境，包含教学对象、教学目标、教学内容、时间和经济预算等因素，然后根据自身的教学条件做出合理的选择。

三、网络教学模式的分类及实施

基于不同的分类标准出现了不同的网络教学模式分类，每一种分类都有其依据和特点。本书以网络外语教学模式的教育学基础为出发点，参考我国教育技术专家祝智庭教授提出的信息技术环境下的教学模式类型，探讨网络外语教学的模式分类。

（一）网络自主接受模式

网络自主接受模式一般由三种要素构成：学习者个体；学习内容（网络课件，通过网络传输的、由计算机作为媒介呈现的图文声像等语言材料内容）；学习指导者（指计算机和教师）。

网络自主接受模式所传递的主要是客观类的知识和技能，训练主要以选择、填空、拖动配对等具有明确答案的试题形式为主；通过设定计算机的识别和反馈程序，可以自动批改和矫正学习者的错误并提供解答；另外，还可以设定计算机程序使之自动探测学习者的学习背景和学习风格等，然后提供适合的学习材料和学习路径。这里我们可以把计算机称为智能导师，因为它实际上扮演了教师的角色。而对于学习者在学习过程中遇到的各种问题，尤其是一些个性化的难题，以及人际情感沟通方面的需要，教师则需要通过网络交流工具如学习论坛来帮助学习者解决问题。

（二）网络自主探索模式

网络自主探索模式的一般构成要素有：学习者个人；任务/问题；参考资源；教学指导者。

在这一模式中，学习的主要目标是提升学生的语言应用能力，而不是学习语法、词汇等客观确凿的语言知识，因此一般以完成某一具体、完整的语言任务或针对某些问题阐明自己的观点作为学习的主要内容，如翻译某段文学作品或独立观看某段原版影片后写出影评等。在整个学习过程中，学生会得到必要的提示和指引，一方面学生自己可以参阅网络资源或图书列表，另一方面教师会通过电子邮件、论坛等交流工具检查并督促学习者的进度，指导学生解决遇到的问题，并给予必要的评价和总结。

（三）网络集体传递模式

网络集体传递模式的一般构成要素是：学习者群体；学习资源；教学指导者。

这一模式一般有两种教学过程。一是完全虚拟的网络课堂，即教师和学生群体在统一的时间登录特定的网络"班级"，教师讲解新课学习内容，组织练习、讨论等学习活动，解答学生的提问，给予必要的反馈指导。二是自学加集体指导型，即学生选择自己方便的时间自主观看教师布置的学习资源，如以图文声像等呈现的多媒体课件，然后在统一时间教师通过网络实时教学系统为学生提供集体指导、讲解和答疑。

（四）网络协作探究模式

网络协作探究模式的一般构成要素包括以下四种：一是学习者小组。学习者扮演的角色是进行小组自主分工、制订协作计划、定期自查、完成计划、总结发言并提交作品。二是任务／项目。这是网络协作探究模式的核心要素，主要教学理念是让学习者通过使用目标语言合作完成较为复杂的项目或任务，提高自身的语言综合应用能力和团队协作能力，其中，项目或任务往往是与社会生活或工作紧密相关的，如策划一个产品的销售方案。三是参考资源。四是教学指导者。这里的教学指导者即教师。在项目或任务的完成过程中，教师给予必要的引导，如协助小组进行分工、提供可能的资源索引、对语言应用的错误给予必要矫正、协调可能出现的矛盾、督促进度、组织评估等。

这种教学模式的宗旨就是构建一个虚拟的真实任务情境，帮助学习者在这个情境中通过使用目标语言来提高外语水平。任务／项目的选择视学习者的兴趣和语言程度而定。如果学习者小组的语言应用水平比较低，那么在设计任务、项目时也要与学习者的语言能力水平相适应，不能相差太远。

（五）网络综合教学模式

在实际的网络外语教学中，根据师资、教学目标及技术开发水平等条件，往往综合应用不同模式的各种教学手段。例如，大学英语综合教程某一单元的网上教学过程是：学生自主观看该单元的网络课件，完成网上的填空、选择、拖动配对等练习，并得到计算机的自动批改反馈。如果学生已经达到本单元客观知识技能的基本要求，则会进入本单元的自主探索部分，会要求他（她）研读一份额外的主题材料并完成一份评述报告。在研读和写作的过程中，教师会通过电子邮件／学习论坛等方式给学生必要的引导和提示。

这一网络教学过程就融合了网络自主接受模式和网络自主探索模式的部分教学手段。我们将这种混合的应用称为网络综合教学模式。我们在设计和确定教学模式时，应该综合考虑教学目标、师资力量、学习者的学习风格等各种因素，选择应用合理的教学活动。只要有利于实现教学目标，就可以采用综合的网络教学模式。需要说明的是，这一模式的划分方法与其他分类方式并不矛盾，只是参考的角度不同而已。

第七章 信息化背景下的大学英语教学方法应用实践

第一节 信息技术与英语课程整合概述

一、信息技术对课程的影响

信息技术的飞速发展和科学技术的日新月异，不仅对教育提出了新的要求，也深刻地影响了课程的内容和呈现方式，拓展了课程设计的范畴，使课程更具开放性和个性化。

（一）信息技术极大地拓展了课程的内涵

课程内容不再局限于固定化的形式，而是以信息资源的状态存在。每个个体所获得的外语学习内容是依据原有知识结构和发生的体验形成的。课程内容更符合信息社会文化和人才的要求。

传统意义上的一门课程，往往就是一本教学大纲（含教学计划）、一本教材，课程实施就是讲授教材上的内容。而现代信息技术支持下的课程，除了有教学大纲和教学计划、教材外，还包括以信息技术为基础的学习资源、教学资源、教学工具等，如光盘、电视节目、多媒体教学软件、网络课程、丰富的网络资源等。基于网络技术的支持和信息共享平台，教与学的课程不再受地域的限制和时间的限制，课程内容可以不断更新。

（二）信息技术丰富了课程的呈现方式

现代信息技术解决了大信息量的记录、存储、传输、显示和加工等问题，多媒体技术将文本、声音、图片、动画、音频和视频等进行有效的整合，使课程以更加丰富和多媒体化的特征呈现。这一特性改变了课程呈现方式单一的局限性，使学习者能够真正实现对信息的多感觉通道加工，这有助于学习者建立起对当前信息的准确表征，建立起对当前事物的丰富联系，提高学习者感知、记忆和思维的效果。对特定的教学内容、教学对象而言，这种更为新颖、更为形象和直观的学习材料，还可以有效地激发学习者的学习兴趣和学习动力。

（三）信息技术使个性化的课程成为可能

一方面，信息的高度共享使个体搜索个性化的信息成为可能，也赋予学习者更多选择的机会与权利，使课程可以更好地满足学习者的个性化需要。另一方面，多媒体呈现的学习资源，可以使具有不同认知方式的学生根据自己的特点选择适当的学习方式，特别是一些仿真探索空间、虚拟实验、电子书包等，个别化的程序、过程和进度可以激发所有学生，满足不同学习目的和风格，适应个体的心理和认知需要，也有利于促使学生进行主动性、创造性学习。

二、信息技术与课程整合的背景

由于信息技术的飞速发展，多媒体和网络技术的日臻完善和普及，信息技术教育水平不断提高，软、硬件环境不断完善，加之深化教育改革，全面推进素质教育，培养具有创新精神和实践能力的高素质人才和劳动者的社会需要，教育信息化得到了各阶层的重视，我国的信息技术教育发展进入快速发展时期。特别是近几年在新课程、新教法的基础教育改革中，先进的教学理念、以学生为中心的教学方式的提倡、各种形式的教师信息技术能力培训等因素的综合影响下，信息技术教育的发展应用跃上了一个新的台阶——信息技术与课程整合。广大教育工作者的观念从认为信息技术是计算机课程教育的认识飞跃到更高的层次，即信息技术必须融入教学，必须和学科课程相整合。

"信息技术与课程整合"的概念最早源自西方的"课程整合"概念。在英文中，"整合"一词表述为"integration"，这一单词在汉语中有多重含义，如综合、融合、集成、一体化等，但它的主要含义是"整合"，即系统的整体性及其在系统核心的统摄、凝聚作用使若干相关部分或因素合成为一个新的统一整体的建构、程序化的过程。整合可以使系统内各要素实现整体协调，相互渗透，使系统各要素发挥最大作用，这个过程会生成一个新的事物。课程整合的含义是指对课程设置、各课程教育教学的目标、教学设计、评价等要素做系统的考虑与操作，用整体的、联系的、辩证的观点，去认识和研究教育过程中各种教学要素之间的关系。课程整合的过程就是使分化了的教学系统中的各要素及其各成分形成有机整体的过程。课程整合并不是指单纯地将被分割的拼凑在一起，也不是指简单地把各学科聚合起来，课程整合是指把本来具有内在联系而被人为地割裂开来的内容重新整合为一体的课程模式。这种内在联系是自然的、真实的、本质的，而非人为的。牵强附会的联系只能使课程变成一个大杂烩，如果两个内容之间的关系不是自然的，就不能把它们联系在一起，不是每个事物都必须与其他事物联系在一起的。因此，信息技术整合于学科课程绝不是简单的纳入或功能的叠加，也不仅仅是工具或技术手段层面的应用，而是如何将信息技术实际融入学科课程的有机整体，使其成为整体不可缺少的一部分，或成为一个新的统一体。在各学科教学中，有效地融入信息技术，将教学系统中的各种教学资源和各个教学要素有机地集合起来，将教学理论、方法、技能与教学媒体很好地结合起来，在整个教学过程中，保持协调一致，并发挥系统的整体优势以产生聚集效应。

2000 年 10 月，在全国中小学信息技术教育会议上提出："在开好信息技术课程的同时，要努力推进信息技术与其他学科教学的整合，鼓励在其他学科的教学中广泛应用信息技术手段，并把信息技术教育融合在其他学科的学习中。各地要积极创造条件，逐步实现多媒体教学进入每一间教室，积极探索信息技术教育与其他学科教学的整合。"至此，信息技术与课程整合成为教育信息化进程中理论研究与实践探索中的热点问题。

综上所述，我们可以从以下三方面来理解信息技术与课程整合：第一，应该在以网络和多媒体为基础的信息化环境中实施课程教学活动；第二，对课程内容进行信息化处理后成为学习者的学习资源；第三，利用信息加工工具让学习者改变学习方式，进行知识重构。在信息化学习环境中，由于将信息技术与学科课程进行整合，使得学习者的学习方式发生了重要的变化。主要变化在于学习是以学习者为主体的，学习可以是个性化的，能满足个体需要；学习是以问题为中心的；学习过程是通信交流的过程；学习者之间、教师与学生之间是协商的、合作的；学习过程具有创造性；学习是可以随时随地进行的。可以说，学习者的学习可以不再只是依赖教师的讲授和学习课本，而是可以利用信息化平台和数字化资源，教师、学生之间展开协作学习，并通过对资源的收集利用、探究知识、创造知识、展示知识的方式进行学习，因此，通过信息技术与课程整合，可以使学习者掌握信息时代的学习方式，包括会利用资源进行学习；学会在数字化情境中进行自主学习；学会利用网络通信工具进行交流，协作学习；

学会利用信息技术，进行实践创造性学习。总之，学习者可以利用文字处理、图像处理、信息集成的数字化工具，对课程知识内容进行重组、创作，使信息技术与课程整合不仅只是向学习者传授知识，而且能够使学习者进行知识重组和创新。

迄今为止，我国基础教育信息化的发展十分迅速，教育信息化基础设施已初具规模，教师、学生的信息素养教育得到了广泛的重视，对信息技术与课程整合的课题研究，各教学研究部门和有条件的学校都投入了较大的力量进行实践研究并已取得很多可喜的成果。信息技术与课程整合是当前教学改革的新视点，将信息技术作为改革传统课堂的有效手段，将其和学科课程教学融为一体，优化教学过程和学习过程，促进学生的全面发展、个性发展，构建数字化的学习环境，实现数字化的学习成为信息技术与课程整合努力的方向。但是这个过程不可能一蹴而就，需要广大教师和教育工作者逐渐积累成果；在这个积累的过程中，粉笔和黑板的作用逐渐淡化，多媒体和网络的应用逐渐普及；在这个积累的过程中，普遍采用的传递—接受的主流教学形式将与多元化教学形式共存；教师和学生的角色都要被重新定位，单纯性的教师讲学生听、教师问学生答的教学局面将被改变；在这个积累的过程中，学生学习的主体性地位将不断提升，学生主动学习，协作学习，发展个性。在这一过程中，学生注重实践能力的意识和创新精神将不断提高。

这里需要注意一个问题，信息技术与课程的整合具有双向性，应该是双向整合，即信息技术整合于学科课程和学科课程整合于信息技术，两者应该做到各取所需，前者是研究信息技术如何改造和创新课程，后者是研究课程创新中如何开发和利用信息技术。这个问题十分重要，它涉及建构信息文化背景里整合型的信息化课程新形态，以及如何利用各学科进行信息技术教育的问题。

三、信息技术与外语课程整合

（一）外语课程性质及基础教育目标

外语是基础教育阶段的必修课程，对外语课程的学习，既是学生通过外语学习和实践活动，逐步掌握外语知识和技能，提高语言实际运用能力的过程；又是学生磨砺意志、陶冶情操、拓宽视野、丰富生活经历、开发思维能力、发展个性和提高人文素养的过程。基础教育阶段外语课程的任务是：激发和培养学生学习外语的兴趣，使学生树立自信心，养成良好的学习习惯和形成有效的学习策略，发展自主学习的能力和合作精神；使学生掌握一定的外语基础知识和听、说、读、写技能，形成一定的综合语言运用能力；培养学生的观察、记忆、思维、想象能力和创新精神；帮助学生了解世界和中西方文化的差异，拓宽视野，培养爱国主义精神，形成健康的人生观，为他们的终身学习和发展打下良好的基础。

（二）信息技术与外语课程整合的内涵

所谓信息技术与外语课程的整合，是指在建构主义理论指导下，通过将信息技术有效地融合于外语教学过程来营造一种新型教学环境，实现一种既能发挥教师主导作用又能充分体现学生主体地位的以"自主、探究、合作"为特征的教与学方式，从而把学生的主动性、积极性、创造性较充分地发挥出来，使传统的以教师为中心的课堂教学结构发生根本性变革，从而使学生的创新精神与实践能力的培养真正落到实处，提高学生综合运用外语的能力。将信息技术有机地与外语课程整合，符合当前外语教育的发展趋势。

需要注意的是，外语课程的整合框架含有一个信息化学习环境，而这里的信息化环境不仅仅包括硬件系统，还包括软件和人机环境，这三者有机地组合成一个综合的系统。在此系统中，教师、学生、学习内容、计算机网络相互作用而产生一定的教学效果。信息技术与外语课程整合将带来课程资源的变化。信息技术的飞速发展、网络资源的丰富性和共享性，都冲击了传统课程资源观，课程资源的物化载体不再是单单的书籍、教材等印刷制品，也包括网络及音像制品等。生命载体形式的课程资源将更加丰富，学习者可以通过信息技术的通信功能与专家、教师等交流，扩大了课程资源范围。信息技术与外语课程整合，将有助于课程评价的变革和改善。信息技术与课程评价整合后，将带来评价观念和评价手段的革新。信息技术可以作为自测的工具，有利于学生自我反馈，也可以作为教师电子测评的手段，优化了评价过程，革新传统的课程评价观与方法。网络信息技术与外语课程整合最主要的是带来学习方式的革命。信息技术的飞速发展、网络信息的泛滥，对于人类的学习方式产生了深刻的变革作用。学习者从传统的接受式学习转变为主动学习、探究性学习和研究性学习，有利于把以教师为中心的教学模式转变为"教师主导—学生主体"的教学模式。

四、信息技术与英语教学设计的整合意义

本研究的意义主要在于信息技术对当今教育的推动作用无法估量，然而要使信息技术真正地推动外语教育、教学的发展，就必须与外语教学进行全面的有机整合，信息技术与教学整合，尤其是整合于外语教学，这种模式具有十分重要的意义。它可以改变人们的学习观念，预示未来教育的发展方向。

（一）改变学习观念

计算机网络技术的日新月异及与课程的整合正在深刻地影响和改变着各种学科的生态，预示了学科发展的未来。可以说，今后学生学习的主要途径不再只是依靠书本或教师的讲授，面对浩瀚的知识海洋和不断更新的网络信息，原先固定教师、固定班级、固定内容、固定进程、固定标准的单向的接受式的学习方式将被打破，取而代之的是一种全新的学习过程，在这样的学习过程中，学生以计算机和网络以及其他多媒体设备为中介，在自主选择、合理接受、科学加工、适时反馈的信息传输中轻松自如地完成富有个性化的、发现式的学习。这种发现式的学习方式将改变以课堂为中心、教师为中心和课本为中心的接受式学习格局，更多地是以自主学习、合作学习和探究学习为主的发现式学习格局出现。显然，这种学习格局的变化与信息技术的发展有着直接的关系。

专家学者们一致认为，信息技术是物化形态技术与智能形态技术的协同利用，具有智能化、数字化、网络化、个人化、多媒体化的特征。随着信息技术的广泛应用。知识密集、信息技术产品出现了更新换代、周期加快的现象。同时，新兴科学大量涌现。知识总量急剧膨胀。知识更新的过程也空前加快，出现了"知识爆炸"现象。据联合国教科文组织的统计，人类近30年来所积累的科学知识占有史以来积累的科学知识总量的90%。英国技术预测专家马丁的测算结果也表明了同样的趋势：人类的知识在19世纪是每50年翻一番，20世纪初是每10年翻一番，70年代是每5年翻一番，而近10年大约每3年翻一番。据预测，到2050年左右，人类现在所掌握的知识届时将仅为知识总量的1%，这就是说，走向信息化后的人类社会，将创造出99%以上的新知识。可见，信息和知识犹如产品一样频繁更新换代。这种知识的极度膨胀和快速更新，不可避免地使我们的课程陷于尴尬的境地。一方面大量的新知识内容需要加入课程中去；另一方面课程内容过难使学生负担不断加重。众所周知，课程展开的时间是有限的，我们不可能无限延长学习者的学习时间，加之近代科学技术的飞速发展和

知识信息的急剧增加，又不得不使我们面对现实的挑战。那么，如何才能找到应对的方法呢？最根本的出路在于变革，改变学习过程是一种单纯继承性的传统观点。课程应该在传授一些基础性知识的同时，注重创新和适应能力的培养，对受教育者来说，最重要的是学会学习，具备进行终身学习的能力，也就是具备自我更新知识结构的能力。对于知识的学习，强调的是让学生掌握认知的手段、方法，即学会自己去发现知识，自己去获取和更新知识，而不仅仅是局限于学习知识本身。由于信息时代知识急剧增长，若是像传统教育那样，只强调知识本身的学习和掌握，那么学到的知识大部分会很快过时，无法适应现代社会发展的需要，只有让学生学会认知，即学会学习的方法，才能在步入社会以后，能够自我更新知识结构，通过自学继续学到工作所需要的各种新知识、新技能。

一般说来，传统性学习，通常是维持性学习和接受性学习，而信息化学习却是创新性学习和建构性学习。维持性学习是一种继承性学习，而创新性学习要处理好"学会""会学"的关系；接受性学习是一种以教师为中心的学习，学生是知识的接受者，而建构性学习是以学生为中心的学习，强调学习者是知识的主动建构者。信息化时代的学习是要从传统的维持性学习向创新性学习转变，从接受性学习方式走向建构性学习方式。要达到这一目标，计算机网络必须与课程及教学模式进行全面的整合，因为它预示着未来教育的发展方向。

（二）预示未来教育的发展

一旦人们的学习观念发生了改变，自然也会对未来的教育有新的展望。实际上，世界各国在展望未来的教育时都主张把信息网络技术作为教育、教学改革的重要一环。例如，早在 1996 年美国就制订了《让美国学生为 21 世纪做好准备：迎接技术能力的挑战》的国家信息技术教育计划。这个计划展望了一个这样的未来：通过在中小学教学中有效地利用信息网络技术，帮助下一代在校学生得到更好的教育做好准备，以适应新的全球经济发展的需要。之后，美国教育部在咨询了社会各界人士后，对国家信息技术教育计划进行了修改，提出了 5 个目标：①所有教师和学生都要使用信息网络技术；②所有教师都应运用信息技术帮助学生达到较高的学业标准；③所有的学生都要具备信息技术方面的知识与技能；④通过研究与评估，促进下一代技术在教学中的应用；⑤通过数字化的内容和网络的应用改革教学。欧盟（1997）发布了《信息社会中的学习：欧洲教育创新行动规划》，新加坡（1996）与马来西亚（2000）也相继推出了全国教育信息化计划，我国政府也相当重视教育信息化工作并推出了一系列推进教育信息化和改革的政策措施。2000 年我国教育部召开了全国中小学信息技术教育工作会议，并做出决定：从 2001 年起用 5 ~ 10 年的时间，在全国中小学基本普及信息技术教育，以信息化带动教育的现代化，努力实现基础教育的跨越式发展。正是由于各国对此相当重视，对传统的教育体制及教学模式的改革正在世界范围内形成一种新的教育发展的趋势。

在我国，运用信息网络技术对传统教育体制和教学模式的改革首先始于外语教学。如前所述，21 世纪实际上是信息技术全面发展的世纪，尤其是计算机与网络技术的发展极大地拓展了教育的时空界限，空前地提高了人们学习的兴趣、效率和能动性。就信息化时代的外语教学而言，传统的教学形式将很难适应时代发展的需要，必须有突破性的变革。这种教学的变革不仅仅是教学形式和学习方式的重大变化，更重要的是将对外语教学的理论、观念、模式、内容和方法产生深刻的影响，赋予外语教学更深刻的全新内涵。为此，我国政府颁布了一系列关于促进外语教育的方针和政策，其中最具影响力的如下：2001 年1 月教育部颁布了《关于积极推进小学开设英语课程的指导意见》，将英语义务教育的起点从初中一年级降低至小学三年级；同年 8 月教育部又颁发了《关于加强高等学校本科教学工作、提高教学质量的若干意见》，明确指出："本科教育要创造条件，使用英语等外语进行公共课和专业课教学，并力争 3 年内，外语教学课程达到所开课程的 5% ~ 10%。"

2002 年 12 月，教育部高教司又颁发了《关于启动大学英语教学改革部分项目的通知》，指出："为进一步推动大学英语教学改革，不断提高大学英语教学质量，我司决定启动大学英语教学改革部分项目，主要包括制定《大学英语教学基本要求》和大学英语网络与多媒体教学体系建设。"根据这一文件要求，教育部先后 10 余次组织专家召开专门会议讨论制定并颁布了《大学英语课程教学要求》（简称《课程要求》）。后来教育部又对《课程要求》进行了修改并颁布了新版《课程要求》。尽管新版《课程要求》得到了补充和修改，但是它的主要内容未变，强调：课程体系除了传统的与学生的面对面授课之外，更要注重基于计算机、网络的大学英语课程。2017 年教育部颁布的《大学英语教学指南》中更提到各高校要将网络课程纳入课程设置当中，高校教师要逐步建设在线课程，将课堂教学与基于网络的语言学习有机地结合在一起。

目前，我国很多高校开始积极推进微课、慕课网络课程的建设，大学英语教师也在积极探索翻转课堂的混合式教学模式。

（三）整合模式的研究背景

大学英语教学改革的重要社会背景及其主要意义是本研究的基础。因此，有必要对此做一阐述性描述，以求理清改革的来龙去脉。

大学英语教学改革与国家的总体发展（包括教育发展、经济增长、社会进步）不无关系，总结起来主要有以下几方面的背景因素：

1. 英语的国际地位

英语作为国际通用语言，在国际政治、经济、文化、体育及其他信息交流中扮演着重要的角色。据相关统计，全世界 1/5 的人具有不同程度的英语交际能力，全世界 2/3 的科学家能读懂英文，全世界 80% 的电子信息用英文存储，全世界网站的 78% 为英语网站。英语的重要性还不仅仅限于日常的交流，不少政治家把英语看作是提升本国国际竞争力的重要手段。由此可见，中国要跟上世界的发展步伐，进入国际大家庭，融入世界政治经济、科技、文化、体育的全球化体系，较快地学习、掌握和赶超世界先进国家的科学技术，最为直接的方法就是要使我国的相关人员能够有较强的英语交际能力。据此，可以断言外语教学不仅仅是一个简单的教学问题，而且已直接影响到我国科技、经济的发展，影响到我国改革开放质量的提高。

随着社会的发展，我国在经济、科技等各个领域同世界交往更加频繁和密切。前教育部高教司司长在"211 工程"大学的外语学院院长会议上曾指出："我们的进出口贸易现在一年有 7000 亿美元，仅出口就有 3000 亿美元。这在前 20 年是不敢想象的事。我们后 20 年谁能想象到我国出口量达多少亿？所以，我们同国际交往的步伐是非常快的。我们怎样对原来不适应时代步伐的东西进行改革？我们怎样培养适应时代需求的人才？这些人才需要什么样的外语技能？这都是我们要思考的问题。"

迄今为止，英语教学取得了巨大成绩，但我们还要与时俱进，整个外语教学都要与时俱进。可见，"与时俱进"就意味着我们的外语教学或未来学生的英语能力应随着国家的综合国力的提高而提高，以促进我国在国际上的竞争力。因此，英语在国际上的突出地位促使我们的大学英语教学必须进行改革。

2. 现行外语教学的弊端

就目前我国的外语教学而言，总体水平不高，而且长期以来存在着"费时多，收效小"的问题。与一些国家相比较，中国学生的阅读能力应该说是不错的，但是他们的语言交际能力，尤其是听说能力仍是相对较弱。不少学生在各科考试中的成绩都相当不错，分数也很高，但是一旦与人交流却不能听也不能说。这种现象表明我们的外语教学多年来培养的只是外语的应试者而不是外语的实际应用者。究其原因，外语学习的好坏与学习的条件和环境不无关系，换言之，语言学习的环境对学习者使用外语起着相当大的作用。正如蔡基刚教授所指出的那样："为什么我国学生学了十余年的英语，'聋人英语''哑巴英语'现象还是比较普遍？原因就是受到语言环境的限制：没有或很少有练习听力和口语的机会，没有或很少有使用所学到的语言的机会。"

一般认为，中国学生的英语学习水平尤其是听和说的交际能力较差。其主要原因是，英语对一些国家来说基本上都是第二语言，而对我们来说却是地道的外语。那么，英语作为第二语言和作为外语在学习上究竟有何区别？通过对世界各国英语学习者的广泛研究，认为把英语作为外语和作为第二语言在语言使用功能、语言掌握的方式和目的及语言环境上有很大的区别。第二语言（简称二语）和外语的区别至少说明了这样几个问题：首先是语言的环境问题，那些把英语作为二语的国家和地区，目的语的使用环境相当广泛，涉及社会的方方面面，如商业、教育、政治、文化、社交等，学习者能在真实语言环境中充分接触和使用语言，当然也就自然地学习了目的语。然而，外语学习者的语言环境主要是在课堂，比如在中国外语学习者所接受的语言输入主要来自课本，其语言输入相当有限。其次是学习动机问题。二语学习者要使自己融入社会并在激烈的竞争中适应工作、学习、生活的需求，自然会习得并掌握目的语。但是，外语学习者具有明显的功利性学习动机，在校的外语学习者几乎都是为了通过某种考试，不讲究语言的使用能力的提高而是重视考试所需的语言材料。

要解决语言学习的环境问题，单靠传统的课堂教学是远远不够的，因为课堂和现实社会使用语言的环境毕竟相差甚远，再怎么设计"角色扮演"的语言应用的情景，也不可能达到预期的教学效果，不能从根本上有助于创设一个理想的外语教学环境。因此，只有对外语教学进行重大的改革，借助当代信息技术，在计算机网络上创造出一个虚拟的语言环境，使得以计算机网络为核心的信息技术与外语课程进行整合，着重研究信息技术与外语课程整合环境下的外语教学模式，以求能真正地消除外语教学上的弊端。

3. 传统教学模式受到挑战

在我国的大学英语课堂里主要是以教师为中心，教师讲课文、精解词汇和语法、组织操练、核对答案。几十年来，虽然这种"满堂灌"的教学方式忽视了学习者的主观能动性，但我们的教师依靠个人的教学经验及因材施教的教学方式，确实也培养了许多的外语人才。随着时代的发展，尤其是到了21世纪的今天，我们的教学环境与半个世纪前和与当时制订的第一份《大学英语教学大纲》的20年前相比都发生了巨大的变化，这种教学模式势必会受到前所未有的挑战，这主要表现在以下几方面：

第一，传统模式不能有效培养学生的英语综合应用能力。众所周知，传统教学模式的特点就是课堂教学以教师为中心，以"课本＋粉笔＋黑板"为工具，以帮助学习者在有限的课堂时间内获取和积累语言知识（主要是词汇与语法）为目的。这种教学模式以结构主义的语法翻译法为基础，通过精讲教科书中的核心范文向学习者输入某一阶段的语言形式（通常是词汇用法和语法规则等）。学习者通过教师的精解和自己的反复操练以形成正确的语言习惯和语言行为，这就是我国特有的"精耕细读"式的教学模式，故称为"精读课"。这样的传统精读模式必然会导致重教师讲解，轻学生参与；重语言现象，轻信息摄取；重语法细节，轻篇章整体；重语言知识灌输，轻语言技能运用；重阅读理解准确，轻语言交际能力培养。据赵晓红对上海交通大学8位不同年龄的教师课堂教学情况的调查，学生在一堂课（45分钟）上开口说话的时间加起来平均只有7.37分钟，而且一般仅限于教师和学生之间围绕课文内容、句型词汇意义和语法知识的问答，是关于语言知识的，而非关于语言使用，是为了检查"装填"的效果，而不是调动学生的心智进行创造性的思考交流，这种活动"几乎没有交际性质"。虽然在我们的精读课中引进了诸如角色扮演、两人对话、小组讨论等交际活动，但都是可有可无的附属品，通常为了考试或多讲课文要点"只好牺牲耗时甚多见效甚慢的口语练习"。因此从某种意义上说，"哑巴英语""聋人英语"正是这种传统精读教学模式的产物。原因是，精读教学模式追求的是"精"析，是分析，而不是"读"，是引导学生把英语当作一种语言体系来研究；而问题是孤立、精细的语言知识不可能转化为实用高效的语言运用能力。

第二，传统教学模式使教学质量下降。教学质量的下降主要与大学扩招的压力有关，因为大学扩招使原来班级规模急剧扩大。班级规模快速扩大，必然会使传统的"精读"教学模式难以适应，从而带来一系列的问题：首先，班级人数越多，师生的交流互动就越少。试想一下，一堂课45分钟，每人轮流讲几句时间就差不多快用完了。这说明，班级规模过大，学生课堂实践机会相对减少许多。南开大学在对他们的教师调查中发现，85%的大学英语教师把学生听说能力差的原因归咎于课堂人数太多。其次，班级规模过大使得教学效率下降，同时还增加了课堂管理的难度。在一个80人左右的课堂，教师几乎不可能把学生的水平差异控制在他们能把握的范围内，教师能做的就是按照事先设计好的教案授课，而班级规模越大，学生水平更为参差不齐，较差的学生由于跟不上教师的节奏、听不懂而索性缺课；水平较高的学生则嫌节奏太慢而上课干自己的事。因此，在这样人数众多的课堂上，教师不可能照顾到各种层次的学生，势必会降低教学的效果和效率，从而影响到整体的教学质量。

第三，传统模式不能适应社会和语言环境的变化。应该说传统教学模式在受到班级规模的制约之外，还受到其他社会和环境因素的影响。首先，学习的环境和手段在变化。在过去的几十年里，大学英语课堂围绕课本开展教学，偶尔也会听些录音。现在，随着信息技术的快速发展，学生获取知识和信息的渠道变得丰富起来，因而不再满足外语学习就是围着课本转的传统方式。传统的教学模式在计算机、网络等多媒体的冲击下，必然会失去其原有的地位和优势。其次，学生的学习动机在变化。过去学生学习英语的主要目的是通过考试获得文凭即可，因此学习相当被动，只要跟着课本学就足够了。现在情况就不一样了，学生学习英语不仅仅是为了一纸文凭，他们必须为今后的就业、出国留学、报考研究生等加大学英语的力度，从而学习变得更为主动，并且对学习内容提出更多的个人要求，尤其是语言的综合运用能力方面，更是要求有显著的提高，课堂上只是教师讲、学生听的模式无法满足学生的个人需求，这些都对传统的教学模式提出了挑战。由此可见，传统的教学模式很难应付这些变化。要满足社会和学生的新要求，教学模式的改变势在必行。

第四，教育资源的相对匮乏。我国是一个人口大国，教育的发展相对落后，据统计，我国接受高等教育的人口比例在世界上是较低的，然而，我国自改革开放以来经济得到了蓬勃的发展，尤其是国家提出要实现小康社会，50年基本实现国家现代化，我们的高等教育一定要跟上。因此，国家要发展，高等教育一定要走大众化道路，高等院校扩大招生规模已成必然趋势。从1999年起，教育部开始实行高校扩招以满足国民对高等教育日益高涨的需求。按教育部发展规划，至2020年在校人数应达4000万的规模。大学扩招给原本就紧张的外语师资队伍带来了日益严重的压力，教学资源紧缺问题越来越突出。用传统的教授方法，需要多少师资才能满足教学需要，完成教学任务？如何来保证教学的质量？这些都是必须面对和思考的问题。在校学生数量不断增加是国家一定历史时期社会、经济发展的要求，也是高等教育大众化发展的必然趋势，但是我们的教师队伍不能以同等的速度无限制增长。一方面招生规模扩大，另一方面教学资源又相当有限，我们的外语教学要在这样的困境中完成任务，只有走教学改革这条路，采用新的教学手段，挖掘现有潜力。现在最有效的方法，就是要借助计算机网络的超强功能（海量快速的储存、便捷正确的传输、广泛的网络共享等）来缓解教学资源紧缺的问题。

上述四方面促使我们必须进行大学英语教学改革，以求从改革中发现新的教学模式、方法和手段，提高外语人才培养的质量。

4. 外语教学新模式

根据《大学英语教学指南》的基本内容，教学模式实际上是此次大学英语教学改革的核心。改革的目的就是要使英语教学朝着个性化、不受时间和地点限制、主动式学习方向发展，在内容上应体现英语教学的实用性、文化性和趣味性融合原则；在技术上应可实现和易于操作；在效果上应能充分调动教师和学生两个方面的积极性。在充分利用现代信息技术的同时，也要充分考虑和吸收现有教学模式的优点，充分体现合理继承的原则。新的公共英语教学模式应以课堂教学与在校园网上运行的英语教学软件相结合的教学模式为主要发展方向。

根据《大学英语教学指南》，各高等学校在采用基于计算机和课堂的英语教学模式的同时要充分利用现代信息技术，特别是网络技术，改进以教师讲授为主的单一教学模式，使英语的教与学可以在一定程度上不受时间和地点的限制，朝着个性化和自主学习的方向发展。同时，各高等学校应根据本校条件和学生的英语水平，探索建立网络环境下的听说教学模式，直接在局域网或校园网上进行听、说教学和训练。读、写、译课程既可以在课堂上进行，也可以在计算机网络环境下完成。对于使用计算机网络教学的课程，应有相应的面授辅导课时，以保证学习效果。为实施新模式而研制的网络教学系统应涵盖教学、学习、反馈、管理等完整过程，包括学生学习和自评、教师授课、教师在线辅导、对学生学习和教师辅导的监控管理等模块，能随时记录、了解、检测学生的情况及教师的教学与辅导情况，体现交互性和多媒体性，易于操作。

根据这一模式，英语听、说、读、写、译等教学活动可以通过计算机来完成，也可以通过教师的课堂教学进行，具体来说，"听"的训练主要在计算机网络环境下进行，辅之以课堂教学；"说"和"读"的训练既要在计算机网络环境下进行，又要有课堂教学；"写"和"译"的训练以课堂教学为主，以计算机网络环境下的教学为辅。在教学过程中，教师是教学活动的组织者，教学管理由教务处、教师和计算机管理软件来实施。教学模式改革的目的之一是促进学生个性化学习方法的形成和学生自主学习能力的发展。新教学模式应能使学生选择适合自己需要的材料和方法进行学习，获得学习策略的指导，逐步提高其自主学习的能力。教学模式的改变不仅是教学方法和教学手段的变化，而且是教学理念的转变，是实现从以教师为中心、单纯传授语言知识和技能的教学思想和实践，向以学生为中心、既传授语言知识与技能，更注重培养语言实际应用能力和自主学习能力的教学思想和实践的转变，也是向以培养学生终身学习能力为导向的终身教育的转变。应该说，新教学模式实施是对我国传统外语教学模式和手段的一次革命性转变。

这种全新教学模式对发展和培养我国大学生迫切需要的外语综合应用能力和自主独立学习能力都有深远的意义。

第二节　现代教育技术下的新型大学英语教学模式

现代教育技术下的新型大学英语教学模式理论框架整合了多模态、多媒体、多环境理论、计算机技术与外语课程生态化整合理念及建构主义等教学理念，以环境的创设和教学结构的改变为主要特征，以多模态体验和模态转化学习为实际操作的着力点。与以往单纯以建构主义理论和计算机辅助语言学习理论为基础的理论框架相比，该模式的框架更加系统、细致，对实际教学模式的设计更具指导意义。自 2003 年大学英语教学改革启动伊始，学界对大学英语教学模式改革的探索便全面展开。

2012 年 9 月 26—28 日，2012 年教育部高等学校大学英语青年骨干教师高级研修班第三期以"构建多模态、多媒体、多环境的集成型大学英语教学模式"为主题，于北京交通大学隆重举办，标志着这种探索进入一个新高潮。研修班期间，中国社会科学院顾日国教授、上海外国语大学、北京交通大学司显柱教授分别作了题为"多模态、多媒体、多环境下大学英语学与教：理论与实践""信息技术与外语课程的生态化整合"及"建构主义与大学英语教学模式创新"的专题报告，提出或引导多模态、多媒体、多环境理论，计算机技术与外语课程生态化整合等教学理念。

三位教授独创或倡导的理论和理念可以整合为一个统一的理论框架，共同支撑新型大英语教学模式。与以往研究中仅以建构主义和计算机辅助语言教学理论构成的理论框架相比，由这三种理论成分共同构成的理论框架更为系统、细致，因此以其为基础建立的教学模式更具可操作性和可证伪性。下面将对组成该理论框架的三个理论成分进行简单介绍，并对整合而成的新型大学英语教学模式理论框架进行阐释，尤其对其优势进行论证，对实践中可能出现的问题进行讨论，再次指出该理论框架的意义和重要性。

一、新型大学英语教学模式理论框架的成分

（一）多模态、多媒体、多环境理论

顾日国教授在主旨报告"多模态、多媒体、多环境下大学英语学与教：理论与实践和以往研究"中，对"多模态""多媒体""多环境"三个基本概念进行了界定，对其学习行为进行了剖析。

1. 多模态

简言之，模态是人类通过感官跟外部环境之间的互动方式。这里的感官不但包括广为知的视觉、听觉、嗅觉、触觉、味觉，还包括医学上新发现的平衡感、距离感等。多模态指用三种或三种以上感官互动。互动过程中，人类可以将来自多模态的信息打包捆绑成整个的体验。模态越多，人类所获得的信息和体验就越充盈。例如，如果亲口品尝到北京烤鸭，至少涉及视觉、嗅觉、触觉和味觉，而如果只看到北京烤鸭的图片，那就只涉及视觉，因而前者的信息和体验比后者更为充盈。另外，顾日国教授把输入和产出之间发生模态变化的学习行为称为"模态转换学习过程"。例如，让学生把读到的内容复述出来，就是一种模态转换学习，而如果只让学生理解所读到的内容，则是同模态学习过程。顾日国教授提出，恰当的模态转换可以增强学习者对所学内容的内化度，提高内容记忆的持久度。换句话说，越充盈的体验、越丰富的模态转化，对学生学习越为有利。

2. 多媒体

要理解多媒体的概念，首先要区分物理媒介和逻辑媒介。物理媒介指装载

内容或信息的物理介质，如纸张、磁带、光盘等。逻辑媒介是指在物理媒介上装载内容或信息的编码手段，如文字、模拟音频流、数字音频流、图像及视频流等。而界定某内容是否为多媒体材料，是以逻辑媒介为划分标准的。使用 3 种或 3 种以上逻辑媒介的，就是多媒体内容。在这个定义下，文字材料印在纸介上是单媒体材料，声音录制在磁带上也是单媒体材料。但如果一张光盘上有文字、图片、音频流、视频流，那么即使装载内容的物理媒介只有光盘一种，这里的内容也是多媒体内容。显然，与单媒体材料相比，多媒体材料更有可能触发多模态的体验。这也是多模态学习和多媒体学习经常交织在一起的原因。

3. 多环境

学习环境可分成不同的类型。例如，对在校学生而言，有教室、图书馆、自习室等物理环境；有包括课程设置、课程设计理念、教师教学模式等在内的学术环境；有由学生处、教务处等构成的管理环境；有通过计算机广域网构成的虚拟教学环境等。环境向学生同时提供机遇和框定。例如，图书馆向学生提供博览群书的机遇，同时也框定学生在馆内的行为及博览群书的极限。再如，教师的知识面等构成对学生的框定，而针对学习任务采取行之有效的教学手段又可为学生提供机遇。学习可以说无处不在，发生于多种混合环境中。各环境因素都提供框定和机遇，从而左右学习效果。

如此，大学英语教师在教学设计中应尽量为学生创造可以获得充盈体验、进行模态转化学习的环境，并充分考虑到多种环境因素，特别是多种环境下的学习集成型模式。

（二）计算机技术与外语课程的生态化整合理念

近年来外语教学研究对于信息技术非常重视。整个外语教学研究范式已由"理论、方法到课程或教材"转变成"从理论、方法、技术到课程或教材"。在这种情况下，理清计算机等现代教育技术与外语教学的关系问题尤为重要。

关于两者的关系，目前人们广为接受的看法是将计算机视为辅助语言学习的工具。但是这种观念存在很大不足。计算机作为辅助工具应用于教学，具有四个特点，分别是：①计算机仅充当辅助教师的演示工具；②教学内容基本与课本一致；③学生仍被视为灌输知识的对象；④未改变以教师为中心的教学结构。以上四个特点严重限制了计算机原本可以发挥的作用。将计算机定位为"辅助"工具，而不是外语学习的有机组成部分。因此，要充分利用计算机等现代教育技术，就必须将其视为书本一样的语言教学必备元素。正如没有"书本辅助语言学习"这种提法，计算机辅助教学的提法也应随着计算机在外语教学中的常态化而逐步废弃。

计算机成为语言教学必备元素的方式就是通过信息技术与外语课程的生态化整合。根据美国教育技术 CEO 论坛 2000 年度报告，信息技术与各学科课程相整合的内涵在于创设生动的数字化学习环境。强调数字化学习环境的创设也是整合与辅助最大的区别。本课题组进一步提出，信息技术与课程的生态化整合实际就是通过信息技术有效地融合于各学科的教学过程来营造一种信息化教学环境，实现一种既能发挥教师主导作用又能充分体现学生主体地位，以"自主、个性、探究、合作"为特征的教与学的方式，从而把学生的主动性、积极性、创造性较充分地发挥出来，促使传统的以教师为中心的课堂教学结构发生根本性变革，形成"主体导向"的教学结构。因此，整合的内涵可概括为三方面：①营造信息化教学环境；②实现新型教与学的方式；③变革传统教学结构。

（三）基于建构主义的教学理念

根据以往的研究，基于建构主义的教学理念与基于客观主义哲学观的传统教学理念相对立。两者在知识观、学习观、教学观、评价观、教师和学生角色、目标倾向、价值取向、信息技术应用、教学设计等方面截然不同。

简而言之，传统教学理念以客观主义哲学为基础，认为知识是客观、稳定、非情景化抽象的存在，是对客观世界的表征。因此，知识外在于学习者，可以传递，而教与学就是知识传递的过程。这种教学理念重知轻行，片面强调系统掌握各学科的理论知识，因此教出来的学生缺乏必要的专业实践能力或动手操作能力，在这种教学模式下，教师被视为知识的化身、讲坛上的圣人。学生则是被动的接受者、等待被灌输知识的容器。因此，传统教学模式普遍采用注入式、填鸭式的授课方式。教学组织形式和方法不够灵活，学生的学习方式仍然是机械地接受知识，学校的培养方式也是统一的培养模式，没有根据学生的不同来制定个性化的教学设计和教学模式。

建构主义教学理念的哲学基础则是由维柯、杜威、维果斯基、皮亚杰等哲学家发展的建构主义。建构主义认为，与其说知识是名词，不如说它是动词。知识是一个不断认知、体验和构建的过程。知识不是对外部世界的表征，而是由个人创造出来，用来理解亲身经历、构造意义的。学习的过程就是知识构建的过程，是在一定情况下，针对无法满足需求的知识进行质疑、探求、构建和协商的过程。教学就是创设有助于意义建构的学习环境，创设有助于交流协商的学习共同体。与传统理念的重知轻行不同，建构主义教学理论提倡知行合一，其目标是令学生获得高阶知识，促进学生实践能力的发展。在建构主义教学模式下，师生是双主体和互动对话的关系。建构主义教学理念倾向的技术应用观是"用技术学习"，主张把信息技术作为学习工具。它克服单一的以讲授为主的班级形式，超越传统的"讲中学""坐中学"，而是走向"例中学""做中学""探中学"和"评中学"，最大限度地丰富学习资源、时空、方式和体验，以提高教学成效。

二、新型大学英语教学模式理论框架

纵观三种教学理念可以发现，它们共同强调两个核心要素，即学习环境的创设和教学结构的转变；同时，它们相互依托、相互补充。

（一）学习环境的创设

多模态、多媒体、多环境理论中，强调创设更能让学生获得多模态充盈体验及进行模态转化学习的环境；计算机与外语课程生态化整合理念强调创设生动的数字化学习环境；建构主义的教学理念强调创设有助于交流协商、意义建构的环境。这三种环境实际上彼此相容，甚至通过彼此来实现。

首先，如顾日国教授所指出的，当今教学实践中，多模态学习经常依靠多媒体学习来实现，而数字化环境是多媒体学习的必要条件。

其次，与计算学理论构成的理论框架相比，本研究提出的理论框架的最大优势在于更为系统、细致，因此以其为基础建立的教学模式更具可操作性和可证伪性。该框架在理论层级上有完整的跨度：它有位于基础层面的哲学立场，有处于可证伪层面的模态转换学习假说。与其他研究中经常提到的"自主""互动""计算机辅助"等或模糊或复杂的变量不同，模态的多少或者转换作为一个变量更容易控制、分离与测量，因而在教学设计中更容易实现，在教学实验中更容易验证。

但是在以此理论框架为指导建立具体的教学模式过程中，容易出现一些问题。首先是在教学模式设计中，教师、学生、计算机之间的互动往往不够。某些网络教学内容仅是课本的翻版，而不是让每个学生都真正成为参与者和贡献者。

此外，部分学校的技术环境仍有欠缺，也是阻拦教师、学生、计算机之间充分互动的一大障碍。另外，在这样的教学模式下，计算机和网络成为书本一样的教学必需品，如何保障硬件软件条件、维持系统良性运转也是不得不考虑的问题。最后，是教师的角色问题。计算机技术的广泛应用不代表教师作用的淡化。事实上，在本研究提出的理论框架中，教师仍是学习共同体中的重要一员，而不仅仅是计算机开启者和网络维护者。过分地依赖机器，教学就流于一种技术的展示。当然，这些问题在单纯以建构主义理论或计算机辅助语言学习理论为基础建立的理论框架下也同样容易出现。如何在教学模式设计实践中，真正践行某种理论框架，是所有大学英语教学单位需要花费大量脑力、精力甚至是财力才能解决的问题。

以计算机和网络技术为基础，对大量音频、视频资源进行有效的收集、处理、整合、存储、传输和应用的数字化环境，几乎可以自然而然地触发多模态学习，数字化环境在某种程度上成了多模态学习的充分条件。另外，鉴于在建构主义视域下，知识作为个人经验的合理化以及个体与他人经过协商后达成一致的社会建构，主要是通过互动来搭建，借助计算机和网络技术使教师和学生、学生与学生之间的联系显著加强的数字化学习环境有助于交流协商、有助于意义建构的环境。

（二）教学结构的转变

传统教学理念和模式中，教师是主动的传授者，学生是被动的接受者。而在建构主义教学理念下，学生与教师同样具有主体地位；在计算机与外语课程生态化整合理念中，学生是主体，教师是主导；在多模态、多媒体、多环境理论中，教师的主要作用在于创设环境帮助学生获得充盈体验并进行多模态学习，实际上暗示了学生为主体、教师为引导者的观念。三种理念的共同点是都赋予了学生主体地位。另外，生态化整合理念和多模态、多媒体、多环境理论，都将计算机和网络视为除了教师和学生之外的教学结构组成要素。

（三）三种理念之间的关系

建构主义的知识观和学习观是多模态、多媒体、多环境理论和生态化整合理念的哲学基础。反过来，多模态、多媒体、多环境理论和生态化整合理念是在现代教育技术飞速发展的氛围下对建构主义教学理念的一种细化。另外，生态化整合理念和多模态、多媒体、多环境也具有同样的基础和细化关系。生态化整合理念提升了计算机技术在外语课程中的作用，从而扩大了多模态、多媒体、多环境学习在外语学习中的比例。而多模态、多媒体多环境学习理论，特别是模态转化学习假说，则给出了在数字化环境下教与学的一个可能方向。

在此基础上，可以勾勒出现代教育技术的新型大学英语教学模式。此新型教学模式的最大特点在于环境的创设和教学结构的改变。这里的环境指的是可以触发模态转换学习的数字化环境，这也是有利于意义构建的环境。教学结构的改变则体现在新型学习共同体的建立上。在该新型共同体中，教师、学生、计算机具有同样重要的地位，且任意两者之间都可以进行互动。学生在互动中获得充盈体验、进行模态转换学习的机会。

大学英语教学模式的创新，要有合适的理论框架指导。这里试图提出这样一个理论框架：它整合了多模态、多媒体、多环境理论、计算机技术与外语课程生态化整合理念及建构主义的教学理念，以环境的创设和教学结构的改变为主要特征，以多模态体验和模态转化学习为实际操作的着力点。该框架具有深层哲学基础和可证伪层面上的假说，既充分考虑以计算机和网络技术为代表的现代教育技术飞速发展的大形势，又具备系统性和细致性，可真正指导教学模式的构建。当然，本研究期待着更进一步的实际操作验证，以便不断完善与发展。

第三节　信息网络下大学英语自主学习发展趋势探索

信息化、网络化和国际化已成为社会发展的主流。计算机技术日新月异的飞速发展和普及，特别是以只读光盘为基础的网络多媒体技术的应用和开通，为新世纪的信息时代提供了切实的物质和技术基础，引发了一场教学领域的大变革，涉及教育体系、教学内容、教学手段与方法、教学关系、课程设置、教学评价、教学管理等诸多方面。

在国际"网络教育热"的影响下，我国高等院校网络建设突飞猛进，网络技术不断更新，网络容量扩张，传输快速、便捷、稳定，网络教学条件日趋成熟。多媒体课件与网络的结合，其信息技术的综合化、处理的数字化、传输的网络化、教学过程的智能化、资源的系列化等特点，赋予了现代教育以全新的概念和内容，推动了大学英语教学理念的转化和教学方法、手段的变革。信息网络环境下大学英语自主学习正是在这种转化和变革中发展起来的。

随着现代信息技术的发展，信息网络环境下的大学英语教学模式以课堂教学与校园网上运行的英语教学软件相结合，已成为教学手段更新与发展的一种趋势。教学模式的改变证实了网络课程的先进性，教学理念正在悄悄地、逐步地由以教师为中心向以学生为中心转移，网络为开拓个性化自主式学习、教学互动、合作学习及教学多元化评估提供了多种可能和渠道。网络课程是全球性现代教育的发展趋势，正如比尔·盖茨预测的那样，人们将在 5 年内达到可以用语音而不是用文字来输入，但这只是语音识别的初级阶段，最终将是实现不加限制、随心所欲的人机对话这一目标。由此可以预见，计算机技术日新月异的飞速发展将给大学英语网络课程带来更成熟的发展条件和更广阔的发展空间。

展望信息网络环境下大学英语教学的前景，将课堂教学与校园网上运行的英语教学软件相结合，开展在线自主学习＋课堂教学的模式，将成为一种教学手段更新与发展的趋势和主要的发展方向。信息网络环境下大学英语自主学习的新型教学体系的建立，包括人—机教学系统、人—人教学系统和配套的教学管理系统。

人—机教学系统应当包括课程、答疑和测试三个子系统。

在课程系统中，首先要研究确定的是需要进入网络系统的课程，如阅读、听说、写作、语音训练、语法、词汇等与外语基本知识和技能的培养训练直接相关的课程，除此还应包括一些专题性的必修或选修课程。新型教学体系的主要支撑是设计和开发出基本符合该课程教学规律和目的的教学软件。以阅读课为例，不仅要考虑课文内容的层次、递进，更要考虑诸如课文注释、疑问解答、练习编排等教学需要，以使这样的软件能在相当大的程度上发挥作用。

答疑系统的功能是将学生在学习过程中无法从教学软件上得到解答的问题归入特定的电子信箱，再由教师将解答输入，以满足学生的特殊要求。测试系统以题库为形式，分成检查性测试与进阶性测试两类。前者为检查学习过程中某一阶段的效果而设计，其目的是复习巩固一阶段的学习成果，而后者则是对学习者进阶能力的一种评定，判断能否取得该课程学分。

人—人教学系统应包括课堂教学和导学两个子系统。课堂教学系统除讲座型课程之外，应包括指导型课程（如翻译、写作等）、参与型课程（如会话、专题讨论等）和课题型课程。课题型课程，以一个课题为课程内容，目的是培养学生运用语言进行实际操作的能力，注重培养复合型人才。导学系统主要负责人对人教学中的答疑，以及软件系统无法尽数完成的对特殊问题和要求的解答。同时，也是教师向学生提供学习指导、咨询、思想交流等的重要形式，使教学过程更加个体化、人性化。管理系统包括总体管理、人—机教学管理和人—人教学管理三部分。总体管理负责协调人—机教学与人—人教学两部分的关系，制订相应的教学大纲和课程设置，检查、听取师生对两部分教学系统的意见与建议，随时对改进教学提出建议。它还应包括导学制的建立和管理，对学生学习业绩的管理，及时反映学生的进阶情况，向有关师生和部门提供准确及时的信息。

人—人教学管理主要负责相关的课程设计与操作，包括教学法研究、课件设计、学绩衡量等。人—机教学管理包括硬件管理软件管理、学绩管理，其中以软件管理最为重要。硬件管理主要负责硬件的维修和改进，学绩管理主要负责软件测试系统和学籍档案的保存与定期报告。它还要参与决定课程阶段测试的时间与次数，学生进阶的一些具体问题，例如单课进阶（完成某一课程的学习后进入该课程的下一阶段）与年级进阶（完成该年级全部学分，进入下一年级）及其关系等。软件管理将是保证整个教学取得预期效果的中心。它不但要按照各种课程的要求写出相应的软件，更应当能够定期从各种信息来源获取相关资料，与承担该课程的教师紧密合作，建立起一套稳定的课程内容更新机制等。

随着大学英语教学改革的不断深化，专业英语将是我国大学英语教学的发展方向。我国大学生英语水平的普遍提高，需对我国外语教育做战略性的调整，要点是把普通英语教学任务全部下放到中学阶段去完成，以便学生进入高校时便可专注于专业英语的学习。

原复旦大学外文系主任程雨民教授也强调指出："我国面临外语教学转型期，即基础外语教学的重点将由高校转到中学，中学培养基本外语能力，高校结合专业进行提高。"大学英语教学做战略性的调整，一是大中小学教学一条龙衔接的需要，当中学已经完成或宣告要完成英语基础教学，大学就没有必要进行重复；二是社会对外语能力的需要已呈多元化、专业化趋势，单一外语专业的毕业生已越来越不适应社会发展和市场经济的需求，用人单位要求大学毕业生一上岗就能立即承担起与自己专业相关的专业英语工作，因而国家大力提倡培养各种复合型的外语人才。根据"全国基础教育课程改革的总目标"和"我国基础教育阶段英语课程标准的设想"，进入大学的新生将有相当一部分可能已经达到了大学英语基础课程的教学目标，听、说、读、写各项专业技能也都会上个新台阶。这意味着大学英语教师的基本任务要有一个较大的转轨，大学英语教师自身的知识结构面临一次全面的重新整合，无论是学科知识结构还是跨学科知识结构都需要调整、充实、提高，只有这样才能胜任新的教学任务，这其中自然包括许多教育目标的改革，教师的角色转变和角色深化也自然成为题中之义，大学英语教师的综合素质、教育理念、教育理论与教学方法都需要有较大的改变，以适应个性化教学的需要。随着大学英语发展方向的转移，大学英语网络教学在实施过程中也必须充分考虑英语人才的培养模式。所谓人才培养模式，实际上就是人才的培养目标、培养规格、基本培养方式，它们决定着高等学校培养人才的根本特征，也集中体现了高等学校英语教学的教学思想和观念。从社会对英语人才的需求来看，既有非常专业化的要求，也有复合性需要，而且后者的需求远甚于前者。英语网络教学的目的，就是要运用形、声手段，目标与具体情景结合的方法，使学生的认知得到协调性发展，以便在未来的工作中能够实际运用英语语言知识和技能。

　　构建为外语教育长足发展服务的具有中国本土特色、创新意义和实践价值的教育体系，将成为我国外语教育的发展趋势。今后的语言习得研究将呈现出多元化趋势，建议中国学者把视野放宽，提高自身研究的普遍意义。建构具有本土性、多元性、发展性的教学体系是今后大学英语教学研究的主要方向。信息技术与课程的整合，信息网络环境下自主学习＋课堂教学模式，标志着大学英语教学改革的深化，并且日趋成熟。大学英语多媒体网络教学的研究，将更加关注语言学习策略与网络英语教育的关系、网络基础上的视听说自主学习、多媒体技术与口语教学理论与实践、多媒体网络对大学英语教学的影响、多媒体教学模式中的教师角色定位、多媒体信息网络环境下的协作式学习、信息网络环境下的学生自主能力的培养等。结合相关语言学、教育学、心理学等理论，对任务式教学、自主式教学、内容式教学、互动式教学、探究式教学、合作学习、交际式教学以学生为中心式教学、多元智能理论等进行多层面的理论研究和探讨。在研究方法层面上，大学英语教师将更加注重理论反思与实证研究的结合；在研究内容方面，将更加注重国际化与本土化、理论性与实践性的契合及外语教育的阶段性衔接与多学科融合等，强调外语教学实践中的师生互动、学生培养中的知识积累与能力提高并重。无论是知识能力培养还是教学互动，都不可忽视现代教育技术的作用。高科技的飞速发展，特别是计算机网络的广泛使用，无疑给外语教育带来了前所未有的机遇和挑战。而现代教育技术所带来的方法手段的变化将成为外语教育现代化的突破口。随着信息技术的飞速发展，计算机已从辅助教学全面走向了教学的前台，大学英语教学正面临着发展的机遇和挑战。机遇与挑战同在，发展与改革并存。

第四节　翻转课堂、微课与慕课

随着信息技术的改革与发展，基于网络多媒体的大学英语教学已经在大学英语教学中逐步运用。网络多媒体环境下的大学英语教学模式已经取代了传统的"满堂灌"式的教学模式，通过图文并茂、互助、合作交流的模式展现于学习者面前。因此，本章就主要介绍三种经典教学模式：翻转课堂模式、微课模式、慕课模式。

一、大学英语翻转课堂模式

（一）翻转课堂模式的历史溯源及定义

在分析翻转课堂模式的定义之前，有必要追溯一下翻转课堂模式的来源。通过对这些渊源的分析，才能够更深刻地了解其定义。

1. 翻转课堂模式的溯源

翻转课堂遵循学习规律，有其深远的历史渊源。下面从中西方两个方面来分析翻转课堂模式的历史渊源。

（1）翻转课堂模式在中国的历史渊源

孔子在《论语·为政》中曾经提出"温故而知新，可以为师矣"，也就是通过复习开始新的课程；在《论语·述而》中提出"不愤不启，不悱不发。举一隅不以三隅反，则不复也"，即启发式教学；在《论语·卫灵公》中提出"不曰'如之何，如之何'者，吾末如之何也已矣"，即讨论式教学；在《论语·雍也》中提出"知之者不如好之者，好之者不如乐之者"的观点，即倡导主体自身对学习兴趣产生浓厚的兴趣，这是求知识、做学问的一种理想境界；孔子的"学而时习之""三人行，必有我师焉"等观点反映了他注重在实践中学习的看法；而"可与言而不与之言，失人；不可与言而与之言，失言。知者不失人，亦不失言"这一观点体现出孔子在教学中善于通过适时抓住关键点来调动弟子们的主体作用，同时体现了学与思的有机结合。

除了以上孔子的言论外，中国当代同样有类似于翻转课堂的教学方法，如山东杜郎口中学所进行的教学改革、魏书生的预习方式等，不过与翻转课堂不同的是，由于没有云学习、云教育的条件，这些学生在课下无法使用微视频进行学习。

（2）翻转课堂模式在西方的历史渊源

翻转课堂在西方的历史也很久远，古希腊时期的苏格拉底与柏拉图曾经采用启发式与讨论式教学，这可以说是翻转课堂在西方的初露端倪。

西方近现代时期，裴斯泰洛齐的主体性教学、皮亚杰的建构学习、维果斯基的"最近发展区"都对翻转课堂具有很大的启迪作用。

20世纪90年代，哈佛大学物理教授埃里克·马祖尔创立了同辈互助教学方式。马祖尔教授将学习分为两个步骤：知识的传递与知识的吸收。过去教学模式大部分都只重视传递知识，而忽视了学生将知识内化与吸收。经过大量实验之后，人们发现马祖尔教授所提出的同辈互助教学方式可以有效促进学生对知识的内化，同时学习的效率提升了一倍。另外，马祖尔教授还发现计算机辅助教学可以有效解决知识传递的步骤，因此他认为教师的角色将在未来的高科技辅助教学下得到改变，从演讲者变为教练，将学生的知识内化作为教学的重点，而不是知识的传递。

2000年，美国的迈克·特蕾莉亚亚在其论文《翻转课堂：建立一个包容性学习环境的途径》中，论述了在美国迈阿密大学开设"经济学入门"课程时采用"翻转教学"或"翻转课堂"，激活差异化教学以适应不同学生的学习风格。

2007年，杰里米·斯特雷耶在其博士学位论文《翻转课堂在学习环境中的效果：传统课堂和翻转课堂使用智能辅导系统开展学习活动的比较研究》中论述了翻转课堂在大学中的设置。

综上可知，翻转课堂教学模式的出现使得传统教学模式发生了颠覆性的改变，在教学中学生将成为核心部分，翻转课堂为学生提供了个性化的学习平台，这有利于学生自主学习意识、团队协作能力等方面的培养。但需要明确的一点是，没有一种教学模式是完美无缺的，翻转课堂作为一种新兴的教学模式在我国高等教育领域有很大的发展空间，这离不开广大英语工作者脚踏实地的钻研与实践。

2. 翻转课堂的定义

翻转课堂又可以称为"颠倒课堂"，其教学过程包含两大阶段：一是知识传授；二是知识内化。在传统教学模式中，教师往往会通过课堂知识传授的形式来传输给学生，学生通过课后作业的完成情况和具体的实践来实现知识的内化。与这一传统教学模式不同，在翻转课堂教学模式中，教师根据自己的教学计划对课前预习的内容进行布置，学生则主动利用各种开放资源来获取知识，在课堂上通过与教师进行探讨，然后完成任务，最后内化为自己的知识。

所谓翻转课堂模式，是指在课堂进行之前，学生利用教师给出的视频、音频、开放网络资源、电子教材等学习材料，自主完成课程内容，然后在课堂上主动参与教师的互动活动，最终完成学习任务。

翻转课堂模式是由美国人萨尔曼·可汗于 1927 年提出的，他首次利用网络视频展开翻转课堂授课，并取得了巨大成功。因此，可以说萨尔曼·可汗是翻转课堂模式的创始人。

近年来，翻转课堂模式在国内产生了巨大影响。作为一种基于网络多媒体的新型教学模式，翻转课堂模式是对传统教学流程的颠覆，这对学生展开自主学习而言是非常必要的。作为一种新型授课方式，翻转课堂对我国英语教学改革大有裨益。但是，翻转课堂不属于在线课程，也不能运用视频代替教师，它只是师生之间进行互动的方式，为学生的自主学习提供了充分的空间和实践，从而获得个性化的发展。

现行教育体系建立的目的在于满足工业时代的需要。1899 年，美国教育专员威廉·哈里斯提倡在美国的各大高校中展开机械教学模式，这一模式使得学生"中规中矩"。但这显然与当前经济发展、生活水平不相符，只有对学校教育体系进行革新，才能跟上时代的步伐。换句话说，就是源于工业革命时代的机械教学模式逐渐被当前的新兴教学模式代替。

在传统教学模式中，知识习得需要经历知识讲授、知识内化、知识外化三个步骤。在课堂上，教师完成知识的讲授，而学生在课后任务和作业中完成知识的内化。这在前面已有所提及。但是，在当前云教育、云学习的技术条件下，学生可以通过"云课程"及媒介来展开学习，当学习中遇到困难时，教师可以对其进行排解和启发，既保证了师生之间的平等交流，也保证了学生知识的进一步深化。简单来说，从先教授后学习转向先学习后教授，这就是所谓的课堂翻转。

综上所述，翻转课堂模式是对传统教学模式的变革，师生及教学方式在教学过程中都发生了质的改变。

（二）翻转课堂模式的构成

很多学者对翻转课堂模式进行了研究，将其构成要素分为三个层面：课前内容传达、课堂活动组织、课后效果评价。下面对这三个层面进行分析。

1. 课前内容传达

在翻转课堂模式中，其教学的基础在于课前内容的有效传达。就目前来说，我国翻转课堂模式往往会采用教学视频与纸质学习材料这两种方式来传达教学内容。其中，教学视频被认为是最基本的形式。教学视频的来源，主要有以下两种途径：

（1）运用现有的教学视频

运用现有的教学视频是教师进行翻转课堂教学的最佳选择，主要有两方面的原因：一是由于教师的教学任务非常繁重，并没有多余的时间来制作新的视频；二是教师在面对视频录制仪器时，往往比较紧张，因此会严重影响教学效果和进程。可见，如果教师可以从网上找到现有的教学视频，那么必然会节省教师自身的时间和精力，且网上的教学视频资源非常丰富，教师只需下载就可以使用。

（2）制作新型教学视频

对于翻转课堂模式中运用的视频，教师除了运用现有视频外，还可以进行录制。当然，这需要教师有多余的时间和精力，他们可以运用电脑、录音软件、麦克风、手写板等进行制作。具体而言，可以做到如下几点：

①教师可以使用录屏软件对电脑操作轨迹及幻灯片演示轨迹进行捕捉。

②教师可以利用麦克风对讲述的音效进行录制。

③教师可以运用手写板对书本上的书写效果进行提升。

④教师可以利用音频编辑软件对录制的声音进行加工。

另外，教师还需要对画面质量进行关注。基于此，教师需要考虑制作的视频应该尽量短小。这是因为当前的社会生活、工作学习节奏快，如果视频过长，难免会引起学生的厌烦；相反，如果视频短，则能激发学生的兴趣，引起学生的响应。

2. 课堂活动组织

在翻转课堂模式中，教师需要对课堂活动进行组织。在组织课堂活动过程中，教师需要注意如下几个层面：

首先，对大学英语教学而言，导读类课程比较适合翻转课堂教学，这类课程通过网络多媒体展开。在课下，学生按照教师的安排习得内容；在课堂上，教师解释重难点问题，进而通过网络多媒体实现在线测试。完成测试后，学生可以即时获取网络背景知识和学习资源，同时还能与之前的测试结果进行比对，从而加深自己的知识。

其次，英语课程涉及语言与文化两大因素，教师在对学生的学习进行安排时，需要从初级认知的识记理解开始，转向高级的综合应用，完成一系列的递增过程。同时，教师在安排学生学习时还需要组织与此相适应的学习活动，在学生固有知识的基础上加深其对不同文化知识的理解和掌握。

最后，在合作学习的基础上应结合个体学习，因为个体学习有助于学生充分领会和识记。

3. 课后效果评价

在翻转课堂教学模式中，教师需要重视课后效果评价。翻转课堂模式常采用个性化学习测试，依靠的是教师与学生在接触的过程中形成的评价。也就是说，教师需要依据自身经验，对学生的知识掌握程度进行判断。这种即时的评价有利于纠正学生对知识的误解，且能够根据不同学生的差异，给他们提出合理化的建议和指导。但是，由于翻转课堂兴起时间较短，其评价与测试形式并不完善。因此，翻转课堂模式的学习评价主要是要求教师与学生之间进行及时交流与沟通，并根据学生的不同个性特征来加以引导。另外，教师还需要提供更多渠道来为学生展示学习成果，让学生建立起足够的成就感和自信心，促使他们有学习的动力。

（三）翻转课堂模式的优势

通过翻转课堂模式的定义可知，该模式是对传统教学模式的颠覆。具体而言，翻转课堂模式有如下几方面的优势：

1. 有助于学习者安排学习时间

翻转课堂模式有助于学习者安排学习时间，尤其是即将毕业的大学生，他们需要在实习工作上花费很多时间，因此并没有充足的时间用于课堂学习。这些学生需要的是能够迅速传达知识的课程，让他们在闲暇时间学习知识。对这些学生来说，翻转课堂模式是非常适合的，利于他们对自己学习时间的安排。

2. 有助于师生展开课堂互动

与传统课堂教学模式相比，翻转课堂模式改变了师生之间的相处方式，教师与学生之间逐渐形成了一对一的交流。如果学生对某一知识点存在质疑，那么教师可以将这些学生集中起来，对他们进行特别指导。另外，在翻转课堂上，学生会展开大量的互动，他们不再将教师看成是知识的唯一来源，还包含其他同伴之间的互动学习。

3. 有助于差生进行反复学习

在传统教学课堂中，教师将更多重心放在成绩优秀的学生身上。这是因为，在老师的眼中这些学生可以追赶上教师的步伐，且愿意积极主动地参与到教师的教学中。但是，除了这些成绩优秀的学生外，其他英语水平相对较差的学生往往是被动听课，甚至很难跟上教师的节奏。对于这种情况，翻转课堂有助于帮助这些学生。在翻转课堂上，学生可以随时对视频进行暂停或重放，直到自己理解和明白为止。另外，翻转课堂模式还可以节省大量教师的时间，让教师将更多精力投注于学生的身上。

4. 有助于学习者实施个性化学习

众所周知，各大高校的学生来自不同地区，其自身发展水平必然会存在差异，参差不齐，尤其是兴趣爱好和学习能力等。虽然当代的教学研究领域注意到了这一问题，但是传统教学模式很难实现分层教学，而翻转课堂教学模式恰好解决了这一问题。翻转课堂模式根据学生的兴趣、能力等展开教学，使每位学生都能够从自己的进度出发来进行学习。

5. 有助于课堂管理的人性化

在传统课堂教学中，教师为了帮助学生获取知识，需要密切关注学生的注意力和整个课堂的纪律问题。如果学生被某些事情影响了心情，那么必然会影响他们学习的进度。但是，在翻转课堂中，这一问题是不存在的。

首先，翻转课堂模式将学习的主动权归还给学生。如前所述，翻转课堂模式是对师生间、生生间互动关系的强化，让学生最大限度地发挥了主观能动性，即学生掌握了主动权。虽然传统课堂中教师也会辅导学生，但由于受传统理念的影响，这些教学改变只存在于形式上，教学活动仍侧重于讲授，学生完全没有占据主体地位。在网络多媒体环境下，翻转课堂模式获取了名正言顺的地位。在翻转课堂中，学生根据教师提供的资源首先进行自主学习，体现学生的主体地位，然后在课堂上与教师展开讨论，深化自己的知识。

其次，翻转课堂模式扭转了传统教学模式下学生的学习观念和学习态度。翻转课堂中的学习内容是根据学生的需要、兴趣来定位的。在总体学习目标下，学生通过教师提供的学习途径、学习材料完成知识建构，提升自身的知识水平。

最后，翻转课堂使学生对教师的依赖性降低。这是因为，翻转课堂中知识的习得置于最前的位置，学生的自主性逐渐提高，有效淡化了学生对教师的依赖。在自主学习中，学生不得不将自己获取帮助的想法转向其他同学，经过一段时间后，学生便形成一种习惯，即与其他同学进行探讨和交流，主动接收学习知识的过程，这样不仅可以提升学生的知识水平，还能提升他们的人际交往水平。

（四）翻转课堂模式的实施方法

根据相关学者的研究，一些学者提出了翻转课堂模式的基本流程，如图 7-1 所示。

分析上述翻转课堂教学的基本流程及教学理念，大学英语教师根据其所授课程内容形成了多种教学流程。

图7-1　翻转课堂模式的基本流程

1.进行课前安排

在课前安排方面，教师要为学生准备充足的学习资料，如电子教材、外语参考书籍、国内外相关外语专题网址及微视频教程等。

（1）电子教材的设计

在电子教材的设计上，应该注重其完整性。也就是说，纸质教材的内容及附加的音频、录像、解释材料等在内的内容应包含在电子教材中。此外，还有语料库数据、相关网站等资料，可以运用链接形式注入电子教材中，便于教师和学生使用。

电子教材除了设计要保证完整性外，还需要遵循一些次要原则：

①模态协作化原则。由于电子教材的设计涉及多模态形式，在运用多模态时需要考虑几个因素：一是现有的设备条件是否适合使用多模态，能否为教师留有选择的空间；二是运用多模态能否产生正面效应，其教学效果如何；三是考虑多模态的运用是否会出现冗余，避免浪费；四是多模态形式是否能够进行强化和互补。

②模态分配分类化原则。模态分配分类化是指根据不同的教学条件和教学对象来分配不同的模态组合。著名学者陈敏瑜在对多模态进行研究时，发现大学教材中的绘图大多为纲要式或者抽象式图表，而小学教材多为漫画式，这就说明教材的编写是根据学生的认知能力和基础知识界定的。因此，在设计电子教材时，同样需要考虑学生的认知能力和知识水平，如文科生适合形象化的模态，而理科生适合抽象化的模态。

③超文本化原则。在电子教材中，教学材料是主语篇，而提供背景、解释、练习材料的是小语篇，二者通过不同层次的方式构成相对复杂的语篇网络。

④个性化原则。电子教材设计的个性化是从学生的个性特点出发来组织教学。由于学生的起点不同，其使用的模态也必然不一样。为学生提供多种可供选择的教学模态，有助于提升学生的学习兴趣，避免出现"一刀切"的情况。

⑤协作化原则。在多模态学习的环境下，学生要相互进行协作，以小组的形式来完成学习任务、实现学习目标，进而提升整个小组成员的知识水平。

⑥模块化原则。所谓模块化，是指电子教材的设计以阶段性目标为核心，根据这一目标为学生设计教材，并在此基础上设计完成任务和目标的措施和方法，指导学生根据步骤来学习，为实现自己的目标努力。

（2）微视频的设计

微视频是当前翻转课堂模式常用的学习资源，具有很强的针对性。在课堂开始之前，教师可以根据课堂学习目标准备两个或三个微视频，一个微视频仅介绍一个知识点就可以，如果介绍的内容太多，就会影响学生的理解和学习。对于微视频的设计，教师需要注意以下几方面：

①英语教学视频的视觉效果、互动性、时间长度等都会对学生的知识习得产生影响。在微视频中，教师要对学习内容进行合理设计，并设计课前练习的难度与数量等，以帮助学生将新旧知识结合起来。

②学生在课前学习过程中，可以利用网络多媒体软件等与其他学生进行交流与沟通，将自己学习中的难题和疑问排除掉，使学生彼此间提高。

③在微视频的设计上，教师还需要考虑学生的适应性。刚接触视频时，学生很难集中自己的注意力，他们更专注于笔记的记录。为了改善这一局面，教师可以为学生构建视频副本，帮助学生解除后顾之忧，引导学生对当期视频内容进行关注。

④在微视频的制作上，教师不仅需要对整体上的视觉效果进行重视，还需要突出学习的要点和主题，根据知识结构来设计活动，为学生构建内容丰富、形式新颖的平台，让学生对微视频学习产生更大的学习积极性。

⑤当微视频制作完成之后，教师可以将这些视频上传到网上，学生可以通过学校网络随时下载。

⑥当学生完成微视频的学习后，需要对自己的学习情况进行总结。如果遇到问题，可以将这些问题反馈给小组长，然后由小组长向教师汇报。

2. 展开课堂教学

在翻转课堂上，教学大概涉及五大步骤：合作探究、个性化指导、巩固练习、反馈评价及课程总结。

（1）合作探究

首先，要合理进行分组。合作学习实际上就是小组学习。合作学习中组员之间的结构是十分重要的，因此教师在分组时要注意各小组成员在能力水平、知识结构上的多样化。同时，各小组成员之间保持个性特点的均衡也有利于各个小组间进行竞争和学习。一般来说，各小组成员应该遵循"组间同质，组内异质"这一原则，保证小组成员中具有不同层次的知识水平，提升小组内能力欠佳学生的积极性，促使任务的完成。另外，小组内的成员应该进行分工，即每一位成员在小组内都应该体现自己的作用和位置，在完成任务的过程中能够积极地进行思考。

其次，对问题进行策划和提出。小组合作的内容要具有操作性，即设置的问题能够进行讨论。在课堂开始之前，教师应该根据不同的学习内容和任务明确分组的原则，明确规定小组内各个成员任务及完成任务的时间。在合作学习中，教师处于引导者的地位，为不同学习小组制定不同的学习任务，使各个小组间能够相互合作、共同学习、共同进步。

最后，要合作实施，并对过程进行控制。小组合作学习并不是在任务开始时就要求一起完成任务。事实上，在任务开始时，小组成员需要对任务进行研究和探讨，且各个成员之间独立进行思考，通过独立的思考来促进和思维发展。之后，小组成员之间对思考的成分进行交流，发表自己的观点和看法，最后对各种信息和观点进行汇总，组合成一个一致的观点。当然，小组内还需要个发言人，发言人需要将观点向教师反馈。

（2）个性化指导

在个性化指导阶段，教师需要为各个小组解答问题与疑惑。在合作探究中，不同小组会产生不同的问题，教师应该根据不同的问题进行个性化指导并解答问题；对于一些共性问题，则可以集中起来予以解答。

（3）巩固练习

在巩固练习阶段，在教师的个性化指导下，各个小组需要进行总结，并通过不断练习来加深印象，对重点、难点知识进行巩固。另外，这一阶段需要各个小组间的学习与交流，引导学生贡献学习经验和知识。

（4）反馈评价

对小组合作学习情况的评价主要包含两方面：一是对学习过程和结果进行评价；二是对小组及小组内成员进行评价。在对各学习小组进行评价时，教师需要将重心放在整个小组任务的完成情况上，而不是放在某一小组成员的成绩上。同时，教师还需要评价小组内成员参与的主动性、积极性，这样既可以为其他小组内的成员树立榜样，还可以激发小组内成员的热情，调动学生学习的积极性，防止学生产生依赖性，更好地实现合作学习。

（5）课程总结

课程总结是合作探究的最后一步，各小组间进行交流与信息沟通。教师应该给予小组内不同成员充分的支持，使各个小组都能够顺利完成学习任务，实现既定目标。

总之，大学英语翻转课堂模式不仅是对课前预习效果的强化，更是对课堂学习效率的重视和提升。对教师来说，通过课堂活动设计来使学生知识内化是教师的重要任务，也是大学英语翻转课堂教学的目的。基于此，教师在设计课堂任务时应该对写作、情境等要素予以充分利用，引导学生通过真实体验来实现知识内化。对大学英语翻转课堂而言，学生展开学习的基础在于信息资源及技术工具等的运用。

二、微课

随着网络多媒体技术的引入，人们的学习方式逐渐发生改变。在网络及"微时代"的双重影响下，微课模式已经悄然进入大学英语教学的领域，并成为人们探索新教学模式的一个重大突破口。可以说，微课是一种新的网络学习资源，并在国内迅速发展，成为基于网络多媒体的大学英语新教学模式。大学英语微课模式的定义、构成、优势及实施办法等成为当前研究的热点，下面就对这几大方面展开分析和探讨。

（一）微课模式的定义

从字面上来说，"微课"有如下三个层面的阐释：

①对"课"这一概念来说，微课是"课"的一种，是一种课式，呈现的是一种短小的教学活动。

②对"课程"这一概念来说，微课同样是有计划、有目标、有内容、有资源的。

③对"教学资源"这一概念来说，微课具有丰富的教学资源，如数字化学习资源包、在线教学视频等。

但是，对其内涵进行挖掘，可以发现微课是一种具有单一目标、短小内容、良好结构、以微视频为载体的教学模式。微课的最初理念是通过正式或者非正式的学习方式，人们不断对短小、主题集中、与实践紧密结合的专业知识进行学习，从而提高学习效果，促进知识的内化。

在这一理念的基础上，我国学者对微课模式展开了重点研究，很多学者提出了自己独到的见解。

黎加厚认为，"微课是时间在十分钟内，教学目标明确、内容短小，能够对某一问题集中说明的微小课程。"

焦建利认为，"微课是以某一知识点为目标，其表现形式是短小精悍的在线视频，主要应用于教学和学习的一种在线教学视频。"

胡铁生、黄明燕、李民认为，"微课又可以称为'微型课程'，是建立在学科知识点的基础上，构建和生成的新型网络课程资源。微课以'微视频'作为核心，包含很多与教学配套的扩展性或支持性资源，如'微练习''微教案''微反思''微课件'等，从而形成了个网页化、半结构化、情境化、开放性的交互教学应用环境和资源动态生成环境。"

上述这些学者的概念具有针对性，并一定程度上反映出微课模式的基本特征，虽然具体内容存在某些差异，但是其理念和核心基本一致。涉及综合性问题，笔者更倾向于胡铁生的定义。笔者认为，微课从本质上是一种对教与学进行支持的新型课程资源，而且微课与其他与之匹配的课程要素共同构成了微课程。从这点来看，其属于课程论的范畴。当学生通过微课模式开展学习时，他们就是以微课作为媒介与教师产生交互活动，通过面对面辅导、在线讨论等进行直接交互，从而产生有意义的教学。从这点来说，其属于教学论的范畴，其关系可以从图 7-2 中体现出来。

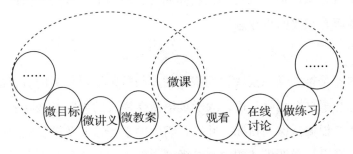

图7-2　微课、微课程与微"课"的关系

（二）微课模式的构成

从微课的课程属性出发，微课需要具备必备的课程要素。具体而言，主要涉及四大要素：目标、内容、活动、交互和多媒体，如图 7-3 所示。

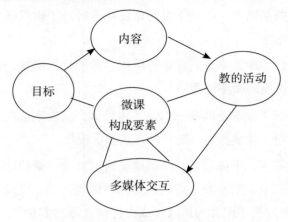

图7-3　微课模式的构成要素

1. 目标

目标是指教师预期微课模式的适用教学阶段，以及期望教学所要达成的结果，主要包含以下两层含义。

（1）应用目的，即设计开发微课模式的原因。这与微课模式是在课前、课中还是课后运用有关，如为学生的课后练习提供指导而制作的相关练习讲解的微课。

（2）应用效果，即教师在使用微课模式后期望学生所能够解决的具体问题，如掌握某一体裁的英语写作方法、阅读理解题的解题技巧等以引发学生思考。

一般来说，微课模式的目标是具体明确、单一的，其对于微课内容和应用模式的选择起着重要的指导意义。

2. 内容

微课内容是指为微课模式预期服务的，与特定学科相关的有目的、有意义传递的信息与素材。也就是说，大学英语微课模式的内容是教师实现预期目标的信息载体。根据微课的目标，并结合学生的学习情况及准备应用的教学阶段等教学实际来设计微课模式的内容。微课内容不同，教师对教学活动的设计也不一样。由于微课的时间很短，内容上往往具有主题明确、短小精悍、独立的特色，因此需要教师对微课内容进行精心选取。

3. 活动

活动是主体与环境的相互作用过程，其中环境涉及主体本身、其他主体及客体。这里所说的"教的活动"是指教师这一活动主体与特定微课内容这一客体之间的相互作用过程，通过这种相互作用，向学习微课的学生将教学信息有效传递出来，以帮助学生对课程内容进行理解与思考。教的活动是实现微课目标的一种有效方法。从方法上来说，教的活动可以分为教师的演示、讲授、操作及其他主体间的互动等活动类型。

4.交互和多媒体

要想完成微课中教的活动，教师必须借助某些特定工具来保证学生能够正确理解微课内容的意义，从而实现学生与微课的相互交流。在微课模式中，这种工具主要包含以下两种：

（1）交互工具。学生进行微课学习，能够促进学生与微课间进行操作交互和信息交互，其交互的类型与形式如表7-1所示。

表7-1　微课的交互类型与形式

类型	形式	直接交互对象
概念交互	引发认识冲突的言语	学生与多媒体信息
	引发认识冲突的画面	
	具有提问性质的言语	
信息交互	叙述性的言语	
	叙述性的画面	
操作交互	人与机器间的交互工具	学生与交互界面

（2）信息呈现工具——多媒体。多媒体能够更好地帮助教师对教学内容进行表达和解释，提高学生在进行微课学习时与学习资源间的交互有效性，如微课中课件、动画、图形、图像等的呈现。

总之，微课这四大因素是相互影响、相互关联的。通过对这几大要素的设计，教师有助于构建一个具有结构化数字化课程资源。

（三）微课模式的优势

从微课的定义与构成不难看出，微课与当前信息技术相适应，也与《大学英语教学指南》相适应，是一种新兴媒体在教学领域的运用。可以说，微课在大学英语教学中的优势非常明显。

1. 教学内容少

微课模式主要是对课堂教学中某一知识点教学的凸显，或者是对教学中某一环节或者某一主题活动的反映。与传统教学内容相比，大学英语微课教学内容精简，更符合教学的需要。

2. 教学时间短

一般来说，大学英语微课教学视频时长为 3 ~ 8 分钟，最长也不应超过 10 分钟。相比之下，传统课堂教学时间长，一般为 40 ~ 45 分钟。因此，微课常常被称为"微课例"或"课堂片段"。也就是说，微课教学时间短。在当前的大学英语教学中，使用微课模式有助于针对教学难点开展教学，使学生能将这些注意力集中在教学的黄金时段，通过与教师的互动解决学习上的困惑。

3. 资源容量小

通常情况下，微课模式中的教学视频及配套资料的容量约为几十兆，容量一般比较小。在大学英语教学中，微课这一模式有助于教师与学生间流畅地展开交流。

4. 资源构成情境化

大学英语微课教学的内容通常具有鲜明的主题，且指向也完整、明确。教学视频片段是微课的主线，并以此对教学设计及其他教学资源进行统整，从而构筑成一个类型多样、主题凸显、结构紧凑的"主题单元资源包"，创造出一个真实的教学资源环境。这就使微课资源具有了视频教学案例的特点。这样真实、具体的情境不仅有助于学生提升自己的思维能力，还有助于提升教师的教学技能和学生自己的学业水平。

5. 反馈及时、针对性强

微课教学内容少、教学时间短，因为可以在短时间集中开展"无生上课"活动，因此教师和学生都可以迅速获取反馈信息。此外，每一位学生都可以参与进课前组织预演，相互学习，这在一定程度上有助于减轻教师的压力，保证英语教学活动顺利开展。

6. 成果简化、多样传播

由于微课教学内容主题鲜明，内容具体，因此其成果易于转化和传播。同时，微课教学时间短、容量小，因此其传播的方式也是多种多样的，如网上视频传播、微博讨论传播等。

7. 主题鲜明、内容具体

微课课程的开展是建立在某一主题上的，其研究和探讨的问题也主要来自具体、真实的教学实践。例如，教学实践中关于教学策略、学习策略、重点难点、教学反思等问题。

（四）微课模式的实施办法

就当前的教学实践来说，微课模式有着重要的发展前景。虽然微课的设计是当前研究的重点问题，但是也不能忽视微课模式在教学实践中的应用。因此，下面就大学英语微课教学提出一些建议。

1. 建立微课学习平台

微课模式主要建立在视频这一载体上，同时还需要一些辅助模块，如微练习或互动答疑等，这些对于提高学生的学习兴趣、培养教师的信息化应用能力十分有益。其中，一个较为创新的方法是微慕课平台，使微课模式展现出慕课模式的系统性和专业性。这一平台具有一定的知识含量，且结构灵活、系统性强、制作成本低等优点。

2. 提升微课录制技术

微课录制技术更追求质量，而且要尽可能地简单，使教师乐于录课，并能够快速提升自己的微课录制技术。另外，微课的研究人员需要在网络多媒体技术上进行改进和发展，追求卓越，尽可能地使微课模式得以普遍推广。

3. 加强资源开发，实现共建共享

当前的大学英语教学中仍存在着教学资源不均衡的情况。而微课的出现，使得优质的教学资源通过网络传送到全国的高校中，从而实现资源共享。

三、慕课

在网络多媒体环境下，慕课模式是以关联主义为基础，开展大规模的在线教学方式和学习方式。慕课模式的形成和发展并不是偶然的，而是在时代的发展和信息技术进步的基础上实现的。本节就来分析大学英语慕课模式。

（一）慕课模式的定义

慕课是一种在线课程开放模式，是在传统发布资源、学习管理系统的基础上建立起来的课程模式，又称为"大型开放式网络课程"。慕课主要由具有协作精神与分享精神的个人所组织，他们将优异的课程上传到网络，可供需要的人下载和学习，目的是促进知识的传播和发展。

2012 年 9 月 20 日，维基百科将慕课进行了界定，即慕课是一种以开放访问、大规模参加作为目的的在线课程。慕课的英文字母是 MOOC，这四个字母分别有其代表的含义。

M：代表参与这种开放性课程的人数多、规模大。

O：代表这一课程具有开放性，只要是想学习的人都可以参与其中。

O：代表这一课程学习的时间是非常灵活的，想学习的人可以自主选择。

C：代表课程包含的种类众多。

（二）慕课模式的优势

慕课模式应用于大学英语教学必然会引起重大的教学理念与教学方式的改变。也就是说，慕课模式对当前的大学英语教学意义重大。具体而言，慕课模式具有如下几点优势：

1. 提供能力培养平台

我国的大学英语教学虽然一直在不断变革，但是总体上还是将重心放在基础知识教学上。这种教学模式必然会阻碍学生将英语教学与专业结合起来，也就很难实现自己综合能力的提升。

受这一教学理念和教学背景的影响，很多学生忽视了英语的学习，并没有意识到英语这一工具的作用。慕课的出现能够为学生提供最新的发展评估和专业动向，有助于激发学生的学习动机和兴趣，促使学生提升自己的专业能力，解决英语教学与自己专业的问题。

2. 平衡学生水平

高校学生来自不同的地域，各地的教学水平存在差异，学生的学习能力和学习基础也高低不同。在统一的大班英语课堂上，教师很难实行一对一教学，只能从宏观上对学生进行指导。在这样的教育现实下，很多学生已经追赶不上教学的进度，或者不满足于当前的教学水平。

慕课模式通过开放性的网络平台，给学生提供了有针对性的教学，便于缓解教与学的矛盾。同时，该模式不受时空限制，既有利于促进基础好的学生能力的发展，也有利于基础差的学生知识的巩固。

3. 形成语言使用环境

对我国学生而言，英语是第二语言，因此本身缺乏语言学习的环境，导致学生在课堂上学到的知识很难在现实中应用。很大程度上说，这降低了学生学习英语的成就感，也对日后学生的语言能力提升十分不利。

慕课的出现能够为学生创设良好的语言学习环境，即学生可以接触到真实的语言，甚至可以与世界上其他国家的人们进行交流，这都有助于提升学生自身的听说能力。

4. 扩大学生的知识储备

我国的大学英语教学主要是围绕课堂教学展开的，面对短暂的教学时间、繁重的课业压力，课堂教学很难给学生带来充足的知识。相比之下，慕课教学模式以网络为平台，向学生提供丰富的知识，方便学生进行提取，不仅扩大了学生的知识储备，还丰富了学生的学习效率和兴趣。

（三）慕课模式的实施办法

作为一种新兴的大学英语教学形式，慕课模式往往会通过以下几个步骤进行教学，即课程设置多样化、上课方式多样化、考核方式多样化、传统课堂与慕课结合。

1. 课程设置多样化

就当前的大学英语教学来说，慕课模式改变了传统教学模式的单一状况。就师资力量来说，传统的大学英语教师资源非常有限，所讲授的课程针对性也不明确。就教学材料来说，当前大多数高等院校使用上海外语教育出版社出版的《大学英语》《新世纪大学英语》，高等教育出版社出版的《大学体验英语》以及外语教学与研究出版社出版的《新视野大学英语》等，并没有采用与学生相适应的专门教材。就课程设置来说，虽然各大高校都设置选修课，但是这些选修课大多是为英语四、六级考试设置的。对此，慕课教学模式根据学生的兴趣和需要来选择课程，大大提高了学生的学习兴趣，从而提升了学生学习英语的质量和效率。

2. 上课方式多样化

虽然我国各大高校都在推进大学英语教学改革，上课形式也不再单一，但是仍旧将教师讲授作为中心，其中穿插的多媒体也只是一种辅助形式，是教师板书的延伸而已。但是，在网络多媒体不断发展的背景下，慕课模式实现了上课方式的多样化，学生可以在校园任何地方用电脑或者 iPad 进行学习。

3. 考核方式多样化

在网络多媒体教育环境下，大学英语慕课模式的关键在于考核方式的多样化。如果仅仅依靠传统的笔试或者论文式教学，那么就很难将学生的实际水平测试出来。在慕课模式下，考核方式的多样化主要涉及两点：一是探索个性化考核方式，即根据不同层次的考生设置不同的测试题目；二是探索开放性的考试方式。总之，无论是个性化考核方式，还是开放性考核方式，其前提都是为了激发学生的学习积极性和学习兴趣。

4. 传统课堂与慕课结合

前面已经介绍了慕课模式的优势，但是在发挥慕课模式的同时，还需要注意两点问题。

首先，大学英语慕课模式教学还有待完善，因为需要对教师进行培训，还需要准备与之配套的教学硬件设备。

其次，对大学生来说，他们自身水平存在差异，因此要想让不同层次的学生适应慕课模式，也需要很长一段时间。如果将所有的教学内容置于网上，那么那些本身自制力差的学生就更容易放弃，这当然是教师不愿意看到的。

因此，当前属于新旧交替时期，教师仍旧扮演着重要角色。首先，教师应该积极探索能够激发学生主动性和积极性的慕课课件。其次，教师需要对学生的基本情况有一个清晰的了解，保证慕课课件能够被大多数学生理解和把握。最后，教师还需要了解不同学生的自主学习能力，锻炼学生的心理素质，使他们尽快适应新兴的教学模式。

参考文献

[1] 李玉婷，魏成伟. 应用型本科大学英语教学改革实践与探究：以新疆工程学院为例 [J]. 海外英语 ,2022(22):8-11+22.

[2] 王艳霞，张志杰，张楠.OBE 教育理念下的应用型本科院校"大学英语"教学改革与实践：以通化师范学院为例 [J]. 通化师范学院学报 ,2022,43(7):124-129.

[3] 张志刚. 新文科背景下应用型本科院校大学英语教学改革探索与实践 [J]. 金陵科技学院学报 (社会科学版),2022,36(2):79-84.

[4] 蔡丹，闵西鸿，浦妤，张淑燕，陈剑. 地方应用型本科高校大学英语分类分级教学改革实践与探索 [J]. 昭通学院学报 ,2021,43(5):83-86.

[5] 孙艳. 高校英语信息化教学模式实践应用：评《信息化背景下的大学英语教学改革》[J]. 中国科技论文 ,2021,16(2):244.

[6] 徐翠波. 应用型大学英语教学体系综合改革和创新思路的探讨与实践 [J]. 海外英语 ,2020(18):30-32.

[7] 胡迎春. 浅谈大学英语应用写作教学方法改革 [J]. 河南财政税务高等专科学校学报 ,2020,34(2):86-88.

[8] 董静. 产学合作教育背景下应用型大学英语专业实践教学改革探究 [J]. 才智 ,2019(31):173.

[9] 冯书彬. 应用型本科高校大学英语课堂教学改革研究与实践 [J]. 中国教育技术装备 ,2019(10):87-89.

[10] 王晓芳. 大学英语研讨式教学模式研究：评《应用型大学教学方法改革与实践》[J]. 高教探索 ,2018(10):138.

[11] 邓晓明 . 应用型本科院校大学英语课程改革实践与思考：基于《大学英语教学指南》[J]. 开封教育学院学报 ,2018,38(8):113-115.

[12] 于乐乐 . 国际化背景下大学英语应用型教学模式研究与实践：以理工科实验班 "大学英语" 改革课程为例 [J]. 科教文汇 (中旬刊),2018(2):169-170.

[13] 祁颖 , 周俊华 . 应用型高校课程教学改革探索与实践：以北京城市学院《大学英语》教改为例 [J]. 当代教育实践与教学研究 ,2017(11):130-132.

[14] 苗萌 , 常淑丽 , 梁勇 . "原型范畴—输出驱动" 下的应用型本科院校 "大学英语" 课程认知化教学改革与实践 [J]. 成都工业学院学报 ,2017,20(3):40-44.

[15] 龙晋巧 . 基于应用型人才培养的大学英语实践教学改革 [J]. 继续教育研究 ,2016(12):126-128.

[16] 贺春艳 . 大学英语教学改革实践的问题与对策研究：以应用技术型转型为背景 [J]. 科技视界 ,2016(16):81+100.

[17] 张红敏 . 以培养学生综合能力为目的并基于 "校企合作" 的 "应用技术型" 大学英语教学改革与实践 [J]. 湖北函授大学学报 ,2016,29(7):135-136.

[18] 崔爱婷 , 何林 . 基于应用型人才培养理念的大学英语课程教学改革与实践 [J]. 吉林工程技术师范学院学报 ,2015,31(11):60-62.

[19] 李卓 . 培养 "应用型人才" 的大学英语分级教学改革实践与研究 [J]. 黑龙江科学 ,2015,6(10):65+67.

[20] 刘丽珍 , 刘青 . 卓越工程实施背景下应用型本科院校大学英语翻译教学改革与实践 [J]. 佳木斯职业学院学报 ,2015(9):431-432.

[21] 户晓娟 . 大学生英语综合应用能力的培养：贵州师范学院大学英语教学改革探索与实践总结 [J]. 亚太教育 ,2015(14):70-71.

[22] 刘红秀 , 汤斌 .Journal 式大学英语自学指导实践探析：以武汉轻工大学大学英语教学方法试点改革为例 [J]. 黑龙江生态工程职业学院学报 ,2014,27(2):103-104.

[23] 王静 , 牟晓一 , 白茹玉 . 旅游管理专业大学英语教学方法改革实践与效果 [J]. 黑龙江教育学院学报 ,2012,31(7):172-173.

[24] 郭志艳 , 朱润萍 . 大学英语课教学方法改革探索与实践 [J]. 和田师范专科学校学报 ,2011,30(5):28-30.

[25] 苏丽英 . 农业类职业院校大学英语教学方法改革的研究与实践 [J]. 职业时空 ,2008(10):142.